네루의 세계사편력 다시 읽기

네루의 세계사편력 다시 읽기

2015년 5월 26일 초판 1쇄 발행
2018년 3월 26일 초판 3쇄 발행

지은이 _ 이광수

편집 _ 김삼권 조정민 최인희
디자인 _ 토가 김선태

펴낸곳 _ 나름북스
발행인 _ 임두혁
등록 _ 2010. 3. 16 제2014-000024호
주소 _ 서울 마포구 월드컵로15길 67 2층
전화 _ 02-6083-8395
팩스 _ 02-323-8395

이메일 _ narumbooks@gmail.com
홈페이지 _ www.narumbooks.com

네루의 세계사편력 다시 읽기

이광수 지음

나름북스

목 차

1부 / 찬란한 고대의 문명

어떤 역사를 읽을 것인가?

역사란 과거에 일어난 일 그 자체를 가리키는 말이면서 그것을 기록하는 일을 의미하기도 합니다. 그리고 사람들마다 세계를 보는 다른 눈을 갖고 있습니다. 그래서 각자 과거를 달리 해석하고 기록합니다. 결국 역사란 보는 사람에 따라 다른 것이지 하나의 교본이 있는 것은 아닙니다. 그래서 역사를 제대로 배우고 즐기려면 다른 시각으로 쓴 다양한 역사를 접해 보는 것이 바람직합니다.

누구나 시를 쓰고 사진을 찍을 수 있듯이 누구나 역사를 쓸 수 있습니다. 물론 자료를 모으고, 검증하고, 그것을 해석해 나름의 논리 구조로 꿰맞추는 훈련을 한 역사학자라면 더 멋진 역사를 쓸 수 있겠지만, 체계적으로 훈련하지 않았다고 해서 역사를 쓸 수 없는 것은 아닙니다. 역사를 쓰는 사람이 세계를 해석하는 눈을 분명하게 가졌고, 역사의 처음과 끝을 관통하는 일관성과 논리적 완성도를 갖추고 있다면 그가 쓴 역사는 얼마든지 훌륭한 역사가 될 수 있고, 또 그렇게 인정을 받기도 합니다.

네루가 쓴《세계사 편력》을 균형 잡힌 역사의식을 갖추고자 하는 시민들이 꼭 읽었으면 합니다.《세계사 편력》은 나중에 역사서가 되었지만, 딸을 향한 아버지의 사랑에서 출발했습니다.《세계사 편력》은 인도의 독립운동을 이끌던 네루가 감옥에서 하나 뿐인 딸에게 보낸 196통의 편지를 묶은 책입니다. 네루는 비록 조국을 위해 일했지만, 잦은 감옥살이로 아버지 노릇을 제대로 하지 못했다는 죄책감이 있었습니다. 딸의 교육을 소홀히 할 수 없던 그는 고심 끝에 딸에게 가장 필요한 것이 세계의 역사를 바라보는 눈이라 생각했고, 그것을 키워 주고자 세계의 역사를 하나씩 하나씩 편지로 써 보낸 겁니다.

멀리 감옥에서 딸을 교육하고자 보낸 편지이다 보니 논리가 정연하고, 문체는 간결하며, 어조는 단호합니다. 무엇보다도 이제 막 청소년기에 접어든 열세 살 난 딸에게 꼭 필요한 내용을 빠짐없이 담으려는 아버지의 사랑이 따뜻하게 배어 있습니다. 그래서 청소년들은 물론이고 학부모가 이 책을 읽다 보면 역사라는 것이 이렇게 쉽고, 재미있고, 따뜻한 것이구나 라는 생각을 하게 됩니다.

그런데 안타까운 사실은 원저가 너무나 방대하다는 겁니다. 그러다 보니 식민 지배 아래에서도 나름대로 자기 성찰의 시간을 가질 수 있었던 네루의 딸 인디라와는 달리 입시라는 괴물을 피해 갈 수 없는 한국의 청소년들이 그 방대한 원저를 천천히 음미하면서 읽기가 어렵습니다. 그래서 이 책은 한국의 청소년들과 그 부모가 함께 《세계사 편력》을 살갑게 대할 수 있도록 만들었습니다. 암기하는 역사를 통해 지식을 쌓는 것보다 통찰하는 역사를 통해 지혜를 찾는 것이 역사를 익히고, 역사를 쓰며, 역사를 살아가는 바른 삶이라는 것을 건전하고 합리적인 한국의 시민들이 깨달았으면 합니다.

한국이라는 국가와 우리라는 민족 속에 갇힌, 그것도 남과 북이 분단된 암울한 현실에 꽉 막혀 있는 사람들, 경쟁과 승리 그리고 돈의 이데올로기에 휩싸여 질식당할 듯 하루하루를 살아가는 한국의 시민들이 이 책을 통해 세계에 대한 통찰력을 키울 수 있다면, 이 책을 쓴 저자로서 더 이상의 바람은 없겠습니다.

2015 봄이 오는 길목, 이광수

《세계사 편력》은 어떤 책인가?

네루는 1889년 11월 14일 인도 북부 우타르 프라데시주에 있는 알라하바드에서 태어났습니다. 카시미르 브라만의 가계에서 자란 네루는 아버지 모필랄 네루의 영향을 많이 받았습니다. 변호사 아버지의 뒤를 이어 법학을 공부했고, 민족주의자 아버지의 영향 아래 자신도 민족주의 노선을 걸었으며, 서구 문화를 적극적으로 수용한 아버지처럼 서구적 합리주의를 인생관으로 삼았습니다. 1905년 영국으로 유학해 케임브리지대학 트리니티 칼리지를 졸업, 자연과학 학위와 변호사 자격을 취득하고 1912년 귀국했습니다. 영국에서 돌아온 후 1916년 민족운동에 뛰어든 후 간디를 만나 그의 열렬한 지지자가 되었습니다. 그 후 인도국민회의에 가담해 민족운동에 본격적으로 매진했습니다.

네루가 활동을 시작하던 당시의 인도 상황을 알아보도록 하겠습니다. 인도는 1757년 벵갈 지역이 영국 동인도회사에 의해 식민지로 전락한 이후 100여 년에 걸쳐 영국의 지배로 신음했습니다. 식민 지배가 100년이 지나면서 인도인들은 식민 정부에 저항하기 시작했고, 이에 불안을 느낀 영국 정부는 인도국민회의라는 정당 창립을 주도했습니다. 초기의 인도국민회의는 영국의 통치에 긍정적인 입장이었으나 시간이 가면서 자치에 대한 요구가 높아졌습니다.

영국 정부는 1919년에 영장이나 재판 없이 인도인을 체포·구금하고, 언론·사상·집회의 자유를 탄압하는 내용을 골자로 한 '로울랏트 법안Rowlatt Bill'을 발효했고, 이에 간디는 파업을 무기 삼아 저항했습니다. 그러자 영국군은 이 운동을 무력으로 진압했고, 그런 가운데 펀자브주의 아므리트사르에서 비극적인 사건이 일어납니다. 영국군이 로울랏트 법안 반대 시위를 하던 비폭력·비무장 군중에게 발포해 10분 만에 379명을 죽이는 대학살을 저지른 것입니다. 간디는 단식을 통해 인도 인민의 폭력 자제를 촉구하면서 일체의 영국 통치를 거부하는 시민 불복종운동을 전개했습니다. 간디의 시민 불복종운동은 힌두교도와 무슬림의 공동전선을 통해 이루어진 것이어서 그동안 서로 불편한 관계였던 두 종교 공동체의 단합을 위한 좋은 계기로 작용했습니다. 그런데 이 운동이 진행되면서 곳곳에서 폭력 사태가 발생합니다. 영국 경찰과 군대는 농민과 노동자의 전국적인 저항을 거듭 폭력으로 막았고, 결국 무력 충돌이 일어납니다. 여러 곳에서 심각한 폭력 사태가 터지자 간디는 시민 불복종운동의 중지를 선언했고, 곧 체포되어 투옥됩니다.

당시 무슬림 정치 지도자들은 간디의 갑작스러운 운동 중지 선언을 배신으로 여겼습니다. 그 때문에 힌두교도와 무슬림 사이의 갈등이 재현될 조짐을 보였습니다. 사실 무슬림들이 간디, 혹은 힌두 민족 지도자를 의심하기 시작한 것은 영국이 처음으로 자치를 언급한 1919년 법에 의한 정부 조직 내용부터였습니다. 무슬림 지도자들은 그 법으로 입법 의회에 참여할 수 있는 사람은 대부분 다수인 힌두 집단에서 나올 수밖에 없다는 것을 알고 더 크게 반발했습니다. 무슬림 지도자들은 새롭게 도입되는 의회 민주주의에서 이제 영국인뿐 아니라 힌두교도에게도 자신들이 소수로서 억압받을 수밖에 없을 것이라고 우려했습니다.

네루는 이런 상황에서 본격적으로 정치 일선에 나섭니다. 즉, 인도인들이 본격적으로 반영反英 투쟁을 전개하고, 간디를 중심으로 하는 비폭력 비협력 운동이 크게 위세를 떨쳤으나 힌두교도와 무슬림 사이에 균열이 생기면서 갈등이 심화된 것입니다. 이런 과정에서 네루는 간디와 함께 비협력 운동을 전개하던 1921년 이후 몇 차례에 걸쳐 투옥되는 고초를 겪으며 민족운동의 젊은 지도자로 떠오릅니다. 그러던 중 네루는 1926년 부인의 신병 치료차 영국으로 건너갑니다. 정치 일선에서 물러나 영국에서 1년 동안 쉬면서 네루의 생각이 많이 변합니다. 그 가운데 가장 중요한 것은 마르크스－레닌주의에 대한 깨달음이었습니다. 네루는 간디와 결별하지는 않았으나 전적으로 간디의 노선을 추종하지도 않았습니다. 네루는 반영反英 독립 투쟁에는 간디와 함께했으나 간디의 농촌 중심의 민족주의적 경향과 달리 국가 및 국제 연대 중심의 사회주의적 강령 도입을 민족운동의 주요 목표로 잡으면서 과거의 소극적 자치에서 벗어난 완전 자치, 즉 독립을 최종 목표로 정했습니다.

영국에서 돌아온 이후 네루는 1929년 인도국민회의 라호르 대회에서 의장으로 선출됩니다. 네루는 이 대회에서 처음으로 인도의 완전 자치를 운동의 목표로 이끌어 냅니다. 그리고 간디는 새로 부임한 어윈 총독과 인도 자치 수준에 대한 새로운 헌법 및 연방제 구성을 위한 원탁회의를 가졌으나 아무것도 얻지 못합니다. 이후 간디의 지도력에 대한 민족 지도자들의 불만이 고조되면서 간디는 1933년 인도국민회의의 전면에서 퇴진합니다. 1930년대 인도 정치 초미의 관심사는 자치를 둘러싼 민족 진영과 제국 정부 사이의 싸움이었습니다. 자치를 처음 합법적으로 보장한 것은 1919년 법이었으나 실제 본격적인 쟁투는 1930년대 들어서 일어납니다. 1929년 완전 자치를 천명한 후 네루와 복귀한 간디를 중심으로 한 민족 진영은 완전 자치를 향해 가열찬 시민 불복종운동을 벌였습니다. 그 정점을 이룬 것은 1930년에 일어난 단디 행진이라는 사건입니다. 단디 행진은 간디를 필두로 인도의 인민들이 간디가 묵은 수행처에서 단디Dandi 해안까지 소금을 채취하기 위해 행진한 사건입니다. 필수품인 소금의 생산을 독점해 인민에게 큰 피해를 주는 제국 정부의 법을 어기면서 그들의 지배에 저항한 운동이었습니다.

이 운동으로 간디는 체포되었고, 네루 또한 체포되어 투옥됩니다.

이후 인도 민족 진영의 운동은 완전 자치를 향한 투쟁으로 일관되게 진행되었고, 그것은 네루가 다시 출옥한 후 성사시킨 1935년의 '인도통치법'을 향해 가고 있었습니다. 인도통치법은 연방제, 의회제, 내각책임제, 지방자치제 등 행정 원칙에 관한 것인데, 이 법으로 인도 국민은 비록 식민 지배 아래에서지만 참정권을 획득하게 됩니다. 1935년 인도통치법에 의해 인도는 호주나 캐나다 등과 같은 대영제국 자치령의 지위를 사실상 인정받습니다. 하지만 이 인도통치법은 치명적인 결함을 가지고 있었습니다. 1909년에 실시된 무슬림 분리 선거제가 이제 이 법에 의해 다른 소수 종교 공동체에까지 확대되면서 결국 인도의 분리를 조장하고 확인시키는 결과를 가져온 것입니다. 무슬림 집단 등은 1935년 통치법을 이루어 낸 것이 인도 민족의 해방을 위해서가 아닌 힌두 집단의 이익을 위해서였다고 믿었기 때문입니다. 무슬림들은 신드나 서북 변경주 정도에서나 무슬림 다수 의회를 구성할 수 있을 뿐, 펀자브나 벵갈 같은 무슬림 다수 주에서도 절대다수를 차지할 수 없기 때문에 항상 힌두와 연립 정부를 구성해야 할 거라고 내다보았습니다. 그렇게 되면 자신들은 늘 당할 수밖에 없을 거라는 피해의식에 사로잡혔습니다. 이 법은 무슬림의 두려움을 과소평가했고, 그 두려움은 현실 정치의 힘의 논리와 감성의 동원이라는 구조에서 눈덩이처럼 커져만 갔습니다. 그리고 인도는 독립과 분단이라는 상처뿐인 영광을 향해 걸어갈 수밖에 없었습니다.

《세계사 편력》은 바로 이 기간, 즉 네루가 인도국민회의 의장으로 활동한 후 1935년 인도통치법이 통과되기 전까지의 폭풍 전야 기간 동안 쓰인 것입니다. 네루는 1930년 10월 26일부터 1933년 9월 8일까지 약 3년 동안 옥중 생활을 하면서 자신의 딸 인디라 프리야다르시니 네루―나중에 페로즈 간디Feroz Gandhi라는 사람과 결혼해 이름이 인디라 간디로 바뀌었습니다―에게 196차례의 편지를 보냈는데, 이를 하나로 묶은 책입니다.

네루가 투옥되었을 때 그의 딸 인디라는 만 열세 살의 어린 소녀였고, 네루 부부와 인디라의 할아버지는 투옥되고 할머니는 병석에 누워 있어 사실상 혼자 자라고 있었습니다. 이러한 상황에서 네루는 민족과 조국을 위한 운동도 중요하지만, 민족과 조국을 위해 자식을 희생하는 것은 바람직하지 않다고 여겼습니다. 그래서 그는 멀리 감옥에 있어 몸은 비록 자유롭지 않더라도 편지를 통해 자식을 교육시켜야겠다고 마음 먹은 것입니다.

네루는 브라만 가문에서 자랐는데, 커서는 영국으로 건너가 자연과학과 법학을 전공해 변호사가 되었습니다. 그는 역사학을 특별히 공부한 적은 없었으나 자녀를 위한 교육으로 세계사를 택했습니다. 네루가 딸에게 보낸 편지들은 단지 딸을 위해 쓴 것은 아닙니다. 그 시대를 겪는 지식인으로서 세계사에 대한 관점을 서술하되 나중에 책으로 편찬할 것을 염두에 두고 서술했습니다. 그래서 이 책은 단순한 편지 묶음이 아닌 상당한 식견을 갖춘 역사책으로 전혀 손색이 없는 것입니다. 네루는 아래와 같은 몇 가지 관점에서 편지를 썼습니다. 우선, 전체 196개의 편지를 크게 네 시대로 구별했습니다. 네루가 기준으로 삼은 시대 구분에 따르면, 고대에 해당하는 부분이 42개, 중세에 해당하는 부분이 39개, 근대에 해당하는 부분이 64개, 현대에 해당하는 부분이 51개로 근현대가 그 이전 시기보다 더 많습니다. 역사를 고대, 중세, 근대, 현대로 구분하되, 그 가운데 근대와 현대가 매우 중요하다고 생각한 것입니다. 이는 네루가 이 책을 쓰게 된 계기가 그가 살았던 당시 역사를 아는 것이 무엇보다 중요한 삶의 지혜와 지식을 얻는 길이라 생각했기 때문입니다. 따라서 그의 역사에 대한 생각은 1920년대부터 1930년대까지의 인도가 처한 식민지 상황에서 출발했고, 그것을 중심으로 세계의 정치, 경제를 이해하려 했던 것입니다.

네루는 이 책을 통해 인류의 역사는 진보한다는 믿음을 보여줍니다. 그에 의하면 인류는 비인간적인 야만의 시기를 겪지만 꾸준히 전진하여 결국에는 더 나은 삶을 누리는 방향으로 나아갑니다. 그 진보의 추동력은 이성과 과학의 발전입니다. 그래서 그는 당시 대부분의 역사학자와 지식인이 그랬듯이 세계사를 거시적으로 바라보았고, 그 역사는 국가와 문명을 중심으로 이루어졌으며, 변화의 근본은 정치·경제·사회에 있었습니다. 그래서 그 틀에서 벗어난 일상생활을 중시하는 미시사적 관점은 전혀 찾아볼 수 없습니다. 그는 특히 종교에 대해 매우 비판적 입장을 취했는데, 이는 합리와 이성 중심의 근대성에 근거한 것입니다.

이러한 네루의 근대주의 역사관은 마르크스의 유물론적 역사관에 기초하고 있습니다. 그래서 그는 자본의 대중 착취를 책의 여기저기에서 여러 차례 강조합니다. 넓게 볼 때는 생산도구가 역사를 바꾸고, 생산력의 하부구조가 법·종교·도덕·문화 등 상부구조를 규정한다는 마르크스적 유물사관을 자신의 역사관으로 가졌고, 좁게 본다면 사회주의자이지만 유혈혁명과 같은 급격한 변화가 아닌 점진적 사회 개혁을 바라는 페이비언 사회주의의 관점입니다. 그가 노동자와 농민 등 생산자이면서 역사에서 소외당한 계급을 역사의 주인공으로 인식하고, 제국주의의 비인간성과 잔인함을 강하게 비판한 것은 그가 자유주의적 마르크스주의를 역사관의 기초로 삼고 있었기 때문입니다. 그는 마르크스를 역사 진보의 선지자로, 레닌의 소비에트 혁명을 위대한 인류의 역사로 찬양했으나 그렇다고 유혈혁명을 지지한 것은 아닙니다. 그는 공산주의 혁명보다는 민주주의와 의회주의를 더 가치 있는 것으로 인식했습니다. 그래서 네루에게 가장 이상적인 사회는 경제의 사회주의와 정치의 민주주의를 혼합한 것이었습니다. 그것이 인류의 가난과 비참함을 끝낼 수 있다고 보았던 겁니다. 네루는 과학과 산업의 발전이 필수적이고, 국가의 역할이 중요하다고 생각했습니다. 이는 독립 후 정부를 이끈 수상으로서 국가자본주의를 실시하면서 중공업·산업 중심의 경제 정책을 펼친 것과 연결됩니다.

네루는 당시 역사학의 지배 담론이던 유럽 중심의 역사를 비판했습니다. 그는 유럽의 역사가 중요하듯 아시아를 비롯한 아프리카, 남아메리카 등의 역사도 중요하다고 생각했습니다. 그래서 서양사 위주의 역사 서술에서 탈피해 전 세계 모든 지역의 역사를 서술하려는 매우 값진 노력을 기울였습니다. 그는 그동안 (심지어 오늘날까지도) 역사 서술에서 무시당하고 배제당한 인도, 서아시아, 동남아시아, 북아시아, 중앙아시아, 아프리카, 아메리카 인디언, 중남아메리카 등의 역사를 결코 배제하지 않았습니다. 네루가 유럽 중심의 역사를 비판하면서 세계 각 지역의 역사를 중요하게 다룬 것은 유럽의 역사가 제국주의와 관련이 있다고 생각했기 때문입니다.

그는 지배와 피지배를 극복하기 위해 세계사는 서로 다른 지역의 상호 교류와 그 후 발생하는 종합에 관한 이야기여야 한다는 믿음을 강하게 가졌습니다. 각 국가의 상호 교류와 협력이 필요하고, 역사의 진보는 그 위에서만 이루어지는 것이라고 믿었습니다. 그가 민족주의보다 국제주의를 더 강조한 것은 바로 이 맥락에서입니다. 인도 문화의 최고 가치를 종합성에서 찾음으로써 교류와 연대를 강하게 주장합니다. 교통·통신의 발달은 인류의 상호 접촉을 증가시키고 그를 통해 국제 연대가 이뤄진다는 점에서 지지했으며, 반대로 당시 힌두 민족주의 등이 주장한 좁은 민족주의는 반대했습니다. 민족주의는 국제 관계 안에서 의미가 있을 뿐이어서 '세계사'가 필요하다는 것입니다. 네루에게 특히 의미 있는 교류는 동양과 서양의 교류입니다. 네루가 독립 이후 인도의 초대 수상이 되고 나서 미국과 소련의 양대 블록 형성과 냉전 상태를 반대하며 제3세계의 비동맹을 주창하고 나선 것은 바로 이러한 사상의 결과입니다.

네루는 국제 연대주의자이면서 동시에 민족주의자였습니다. 그는 식민지 인도의 완전 자치를 위해 정치 현장에 직접 참여한 지식인으로서 조국의 독립을 위해서는 무엇보다 인도 인민의 자신감과 자부심의 회복이 필요하다고 보았습니다. 그는 그것을 위해 고대 인도를 찬란한 영광으로 삼아 그 역사를 위대한 민족의 역사로 서술했습니다. 그러다 보니 결국 힌두 민족 혹은 힌두 국가를 자랑스럽게 여겼고, 그 팽창의 역사를 영광의 역사로 인식했습니다. 그리고 곧 인도 땅에 들어온 이슬람의 역사를 본의든 아니든 비하하고 가치 절하하게 됩니다. 네루의 역사 인식에서 가장 문제가 있는 부분입니다.

네루는 힌두 문명에 대해 큰 자부심을 가졌지만, 그렇다고 그가 힌두 민족주의자인 것은 아닙니다. 그는 자신이 활동할 당시부터 큰 세를 얻기 시작한 힌두 공동체와 무슬림 공동체의 갈등에 비판적이었고, 특히 무슬림을 적대시한 힌두 공동체주의자들의 역사관을 신랄하게 비판했습니다. 11세기에 지금의 아프가니스탄 가즈니에 터를 잡은 마흐무드가 인도를 침략해 약탈을 자행한 사건도 힌두 공동체주의자들이 주장하는 것처럼 무슬림이 힌두를 능멸했거나 그들이 야만스러워서가 아니고 다만 모든 역사에서 드러나는 침략자의 단순한 약탈이라고 했습니다. 네루는 힌두와 무슬림의 단합을 위해 최선을 다했는데, 이 책의 곳곳에 그 기반이 되는 역사관이 잘 드러나 있습니다. 그래서 그는 인도 사회의 발전은 종교적 가치가 아닌 세속적 가치를 통해 이루어져야 한다고 주장했고, 독립 후 국민국가 인도의 국기로 세속주의를 선택한 것도 이와 같은 맥락에서였습니다.

찬란한 고대의 문명

인류가 세계 곳곳에서
고대 문화를 꽃피우다

네루는 인간이 야만 상태에서 문명 상태로 발전하는 것이 역사의 주제라고 말합니다. 따라서 인간의 이상이란 여러 사람의 행복을 위해 힘을 합쳐 일하는 것이어야 한다고 힘주어 말합니다. 그래서 그가 쓴 역사는 고대 문명에서 시작합니다. 문명의 역사는 이집트, 메소포타미아 지역, 중국, 인도 그리고 그리스에서 비롯되었습니다. 기원전 6세기를 전후로 세계는 종교와 사상의 꽃을 피웁니다. 서양에서는 소크라테스 이후 여러 그리스 철학자들이 나타나고, 페르시아에서는 조로아스터, 인도에서는 붓다Buddha, 중국에서는 공자가 나타납니다. 이렇게 동시에 종교의 꽃이 핀 것이 우연일까요? 깊이 생각해 볼 필요가 있습니다.

세계 최초의 제국인 페르시아는 다리우스Darius 황제의 영도 아래 영토를 소아시아에서 지금의 인도 서북부 지역인 인더스 강 유역까지 확장했습니다. 페르시아 제국은 서쪽으로 화살을 돌려 그리스를 침공했지만 실패하고 몰락합니다. 그 후 그리스에 헬레나 제국이 등장해 세계 제국의 자리를 차지하는데, 알렉산드로스가 인도까지 침략하고 이내 돌아갑니다. 당시 인도와 중국에서는 최초의 통일 제국이 만들어지는데, 인도에서는 마우리야 제국이, 중국에서는 진나라가 세워집니다. 그런데 두 제국 모두 강력한 중앙집권 통치를 하다 인도의 아쇼카Ashoka와 중국의 시황제가 죽은 뒤 얼마 못가 멸망하고 맙니다. 그 후 인도에서는 북쪽의 쿠샨 제국이 들어서고 데칸과 그 이남에 여러 나라가 세워지는데, 헬레나 제국의 뒤를 이은 로마 제국, 그리고 중국 진나라의 뒤를 이은 한나라와 실크로드 무역을 활발하게 합니다. 이때 세계의 큰 문명은 경제적으로나 문화적으로 활발한 교류를 함으로써 대단히 높은 수준의 고대 문화를 꽃피웁니다. 고대 세계는 우리 생각보다 훨씬 가까이에 있었습니다.

그 이후 서양에서는 로마가 공화국 시대를 지나 제국 시대로 들어가고,

인도에서는 굽타 시대, 중국에서는 삼국과 남북조 시대를 거쳐 수와 당 왕조로 들어가며, 서아시아에서는 사산 왕조가 크게 흥합니다. 이 시기 모든 곳에서는 귀족의 힘이 강해지고 상대적으로 농민이나 수공업자들의 힘이 전대에 비해 약화됩니다. 따라서 고급문화가 매우 발달하지만, 그것은 엄밀하게 서민들의 희생 위에서 세워진 귀족 문화일 뿐입니다. 그러한 성격이 가장 잘 나타난 곳이 서양의 로마제국입니다. 로마는 엄청난 수의 노예노동 위에 황제가 모든 것을 좌지우지하는 문명이었고, 그래서 민심이 많이 떠났습니다. 결국 로마 황제 콘스탄티누스가 수도를 지금의 터키로 옮기니 로마는 서로마 제국과 동로마 제국으로 나뉩니다. 서로마 제국은 자기들이 야만족이라 부르는 여러 종족의 침입을 막지 못해 멸망합니다. 로마 시대에 기독교가 제국의 종교로 공인된 사건이 일어나는데, 그 이후 기독교는 유럽 문화의 중심축이 됩니다. 마찬가지로 인도에서는 힌두교가, 중국에서는 유교가 그와 비슷한 역할을 합니다. 서아시아에서는 조로아스터교가 사라지고, 나중에 이슬람교가 그 위치를 차지합니다.

유럽에서 로마의 몰락은 고대 세계의 끝이었습니다. 그리고 그 폐허 위에서 유럽 문명이 일어났습니다. 그 후 몇백 년 동안 유럽의 문화와 문명은 흔히 암흑시대라 일컬어지는 시기로 빠집니다. 하지만 서아시아, 인도, 중국에서는 유럽에서와 같은 급격한 변화가 나타나지 않았습니다. 그 곳에서는 고도의 문화와 문명이 변함없이 지속해 갔습니다.

❶

고대 문명의 출발

역사의 교훈과 문명의 진보

간디와 함께 인도 독립을 위해 일생을 헌신한 네루는 1930년 10월 26일 나이니Naini 중앙교도소 수감 도중 딸의 생일을 맞게 됩니다. 아버지인 자신은 물론 어머니와 할아버지까지도 모두 감옥에 투옥돼 혼자 자랄 수밖에 없는 딸에게 그는 편지를 씁니다. 그래서 편지의 첫 마디에 '해마다 생일이 돌아오면 으레 선물을 주었는데 지금은 그리 할 수가 없어서 너무나 미안하고 안타깝다'는 마음을 전한 것입니다. 독립운동도 중요하지만 딸에 대한 사랑을 더욱 중요하게 여긴 아버지의 애틋한 마음이지요. 그리고 그 딸을 위해 편지로 3년 동안의 역사 교육을 시작합니다.

네루는 보통의 선물 대신 정신이나 영혼, 형무소의 높은 담도 가로막을 수 없는 그런 것을 주겠노라면서 딸에게 역사 이야기를 들려주기 시작합니다. 그러면서도 설교나 훈계하는 교육은 하지 않겠다고 말합니다. 이 대목에서 네루는 무엇이 옳고 그른지 분별하는 가장 좋은 방법은 설교가 아니라 대화와 토론이라고 말합니다. 편지를 통해서는 그런 대화를 나누기 쉽지 않을 테니 혹시라도 훈계 비슷하게 흘러가더라도 잘 이해하고 받아들이기를 딸에게 부탁합니다. 가정에서부터 민주적인 문화를 가꾸는 실천적인 지식인이자 행동하는 양심의 모습이지요.

그런데 네루는 왜 딸에게 많은 것들 가운데 세계사를 가르치기로 했을까요? 그가 자녀 교육을 위해 세계사를 주제로 선택한 것은 두 가지 이유에서였습니다. 첫째는 세상을 살면서 옳고 그름을 분별하는 것이 중요한데, 이를 위한 가장 좋은 방법이 대화와 토론이며, 그것은 역사책을 통해 할 수 있다고 생각했기 때문입니다. 두 번째는 자신의 나라 인도가 100년 넘게 영국의 식민 지배를 받아 온 후 비로소 역사를 만들어 가는 중이기 때문에 그 과정에 참여하는 것이 무엇보다 매력적이고 흥미로우며, 자신의 딸이 성장해 인도를 위해 싸우는 훌륭한 전사가 되기를 바랐기 때문입니다. 이 책은 역사에 참여하는 정치인과 역사를 토론하는 지식인, 자녀를 사랑하는 따뜻한 아버지로서 네루의 풍모가 고스란히 담겨 있습니다.

네루가 보는 역사의 주제는 야만에서 문명으로의 진보입니다. 그 안에서 영웅이 아닌 보통 사람들은 날마다 먹을 것, 자식 뒷바라지 등 먹고사는 문제에 사로잡혀 있지만, 때가 무르익으면 커다란 목표를 세웁니다. 거기에 확신을 갖게 되면 평범한 사람도 영웅이 되며, 비로소 역사의 커다란 전환기가 찾아온다고 말합니다.

네루는 평소에 과거 공산주의 혁명을 성공시켜 소비에트연방공화국을 세운 레닌을 매우 존경한다고 말합니다. 그런데 공교롭게도 인디라가 태어난 1917년은 레닌이 볼셰비키 혁명을 완수한 해입니다. 그는 레닌을 가난하고 학대받는 사람들을 뜨겁게 사랑한 위대한 지도자로, 1917년을 고귀하고 영원히 잊히지 않을 역사의 한 장으로 평가합니다. 그러면서 레닌을 당시 인도의 위대한 지도자 간디와 연계시킵니다. 네루는 인도 인민이 가난과 학대의 멍에에서 벗어날 수 있도록 간디가 레닌처럼 큰 노력을 했다고 평가합니다.

그러면 네루는 왜 혁명을 해야 한다고 했을까요? 그것은 인류가 번영하려면 쉬지 않고 변화를 추구해야 한다고 생각했기 때문입니다. 그는 세계의 변화를 막으려는 사람이 많지만, 그들에 아랑곳하지 않고 세계는 움직이기 마련이라고 합니다. 그래서 때때로 커다란 폭발이 일어나는데, 당시 기준으로 140년 전의 프랑스혁명이나 13년 전의 러시아혁명과 같은 대혁명은 이러한 변화를 거부했기 때문에 터진 것이라고 네루는 보았습니다. 결국 그가 말하는 혁명이란 다름 아닌 변화를 거부하는 세력에 대한 거부를 의미합니다. 누구도 역사의 도도한 흐름을 막을 수 없다는 뜻입니다.

그리스의 도시국가들과 서아시아의 제국들

네루는 기나긴 세계사 이야기를 3천 년 전의 고대 서양 그리스 문명에서부터 시작합니다. 인류의 고대 문명은 이집트와 크레타 섬의 크노소스^{Knossos}, 지금은 이라크로 부르는 메소포타미아 지역, 중국, 인도 그리고 그리스에서 비롯되었습니다. 이 가운데서 그리스가 조금 늦게 발달했고, 인도, 이집트, 중국, 그리고 메소포타미아 문명이 서로 어깨를 나란히 합니다. 그런데 네루는 이 고대 문명 가운데 크노소스는 지금 찾아볼 길이 없고, 이집트의 오랜 문명은 피라미드나 스핑크스, 신전 같은 유적만 남기고 사라져 버렸음을 한탄합니다. 이런 현상은 이라크와 페르시아, 바빌로니아^{Babylonia}, 아시리아^{Assyria}, 그리고 칼데아^{Chaldea} 등에서도 나타나고, 중국과 인도 문명도 상황은 비슷합니다. 서양 문명의 경우도 마찬가지인데 현대 유럽이 고대 그리스의 자손이라 할 수 있지만, 그 고대 문명은 자취를 감춘 지 이미 오래 되었고 다른 문명이 그 자리를 대신한 겁니다. 많은 사람이 근대 유럽이 강성한 이유를 고대 고리스 문명에서 찾는데 네루는 그렇지 않다고 단호하게 말합니다. 어느 전문 역사가 못지않은 탁견입니다. 근대 유럽이 강성한 이유는 근대와 관련해 찾아야 합니다.

　그리스인들은 커다란 왕국이나 제국이 아닌 작은 도시국가를 좋아했습니다. 그 도시는 하나의 독립된 작은 공화국이었습니다. 그 공화국에는 왕이 없었고 통치는 부유한 시민들이 했습니다. 보통 사람들에게는 정치에 대한 발언권이 거의 없었으며, 노예나 여자들도 마찬가지로 아무런 권리가 없었습니다. 극히 일부 시민만이 정치에 참여할 자격을 가졌습니다.

　그리스인은 그리스 전역을 비롯해 남부 이탈리아, 시칠리아, 그리고 지중해 연안으로 진출하기는 했지만 하나의 제국을 세우려 하지 않았습니다. 그들은 가는 곳마다 각각 별개의 도시국가를 세웠을 뿐입니다. 이 도시국가들은 공통의 언어, 문화, 종교를 갖고 있었습니다. 그들은 건강하고 아름다운 육체를 중요시해서 이를 위해 놀이나 경기를 벌였습니다. 이 경기들은 대개 올림피아에서 열렸는데, 그리스 민족 전체는 이때만 되면 올림피아로 몰려 경기를 즐겼습니다. 이것이 올림픽의 기원입니다. 네루는 그리스에서 시작된 올림픽 문화를 높이 평가했습니다. 왜 그랬을까요? 아마도 네루가 살았던 당시 영국의 식민 지배에 시달리던 인도 민족이 고대 그리스에서와 같이 하나로 단합했으면 했기 때문이 아닐까요? 더불어 앞으로 세계의 모든 민족들 사이에서 다른 나라를 식민지로 삼아 빼앗는 일이 더 이상 일어나지 않았으면 하고 바랐기 때문이기도 할 겁니다.

　당시 메소포타미아·페르시아·소아시아에서도 수많은 제국이 잇달아 흥하고 망했습니다. 아시리아·메디아·바빌로니아, 그리고 나중의 페르시아와 같은 여러 제국이 서로 경쟁하면서 흥망성쇠를 이루었습니다. 그 가운데 페르시아 제국이 가장 강력한 제국을 만들었습니다. 페르시아 제국의 황제 다리우스는 이집트와 중앙아시아의 일부, 그리고 인도의 인더스강 근처 일부 지역까지 제국의 영토를 확장했습니다.

고대 인도와 중국

네루는 고대 그리스와 서아시아 세계의 문명 이야기를 끝내고 인도로 화제를 돌립니다. 우리가 널리 알고 있는 고대 인도의 갠지스 문명은 기원전 1500년 경부터 인도아대륙에 들어온 고대 아리아인(★카스피해 부근에 정착해 있다가 유라시아 곳곳으로 이동한 사람들로서 일부는 유럽으로, 또 일부는 지금의 서아시아와 아프가니스탄 그리고 그 너머 인도로 들어왔다.), 즉 인도 아리아인들과 원주민이 함께 만든 문명입니다. 그런데 그 중 주요 세력을 이룬 아리아인들은 역사를 쓰는 데 별로 뜻이 없었습니다. 《베다》, 《우파니샤드》, 《라마야나》, 《마하바라타》 등은 모두 뛰어난 사람들이 아니면 쓸 수 없을 정도의 훌륭한 글로, 옛날 역사를 연구하는 데 많은 도움이 됩니다. 하지만 그것들은 정확한 역사의 기록은 아닙니다. 아리아인이 인도에 들어왔을 때 인도에는 이미 문명이 자리 잡고 있었는데, 지금은 파키스탄 영토에 속한 모헨조다로의 유적으로 볼 때 아리아인이 오기 훨씬 전부터 위대한 문명이 있었다는 것이 분명한 사실입니다. 이른바 인더스 문명이지요. 네루는 고대 인도 문명의 뿌리를 촌락 자치에서 찾습니다. 네루는 고대 인도 사회에는 그가 살던 당시의 인도 사회에 만연해 있던 카스트제도의 심각한 차별은 없었다면서 카스트제도의 시작을 자치 제도로서 긍정적으로 보았습니다. 그렇습니다. 카스트제도는 원래 직업별로 일을 분담하는 사회 분업 체계였습니다. 당시 인도의 아리아인 사이에는 네 개의 카스트가 있었습니다. 학자와 승려와 성직자로 구성되는 브라만Brahman, 정치에 종사하는 크샤트리아Kshatriya, 상업과 농업에 종사하는 바이샤Vaishya, 그리고 노동자로 구성된 수드라Shudra가 그것입니다. 그런데 네루는 카스트제도가 처음 만들어지고 난 뒤 얼마 지나지 않아 첨예한 계급 제도로 변했고, 그 안에서 심각한 착취와 차별이 일어났음을 애써 보지 않았습니다. 왜 그랬을까요? 그것은 그가 식민 지배 아래에서 민족운동을 이끌어가던 지도자로서 역사의 진실을 보는 것보다 민족 전체에 자긍심과 용기를 불러일으키는 것이 더 중요하다고 판단했기 때문입니다. 민족주의는 역사의 진실이 민족의 영광에 반하면 민족의 영광을 취하는 이념이기 때문입니다. 여러분은 한국이 임진왜란에서 이겼다고 주장한 일제 치하 시기 민족주의 역사관을 어떻게 생각하십니까?

자, 이제 고대 인도 문명의 이야기를 마치고 네루를 따라 중국으로 건너가 볼까요? 5천 년 전 혹은 그보다 훨씬 전에 중국은 서쪽에 사는 부족의 침략을 받았습니다. 침입자들은 중앙아시아에서 온 부족입니다. 그들은 농사를 지을 줄도 알고 많은 가축도 길렀습니다. 좋은 가옥을 소유했고 사회 조직도 꽤 발달했습니다. 그들은 황하 근처에 정착해 나라를 세웠는데, 몇백 년에 걸쳐 온 중국으로 퍼져 나가면서 문명을 발전시켰습니다. 중국인은 대부분 농민들이며 이들의 우두머리는 족장이었습니다. 그로부터 600~700년 후 그러니까 지금부터 4천 년 전에 요堯라는 인물이 나타나 황제가 되었습니다. 호칭은 황제였지만 이집트나 메소포타미아 경우와 같이 큰 권력을 지닌 왕이 아니고 족장에 가까운 수준이었지요. 그 뒤를 이어 하夏 왕조가 400년 이상 중국을 지배했는데, 하의 마지막 왕이 너무나 잔인한 사람이어서 인민들이 봉기를 일으켜 그를 쫓아냈습니다. 그 뒤 기원전 1600년경에 상商(또는 은殷)이라는 왕조가 패권을 잡고 약 600여 년 동안 다스리다가 기원전 1046년에 또 다른 왕조가 들어섰으니 그것이 주周 왕조입니다. 중국사에서 국가의 체제를 갖춘 것은 이 주나라가 처음입니다. 주나라는 상나라보다 더 오랫동안 정권을 잡았으니 867년 동안 번성했습니다. 중국의 위대한 철학자인 공자와 노자가 살았던 시대가 바로 이때였습니다.

상 왕조가 쫓겨날 때, 기자箕子라는 한 고위 관료가 새로 들어선 주나라를 섬기지 않고 망명을 택했습니다. 그는 부하 5천 명을 거느리고 중국을 떠나 한국으로 갔습니다. 네루는 한국이나 동아시아 역사에 전문적인 지식을 갖추지 못했기 때문에 일본의 식민 지배자들이 식민 사관에 입각해 세운 이 이론을 그냥 답습했습니다. 한국의 역사학계에서는 기자가 중국에서 건너와 첫 나라를 세운 것을 인정하지 않습니다. 네루는 자기가 살던 당시 영국이 식민사관으로 인도사를 왜곡 기술한 것에 대해서는 두 눈을 부릅뜨고 비판했지만, 한국사의 경우 한국을 지배한 일본 사람들의 영향을 받아 이런 식으로 한국 역사를 기술합니다. 역사는 전문 지식이 없으면 특정 이데올로기에 쉽게 넘어갈 수밖에 없습니다. 네루는 기자가 한국에 중국의 예술과 기술, 집짓기, 농사, 그리고 비단 짜기를 전파했다고 기술합니다.

농경, 계급 그리고 종교

우리가 지금까지 이야기한 나라들은 고대 세계를 구성하고 있기는 했지만 그 시대에는 서로 멀리 떨어진 나라들끼리 별로 왕래가 없었다는 점에 주목해야 합니다. 그리스인들은 사실상 중국이나 인도에 대해 전혀 몰랐고, 중국인이나 인도인들도 지중해의 여러 나라에 대해 거의 아는 바가 없었습니다.

　구체적인 역사의 모습을 살펴보겠습니다. 네루의 의견을 따라가면서 우선 계급이 생긴 유래를 생각해 볼까요? 원시인들은 살기가 매우 어려워 음식물을 찾아다니는 것이 고작이었습니다. 먹을 것을 찾아 여기저기 헤매다가 점차 함께 생활하고 함께 사냥하는 거대한 가족 그리고 부족이 생겼습니다. 그러면서 큰 변화가 생겼는데, 바로 농사를 짓기 시작한 것입니다. 그들은 땅을 갈아 씨를 뿌리고 추수하는 것이 돌아다니는 것보다 훨씬 편하다는 것을 알게 되었고, 농지 가까이에 정착하면서 마을과 도시가 생겨났습니다. 농업은 또 다른 변화를 가져왔습니다. 땅에서는 당장 필요한 양 이상의 식량이 생산되었기 때문이지요. 초과된 잉여분은 자연스럽게 저장했고, 그러자 생활이 이전의 수렵 생활에 비해 약간 복잡해지면서 서로 다른 계급의 사람들이 농지나 그 밖의 곳에서 노동을 하게 됩니다. 그리고 몇몇 사람은 관리나 조직을 맡게 됩니다. 그러면서 관리나 조직을 맡은 사람들의 힘이 점점 커져 족장이 되고, 차츰 왕이 됩니다. 그런데 그들은 그 힘을 이용해 많은 잉여 식량을 차지했습니다. 들에서 일하는 사람들이 겨우 먹고 살아가는 동안 그들은 부자가 된 거지요. 그들은 하는 일 없이 놀면서 오직 노동자들이 생산한 식량을 챙기는 데에만 관심을 기울였습니다. 대단히 안타까운 일이지요.

인간은 식량만큼이나 다른 많은 것들이 필요하게 되었습니다. 생산방법이 변화하면서 사회에 큰 변화가 생긴 겁니다. 그 좋은 본보기를 하나 들어 볼까요? 근대 세계에서 일어난 일입니다. 증기가 공장이나 철도나 배의 동력으로 사용되었을 때, 생산이나 분배 방식은 크게 변화했습니다. 증기기관을 쓰는 공장은 손이나 간단한 도구로 물건을 만드는 것보다 훨씬 더 빨리 물건을 만들 수 있었고, 철도와 기선은 식량이나 공장의 생산물을 먼 곳까지 훨씬 빨리 운반해 주었습니다. 이 대목에서 잠시 생각해 볼 것이 있습니다. 생산에 더 좋은 방법이 이용되면 더 많은 양이 생산될 테고, 세계는 그만큼 풍요로워져 예전보다 풍족하게 생활할 수 있다고 생각할 겁니다. 그런 생각은 일부는 맞고 일부는 그릅니다.

진보된 생산 방법은 분명 세계를 더욱 풍요롭게 만들어 주었습니다만, 점점 더 많은 물자가 생산되는데도 가난한 사람들은 여전히 가난하게 남아 있지요? 부의 대부분이 좋은 것은 죄다 차지하려는 관리자나 조직자에게로 가기 때문입니다. 이렇게 아무 일도 하지 않으면서 남들이 일한 몫의 대부분을 차지하는 사람들 속에서 계급이 생겨났습니다. 프랑스의 유명한 계몽 철학자 볼테르Voltaire가 정치가에 대해 "그들은 땅을 일구어 다른 사람들에게 생계 수단을 제공하는 사람들을 굶겨 죽이는 기술을 정치를 통해 찾아냈다"고 했을 정도니 계급이 어떻게 생겨난 건지 아시겠지요?

역사의 먼 길을 계속 걸어가 볼까요? 지금부터 2천500년 전, 즉 기원전 600년 전으로 돌아가 봅시다. 이 무렵 중국과 인도에서 그리고 페르시아와 그리스에서 수많은 위인, 사상가, 종교의 창시자들이 나타났습니다. 현실에 만족하지 않고 더 나은 것을 원하는 사상의 물결이 전 세계를 휩쓸었던 것이지요. 그들은 두려움 없이 낡은 전통을 뒤집고 제거했습니다. 기원전 6세기 인도에는 붓다Buddha와 마하비라Mahavira가 있었고, 중국에는 공자와 노자, 페르시아에는 자라투스트라, 즉 조로아스터Zoroaster, 그리고 그리스의 사모스 섬에는 피타고라스Pythagoras가 있었습니다.

페르시아의 조로아스터는 조로아스터교 창시자로 알려져 있는데, 그가 완전히 새로운 종교를 시작했다기보다는 페르시아의 오래된 사상과 종교에 새로운 바람을 불어넣은 것으로 보는 편이 더 옳습니다. 이 종교는 페르시아에서는 오래 전에 완전히 자취를 감췄지만, 옛날 페르시아에서 인도로 온 사람들이 인도에 가지고 들어와 지금까지 인도에서는 지속되고 있습니다. 이 무렵 중국에서는 공자와 노자가 있었는데, 모두 흔히 말하는 의미의 종교 창시자는 아니었습니다. 그들은 인간이란 무엇을 해야 하고, 무엇을 해서는 안 되는가 하는 윤리와 사회적 행위의 체계를 세웠습니다. 그렇지만 그들이 세상을 떠난 뒤 그들을 기념하기 위해 많은 사당이 세워지고, 그들의 저작은 마치 힌두교의 《베다》나 기독교의 《성경Bible》과 마찬가지로 중국인에게 깊은 숭배를 받았습니다.

인도에는 마하비라와 붓다가 있었습니다. 마하비라는 현재까지도 이어져 내려오는 자이나교를 창시한 사람입니다. 그의 본명은 바르다마나 Vardhamana이고, '마하비라'는 '영웅'이라는 뜻의 칭호입니다. 자이나교도는 비폭력을 엄격하게 지켜서 모든 살생을 배격합니다. 붓다는 크샤트리아 카스트에 속한 어떤 왕실 가문의 왕자였습니다. 그는 어느 날 자신을 괴롭히는 의문을 풀기 위해 궁전과 사랑하는 사람들을 떠나 넓은 세상으로 나가 방랑을 계속했습니다. 오랜 시간이 지난 끝에 그는 마침내 가야Gaya의 보리수나무 밑에서 도를 깨달았다고 합니다. 그리하여 그는 붓다, 즉 '깨달은 사람'이 되었습니다. 그는 옛 카시 부근의 사르나트Sarnath에서 포교를 시작했습니다. 그는 신 앞에 제물을 바치는 대신 마음속의 분노와 미움과 질투와 망상을 버려야 한다고 했습니다. 모든 인연을 끊어 해탈의 경지에 이르러야 한다고 가르쳤습니다.

붓다가 태어났을 무렵 인도에서는 주로 베다의 종교를 신봉했는데, 그 안에서 브라만 사제들은 모든 의식과 의례 그리고 황당한 미신에 사로잡혀 있었습니다. 의례가 많을수록 더 많은 부를 긁어모을 수 있었기 때문에 사제들은 자꾸 의례를 강조했습니다. 카스트는 한층 더 엄격해지고, 대중은 점, 굿, 마술, 사이비 치료 따위에 정신이 팔려 있었습니다. 사제들은 이러한 수단을 통해 사람들을 휘어잡고 지배자인 크샤트리아 세력에 도전했습니다. 이리하여 크샤트리아와 브라만은 서로 심하게 싸웠습니다. 이때 붓다가 나타나 이들 사제의 압제와 낡은 베다의 종교에 파고든 온갖 죄악을 신랄하게 공격합니다. 그는 사람들에게 의례나 의식을 하지 말라고 했고, 브라만이 정점에서 모든 것을 다 가져가는 카스트 체계 또한 부정했습니다. 붓다는 바른 생활과 선의 실천을 강조합니다. 그는 자신의 가르침을 따르는 남녀 수도자들을 하나의 교단으로 조직했습니다.

이 대목에서 네루는 종교에 대해 매우 중요한 말을 합니다. 그는 종교와 그 창시자들을 무작정 훌륭하고 좋은 것으로만 생각해서는 안 된다고 강조했습니다. 종교와 그 창시자들은 분명히 세계 역사에 큰 역할을 했으므로 역사를 살펴볼 때 결코 무시할 수 없습니다. 그러나 그들의 제자나 신도들 중에는 위대하거나 선하다는 말과 거리가 먼 사람이 많았습니다. 종교의 이름으로 몇백만, 몇천만 명의 사람이 살해되고, 상상을 초월한 죄악이 저질러진 것은 잘 알고 있겠지요? 어떤 사람에게 종교는 내세를 의미합니다. 천국이건 극락이건 그 명칭이 무엇이든 간에 그들은 그곳에 가기를 원해 신앙을 갖거나 어떤 행위를 합니다. 네루는 이런 사람들을 보면 사탕이 탐나서 행동하는 어린아이들 같다고 말합니다. 네루가 종교를 이렇게 본 것은 그가 마르크스의 철학과 역사학을 신봉하는 사람으로서 종교는 인민의 아편이라고 생각했기 때문입니다.

❷
고대 제국의 성립

페르시아와 그리스의 제국

이제 옛 그리스와 페르시아로 돌아가 잠깐 이 두 나라 사이에 일어난 전쟁을 살펴보겠습니다. 현재의 이란인 페르시아는 다리우스 황제 통치 시기에 최초의 제국을 세웠는데, 그 영토가 지금의 터키에서부터 파키스탄과 인도 서북부 지역인 인더스강 유역에 미쳤습니다. 이 광대한 제국에는 멋진 도로가 전역을 관통했고, 그 길을 따라 우편물이 규칙적으로 오갔습니다. 넓은 제국을 호령하던 다리우스는 그리스의 도시국가들을 정복하기 위해 그리스와 전쟁을 일으켰습니다.

첫 공격에 실패한 뒤, 페르시아는 기원전 490년에 두 번째 공격을 했습니다. 그리스의 도시국가 아테네는 전력은 훨씬 약했지만, 그 유명한 마라톤 전투에서 페르시아를 물리치고 승리를 거두었습니다. 조그마한 그리스의 도시국가가 거대한 제국의 군대를 물리칠 수 있었던 것에 대해 네루는 페르시아의 군대는 제국 전역에서 긁어모은 오합지졸로 오로지 금전적 대가를 위해 싸웠지만, 아테네인은 자유를 위해 싸웠기 때문이라고 보았습니다. 네루에게 지금의 한국군에 대해 묻는다면 뭐라고 답할까요? 전쟁 시에 작전을 행사하는 권한을 우리가 아닌 미국이 가진 상태를 네루가 보면 그런 군대는 필히 패할 것이라고 답할 겁니다. 자유 베트남이 미군의 엄청난 물량 지원에도 불구하고 형편없는 전력을 가진 공산주의 베트남에게 패배한 것 또한 자기 군대가 자기 나라를 지키지 않고 외국 군대에 의존했기 때문입니다.

다리우스가 죽은 후 그의 아들 크세르크세스Xerxes가 왕위를 물려받아 그리스를 침략했습니다. 그렇지만 육지에서는 300명의 스파르타 정예 부대를 거느린 레오니다스에게 막혀 테르모필레Thermopylae에서 패배했고, 바다에서도 살라미스Salamis 해전에서 대패하여 크세르크세스는 페르시아로 쫓겨 갈 수밖에 없었습니다. 페르시아는 마라톤과 살라미스 전투를 고비로 몰락하기 시작했습니다. 헬레네인, 즉 그리스인이 페르시아를 무찌른 것은 세계사적으로 중요한 의미가 있습니다. 네루는 우선 페르시아 제국은 점차 쇠약해지고, 그리스는 역사의 황금시대에 접어들게 되었다는 사실을 지적했습니다. 이어 네루는 이 시대의 그리스 역사를 통해 우리가 역사를 어떻게 읽어야 하는가에 대한 중요한 사실을 알려주는데, 당시 그리스에서 일어난 사소한 전쟁 같은 데에만 주의를 기울여서는 안 된다고 했습니다. 전쟁보다 정작 중요한 것은 그 내면의 역사이고, 이것이 현대 유럽을 여러 가지 점에서 고대 그리스 문화의 자손으로 만들었다고 했습니다.

이 시대 아테네의 역사를 설명하자면, 빠트릴 수 없는 중요한 인물이 있습니다. 페리클레스라는 정치가입니다. 그와 같은 시대에 살던 역사가 헤로도투스는 아테네의 성장을 살펴본 후 그의 《역사》라는 책에서 다음과 같은 교훈을 이끌어냈습니다. 네루는 자신의 딸에게 이 대목을 강조하여 이야기합니다. 전제정치가 아테네인을 지배하고 있을 때는 어느 이웃 나라와의 전쟁에서도 우세할 수 없었지만, 압제자가 추방되자마자 아테네인들이 곧 이웃 나라를 능가하게 되었다는 사실을 알아야 한다는 것입니다. 이는 누구든 예속당한 상태에서는 자신의 능력을 발휘하지 못하고 오직 윗사람만을 위해 일하지만, 신분이 자유로워지면 바로 자신의 이익을 위해 최선을 다해 결국 승리와 번영을 가져온다는 교훈입니다. 네루가 철저한 민주주의의 신봉자인 것은 민주주의의 엄청난 힘을 역사에서 배웠기 때문입니다. 학교든,

직장이든, 나라든, 민주주의 없이는 결코 번영하지 못한다는 것을 마음속에 새겨 그것을 지키고, 발전시키도록 힘을 다해야 할 것입니다.

그리스 시대에는 또 한 명의 위대한 인물이 있습니다. 여러분이 잘 아는 철학자 소크라테스Socrates입니다. 그는 참된 지식만을 가장 가치 있는 유일한 것으로 여기고 탐구한 철학자였습니다. 그는 참된 지식에 관한 여러 어려운 문제를 놓고 친구나 이웃들과 진지하게 토론했습니다. 그에게는 많은 제자가 있었는데 그 가운데서 가장 뛰어난 이가 플라톤입니다. 그런데 소크라테스는 여러분이 잘 아시다시피 정부에 의해 죽임을 당했습니다. 왜 그랬을까요? 네루는 그 답을 권력의 속성에서 찾습니다. 탁월한 분석입니다. 사람들이 광장에 모여 진리를 놓고 끝없는 논쟁을 하는 것이 당시 그리스 사회의 주요 문화였습니다. 그런데 대개 정부라는 권력은 사회 문제에 대해 대충 넘어가지 않고, 뭔가 뿌리를 캐거나 근본을 밝히려 하는 사람들을 싫어합니다. 그래서 아테네 정부는 모든 것의 근본에 의문을 갖고 논쟁을 통해 그 뿌리를 밝히려는 소크라테스를 재판에 회부해 사형시켜 버렸던 겁니다. 그들은 소크라테스에게 사람들과 토론하지 않을 것을 약속하면 석방하겠다고 했습니다. 하지만 그는 이를 거절하고 독약을 마시고 죽는 길을 택했습니다. 소크라테스는 요즘 말로 치면 사회 불순분자, 선동자로 몰린 겁니다. 여러분들도 정부가 누군가를 불순분자, 종북 좌경 분자 등으로 낙인 찍으면 그 내막을 소상히 알아봐야 합니다. 그것이 역사의 교훈입니다.

플라톤이 늙었을 무렵 또 한 사람의 유명한 그리스인이 나타납니다. 바로 아리스토텔레스입니다. 그는 우리에게 유명한 알렉산드로스 왕의 가정 교사였습니다. 아리스토텔레스는 소크라테스나 플라톤이 중시한 인간의 문제에는 그다지 관심을 갖지 않았고, 그 대신 자연계를 관찰하거나 자연의 법칙을 이해하는 데 흥미를 갖고 있었습니다. 아리스토텔레스의 제자인 알렉산드로스는 정확하게 말하자면 그리스 바로 북쪽에 있는 마케도니아 사람입니다. 마케도니아가 그리스로 내려가 전 지역을 차지해 통치했기 때문에 그리스 왕이라 부르는 것입니다. 그는 역사상 최초로 두 대륙에 걸쳐 대제국을 이룬 세계 정복자였습니다. 대제국을 건설한 후에는 곳곳에 몇십 개의 도시를 건설했는데, 그의 이름을 본떠 알렉산드리아Alexandria라고 불렀습니다. 우리는 알렉산드로스를 '대왕'이라고 높여 부르는 경향이 있습니다. 그렇지만 이런 태도는 바람직하지 않습니다. 그를 위대한 인물로 보는 것은 어떤 사람의 의견일 뿐 모두의 의견일 수 없기 때문입니다. 그래서 모든 왕은 그냥 왕이라고 부르는 게 맞습니다. 그에게 정복당한 사람들이 그를 위대한 대왕이라 부를 하등의 이유가 없습니다. 네루도 이와 마찬가지로 그가 정말로 위대한 인물이었는지는 의심스럽다고 했습니다. 알렉산드로스는 그의 아버지 필립포스와 함께 잇달아 페르시아 침략을 자행했습니다. 또 그리스의 한 도시 테베가 알렉산드로스에 반항하자 수많은 시민을 학살하고 몇만 명에 이르는 사람을 노예로 삼는 등 매우 잔인하게 이 도시를 파괴했습니다. 그가 저지른 야만적 행위는 그리스인들을 두려움에 떨게 했고, 그의 침략을 받은 많은 아시아 민족들에게 감탄은커녕 반감과 증오를 불러

일으키게 합니다. 그래서 그를 '대왕'이라 부르는 이는 유럽 사람들이지 모든 사람은 아닙니다.

알렉산드로스는 인도 서북부에 있는 카이베르Khyber 고개를 넘어 탁실라Taxila를 거쳐 인도에 침입했습니다. 그는 그 지역의 왕을 격파하고 인도 대평원을 지나 갠지스 강을 향해 진격하려 했습니다. 그런데 그의 부하들이 너무 오랜 행군에 지쳤고, 인도 병사들의 저항에 놀라 그의 명령을 따르지 않았습니다. 결국 그는 철군할 수밖에 없었습니다. 그런데 그들의 귀로는 군량과 식수가 모자라 고통이 막심했고 매우 참담했습니다. 그리고 얼마 후인 기원전 322년 바빌로니아에서 서른셋의 나이로 세상을 떠났습니다. 네루는 알렉산드로스를 의심할 바 없이 위대한 장군이었지만 허영과 자만심이 가득 찬 인간이었고 가끔은 아주 잔인하고 난폭하기까지 했다고 비판했습니다. 정복자나 장군을 높이 평가하는 것은 군사정권이나 독재자들에 의해 만들어진 전통인 경우가 많습니다. 한국에서 유신 시대에 학생들이 존경하는 위인은 이순신이나 김유신 혹은 을지문덕, 강감찬, 계백과 같은 장군이 대부분이었습니다. 군사 쿠데타로 권력을 잡은 박정희의 유신 교육에 의해 만들어진 현상입니다.

알렉산드로스가 죽자 그의 제국은 장군들이 분할했습니다. 이집트는 강력한 정부와 왕조를 세운 프톨레마이우스Ptolemaios가 차지했습니다. 알렉산드리아를 수도로 삼은 이 정부 밑에서 이집트는 강대한 국가가 되었고, 알렉산드리아는 과학·철학·예술로 유명한 도시가 되었습니다. 페르시아, 메소포타미아, 그리고 소아시아의 일부는 셀레우코스Seleucos 장군이 다스리게 되었는데, 인도의 서북 지역 일부도 그의 손에 들어갔습니다.

알렉산드로스의 인도 침입은 일종의 기습과 같은 것이어서 인도는 거의 영향을 받지 않았습니다. 어떤 사람들은 알렉산드로스의 침략이 인도와 그리스 사이에 왕래의 길을 터놓았다고 하지만, 사실은 그 이전부터 동서를 연결하는 대로가 있어서 인도는 페르시아는 물론이고 그리스와도 계속 왕

래하고 있었습니다. 물론 알렉산드로스의 침략으로 접촉이 촉진되어 인도
와 그리스의 양대 문화가 긴밀하게 융합된 것은 사실입니다. 하지만 그것을
너무 강조하는 것은 유럽이 아시아의 문명을 가져다 준 것처럼 과장하는 것
입니다. 유럽 사람들은 오랫동안 아시아를 침략해 식민지로 삼아 착취하고,
역사 발전을 저해하는 죄악을 저질렀기 때문에 틈만 나면 고대부터 자기들
이 아시아에 문명을 전파해 주었다고 역사를 왜곡합니다. 네루는 그러한 것
이 철저한 왜곡이라고 딸에게 분명하게 교육합니다.

인도의 마우리야 제국과 아쇼카

알렉산드로스의 침략과 그의 죽음은 인도에 중요한 정치적 영향을 가져왔
습니다. 알렉산드로스가 인도를 침입할 당시 북부 인도에는 마가다Magadha
라는 왕국이 맹위를 떨치고 있었습니다. 마가다 왕국은 이 시기에 난다
Nanda라는 왕조가 다스렸는데, 그곳에는 아주 총명하고 활동적이며 야심찬
찬드라굽타Chandragupta라는 청년이 있었습니다. 그의 곁에는 비슈누굽타
Vishnugupta 혹은 차나키야Chanakya로 불린 한 브라만이 있었습니다. 이 두 사
람은 난다 왕에 의해 서북부 인도, 즉 알렉산드로스가 왔던 지역으로 쫓겨
났는데, 그곳에서 알렉산드로스가 죽었다는 소식을 들었습니다. 그래서 그
들은 힘을 모아 그리스 군대를 몰아내고 그곳을 차지했습니다. 그리고 마가
다 왕국의 수도 파탈리푸트라Pataliputra로 진격해 들어가 난다 왕을 무너뜨
려 새 왕조 마우리야를 열었습니다. 그러니 난다 왕조의 마가다 왕국은 인
도의 서북부 지역을 차지하지 못했는데, 찬드라굽타 마우리야가 그 지역까
지 차지해 북부 인도의 전역을 차지하게 된 겁니다. 알렉산드로스가 침략한
후 서북부 지역에 힘의 공백이 생긴 덕이라고 할 수 있겠지요. 이것이 인도
역사상 처음으로 나타난 찬드라굽타 마우리야의 마우리야 제국입니다.

마우리야 제국은 대단히 선진적이고 강력한 정부였습니다. 찬드라굽타 마우리야는 셀레우코스로부터 카불에서 헤라트에 걸친 간다라 지역을 얻어냈고, 그 대신 셀레우코스의 딸을 아내로 받아들였습니다. 그의 제국은 카불에서 벵갈, 아라비아해에서 벵갈만까지 커졌으니 오직 인도아대륙의 남부만 제외되었고, 파탈리푸트라가 대제국의 수도가 되었습니다. 셀레우코스는 이 대단한 제국의 황제인 찬드라굽타에게 메가스테네스^{Megasthenes}라는 사신을 파견했습니다. 이 사신이 그 무렵의 인도에 대한 흥미로운 보고를 남겨 이것이 당시의 역사를 아는 데 좋은 자료가 됩니다. 당시 마우리야 제국에 대해 알려주는 것으로는 카우틸리야^{Kautilya}라는 재상이 찬드라굽타 정부에 대해 상세히 기록한 《아르타샤스트라^{Arthashastra}》도 있습니다. 《아르타샤스트라》란 '부^富에 관한 학문'이라는 뜻을 가진 책인데, 나라를 운영하는 정치, 경제, 행정 등에 필요한 내용으로 되어 있습니다. 국왕의 의무, 장관, 고문, 원로원, 정부 부처, 교역, 지역 자치 정부, 법률, 재판소, 사회 풍습, 여성의 권리, 노인과 극빈자의 보호, 결혼과 이혼, 납세, 육군과 해군, 전쟁과 강화, 외교, 농업, 방직업, 장인^{匠人}, 여권, 교도소 등 실로 방대한 부문들을 기재한 책입니다. 이 책에 따라 당시 상황을 몇 가지 살펴보겠습니다.

국왕은 대관식에서 백성들로부터 왕의 권위를 부여받는 동시에 백성에 대한 봉사를 서약해야 했습니다. 또한 국왕의 일정한 직무도 규정되어 있었습니다. 이렇게 고대 인도에서 군주가 백성에게 봉사해야 한다는 관념이 있었다는 점은 매우 흥미롭습니다. 국왕의 신권이나 절대 권력은 존재하지 않았다는 거지요. 따라서 국왕이 악정을 펴면 백성들은 그를 폐위시키고 다른 사람으로 바꿀 권리를 갖고 있었던 겁니다. 그렇지만 이것을 실제 상황으로 받아들일 필요는 없습니다. 하나의 이상이자, 이론상의 이야기지요. 실제로는 그 이상을 실천에 옮기지 못하고, 어리석은 처사로 백성들에게 불행을 가져다 준 국왕이 적지 않았습니다. 또 《아르타샤스트라》에 의하면 이곳에는 노예도 있었습니다. 물론 로마에서와 같은 생산 담당 노동 노예는 아니었습니다.

이 나라는 수도를 비롯해 각 지역의 대도시, 그리고 곳곳에 있는 작은 도시와 촌락이 서로 연결되었습니다. 왕도는 파탈리푸트라를 지나 서북부 국경까지 닿았고, 또 많은 운하도 있었는데, 이를 관리하기 위해 특별히 관개를 담당하는 부서가 설치되었습니다. 항만·부두·교량 그리고 정기 항로에 이르는 많은 선박을 관리하기 위해 수운국도 두었습니다. 그리하여 뱃길로 버마와 중국까지 왕래할 정도였습니다. 찬드라굽타 마우리야는 이 제국을 24년 동안 통치하다가 기원전 296년에 세상을 떠납니다.

찬드라굽타 마우리야의 뒤를 이은 왕은 그의 아들 빈두사라Bindusara였고, 다시 그 뒤를 그의 아들 아쇼카가 기원전 268년에 이었습니다. 아쇼카는 북부 및 중부 인도의 전부와 중앙아시아에 이르는 대제국을 계승받았습니다. 그리하여 나머지 동남부 및 남부까지 차지하기 위해 제위에 오른 지 9년이 되는 해에 동부의 칼링가Kalinga라는 나라를 정복하러 나섭니다. 아쇼카는 피비린내 나는 살육전 끝에 이곳을 정복했으나 이내 전쟁을 혐오합니다. 이후 그는 더 이상의 전쟁을 치르지 않습니다. 그냥 단념했습니다. 네루는 이를 두고 웰즈H. G. Wells의 말을 빌어 승리 후 전쟁을 포기한 역사상 유일한 군주로 평가합니다. 하지만 네루의 평가는 잘못된 겁니다. 아쇼카는 전쟁을 포기한 것이 아니라, 정복 전쟁을 하지 않았을 뿐입니다. 그것은 더 이상 정복할 지역도 없고, 확보한 영토를 효과적으로 다스리는 게 더 필요하다고 생각했기 때문입니다. 아쇼카가 진정으로 전쟁을 포기했다면, 60만 대군을 해산했어야 했는데, 그는 전혀 그렇게 하지 않았습니다.

아쇼카는 제국을 완성한 후 여러 곳에 돌이나 쇠로 만들어 세운 기둥과 큰 바위에 왕의 칙령을 새깁니다. 우리는 그 수많은 글에서 그가 백성과 자손에게 준 가르침을 알 수 있습니다. 그것을 보면 아쇼카는 전쟁과 정복에 따르는 학살에 두려움을 갖고 있었습니다. 그래서 그는 더 이상 영토 확장 전쟁을 하지 않고, 확장된 제국의 영토를 통일된 법을 통해 중앙집권제로 통치하고자 했습니다. 아쇼카는 멀리 서아시아, 유럽, 아프리카의 여러 나라에 사신을 보냈고 실론(스리랑카)에는 그의 아우 마헨드라Mahendra를 파견했다고 전해집니다. 아쇼카 시대에 온 나라에는 공원·병원·우물·도로 등이 많이 건설되었습니다. 특별히 여성을 위한 교육이 마련되기도 했고, 4개의 대학 도시 – 북쪽의 탁실라, 마투라Mathura, 중부의 웃자인, 비하르 주의 날란다 – 에는 국내뿐만 아니라 멀리 중국에서부터 중앙아시아에 걸친 여러 지역에서 유학생들이 모여들었습니다.

현재 아쇼카 시대의 수도였던 파탈리푸트라에 유적은 하나도 남아 있지 않습니다. 아쇼카 시대로부터 600년 후에 중국의 승려 법현法顯이 이곳을 방문했는데, 그 무렵 이 도시는 여전히 매우 번성했으나 아쇼카의 궁전은 이미 폐허로 변해 있었다고 기록한 바 있습니다. 큰 돌을 쌓아 세운 궁전은 지금 전혀 찾아볼 길이 없어 안타깝습니다. 역사란 무상합니다. 그러나 변한다고 해서 소홀히 할 수는 없습니다. 지금 여기에서 최선을 다하지 않으면 미래는 없습니다.

중국의 진나라와 한나라

아쇼카 시대에 세계의 다른 지역은 어떠했을까요? 많은 사람이 이집트와 지중해 연안 이외 세계의 역사에 대해 별로 관심을 기울이지 않습니다. 유럽 사람들은 오랫동안 고대 역사라면 으레 그리스와 로마, 그리고 유대인의 역사를 말해 왔습니다. 이것은 유럽인 특유의 자기중심적 세계관으로 매우 낡은 사고방식입니다. 그들은 당시 지중해 연안을 제외한 중국이나 인도 같은 나라는 마법이 횡행하는 신비의 나라처럼 생각했습니다. 아쇼카 시대에 로마는 이미 상당한 세력으로 성장하고 있었고, 로마 건너편 아프리카 해안에는 로마의 강적 카르타고가 버티고 있었습니다. 동방에서는 중국이 서방의 로마 못지않게 강대해지고 있었습니다. 중국에서는 하나라와 상(혹은 은)나라를 거치면서 국가가 발생하고, 중앙 정부가 형성되었습니다. 그리고 명목상으로는 주나라의 지배 아래 있었지만, 기존의 여러 질서가 해체되는 시기가 오랫동안 계속되었습니다. 이때 각 지역의 작은 영주들은 사실상 독립해 서로 세력을 다퉜습니다. 그러다 진공秦公이라는 지역의 한 군주가 노쇠한 주나라를 추방하는 데 성공했습니다. 진나라는 기원전 225년부터 중국을 다스리기 시작했습니다. 그는 스스로를 시황제始皇帝라 칭했는데 '첫 번째 황제'라는 뜻입니다. 그리고 그의 후손들을 진 왕조라고 부르는데, 지금 중국을 부르는 차이나China라는 영어 이름이 여기에서 나왔습니다.

시황제는 최초의 위대한 황제인 자기로부터 역사가 시작한다고 믿고 이전의 모든 군주나 사상가를 지워버리라고 강요했습니다. 그리하여 과거를 전해주는 책, 특히 역사나 유교의 고전을 모조리 불태우라고 명령했습니다. 이것을 '분서갱유'라 합니다. 처음으로 세워진 왕조를 과거와는 달리 중앙집권제에 따라 강력하게 만들려는 일환이었습니다. 진시황은 지배자로서는 중국의 역사 이래 가장 강력한 인물 가운데 하나였습니다. 그는 수많은 지역 영주들이 저마다 내미는 요구를 제압하고 봉건적인 체제를 무너뜨려 강력한 중앙 정부를 세웠습니다. 그는 중국 전체를 넘어 지금의 베트남인 안남安南까지 영토를 확장하고 만리장성도 쌓아 외적의 침입을 막았습니다. 하지만 그의 통치 방식이 너무나 억압적이었기 때문에 그가 죽고 난 뒤 얼마 되지 않아 도처에 반란이 일어났고 그 때문에 진나라는 멸망했습니다.

영국의 식민 지배를 받고 있으나 독립국 인도를 강력한 중앙집권제 국가로 만들고자 한 네루는 이에 대해 어떻게 생각했을까요? 네루는 한마디로 그런 행위는 정말 야만적인 것이라고 평가했습니다. 네루는 그런 식의 독재는 문화 유산을 말살시킨다고 생각했습니다. 네루는 시황제의 과업은 그가 죽으면서 중단되었고, 후손에게 전달된 것이 아무것도 없게 되었다고 할 정도로 신랄하게 비판했습니다. 이렇게 독재를 혐오했기 때문에 그는 공산주의 사상을 좋아했지만 공산주의 체제를 따르고자 하지 않았습니다. 제 아무리 좋은 것이라도 전제적인 것보다는 민주적인 것이 더 가치 있다고 생각한 겁니다. 여러분은 조금 잘사는 독재 체제와 조금 못사는 민주 체제 중 어디에서 살고 싶습니까?

진시황이 죽고 상당한 기간이 흐른 뒤 등장한 것이 한漢 왕조인데, 400년 이상 번성했습니다. 여러 황제 가운데 특히 여섯 번째인 무제가 가장 뛰어난 황제로 꼽히는데, 그는 50년 이상이나 제위에 앉았습니다. 그는 줄곧 북부를 괴롭히던 흉노를 무찌르고, 동으로는 한국에서부터 서로는 카스피해에 이르기까지의 넓은 영토를 장악했습니다. 이 시대에 로마가 무척 크고 강했다는 이야기를 자주 듣기 때문에 자칫 로마가 전 세계를 지배했던 것처럼 생각하기 쉽지만, 네루는 중국이 이보다 훨씬 더 방대하고 강력한 제국이었다는 말을 놓치지 않습니다. 역사 공부를 하는 이유 중 하나는 이렇듯 한쪽 사람들 말만 듣지 않고 균형 잡힌 시각을 갖기 위함입니다.

한나라의 무제 시대에는 중국과 로마 사이에 본격적인 교류가 이루어졌습니다. 양국 간의 무역은 현재 페르시아와 메소포타미아 지역에 살던 파르티아Parthia인이 중개했습니다. 이 시기 이후 2세기경에는 로마와 파르티아 사이에 전쟁이 심해지면서 이 중개 무역이 중단되었고, 급기야 로마는 해로를 통한 무역을 찾아 나섰습니다. 이때 인도가 중개자로서 큰 이득을 취합니다. 로마의 배들은 인도를 거쳐 동남아와 중국에까지 드나들었습니다. 이 시기에는 불교가 중국에 전해지기도 했습니다. 물론 불교와 함께 인도의 예술이 중국에 전달되고, 나아가 한국과 일본에 전해졌습니다. 이 시기는 세계의 문화가 본격적으로 소통하면서 번성한 인류 번영의 시기입니다.

한 왕조 시대에는 기억할 만한 두 가지 중요한 사건이 있습니다. 하나는 목판 인쇄의 발명이고, 또 하나는 과거 시험 제도입니다. 인쇄술은 유럽보다 500년을 앞선 것입니다. 다른 나라에서는 이때까지도 주로 정실을 통해 관리를 임명하거나 특정 계급에 속하는 자만 임명했는데, 중국에서는 시험에만 합격하면 누구나 관리가 될 수 있었습니다. 과거라는 시험 제도를 통해서였습니다. 네루는 이를 두고 물론 유교 경전 시험에 합격한 사람이라고 해서 모두 유능한 관리가 되는 것은 아니므로 이상적 제도라고는 할 수 없겠지만, 정실이나 계급에 따른 관리 임용에 비하면 대단히 진보한 것임에는 분명하다고 평가합니다.

쿠샨 제국과 남인도

기원전 232년 아쇼카가 사망한 뒤 그의 자손들이 쓰러져 가는 마우리야 제국을 50년 가까이 붙들었으나 푸샤미트라Pushyamitra라는 브라만 출신의 장군에 의해 망했습니다. 푸샤미트라는 스스로 왕위에 올랐습니다. 아쇼카가 사망한 뒤 얼마 되지 않아 동남 해안 지역의 안드라 왕국이 세워졌습니다. 안드라 세력은 아쇼카가 사망한 뒤 급속히 팽창해서 데칸을 횡단해 바다와 바다를 잇기에 이르렀습니다. 이 시기 인도아대륙의 남북 양쪽에 굵직굵직한 사건들이 일어났습니다. 북쪽에서는 박트리아인, 샤카인, 스키타이인, 투르크인, 쿠샨인과 같은 중앙아시아의 여러 종족들의 침략이 계속해서 일어났습니다. 이러한 침략은 정복이나 약탈을 위한 것이 아니라 정착지를 찾기 위한 것이었습니다. 중앙아시아의 여러 종족들은 대개 유목민인데 숫자가 늘어남에 따라 먹고 살 토지가 부족하게 되었고 그래서 새로운 땅을 찾아 이동해야 했던 것입니다. 그들은 인도를 결코 적국으로 보지 않았습니다. 인도 사람들은 그들을 마치 중국의 한족이 변방에 사는 여러 종족을 '오랑캐'라고 부르듯 비하했는데, 그들은 인도에 비해 문명이 크게 뒤떨어졌지만 인도에 들어 온 이후 불교와 힌두교를 받아들이면서 인도 문화에 잘 정착하고 그 문화를 발전시키는데 큰 역할을 했습니다. 인도의 제도에 잘 적응하고 동화되었기 때문에 300년 동안 인도를 다스릴 수 있었던 것입니다.

그 가운데 뛰어난 업적을 남긴 쿠샨인이 세운 나라에 대해 좀 더 살펴보도록 합시다. 그들은 기원전 1세기에 제국을 건설했는데, 북으로는 중앙아시아의 카슈가르·야르칸드·호탄에서 인도아대륙의 갠지스강 유역에까지 이르는, 그리고 서로는 페르시아 및 파르티아의 경계까지 이르는 넓은 영토를 다스리며 300년 가까이 번영했습니다. 수도는 처음에 카불이었다가 나중에 페샤와르로 옮겨졌습니다. 쿠샨의 카니슈카Kanishka 왕은 특히 불교를 열렬히 지원했습니다. 쿠샨은 중국과 서아시아 그리고 그리스와 폭넓은 문화 교류를 가졌고, 인도와 로마 사이에 교역이 활발하게 이루어졌습니다.

불교는 기존의 브라만교와 그리스 문명의 영향을 받은 분파가 하나 발생해 새로운 대승大乘과 기존의 소승小乘으로 나뉘었습니다. 애초 불교는 카스트 제도와 브라만의 타락 그리고 형식주의에 대한 반대 운동으로 만들어졌

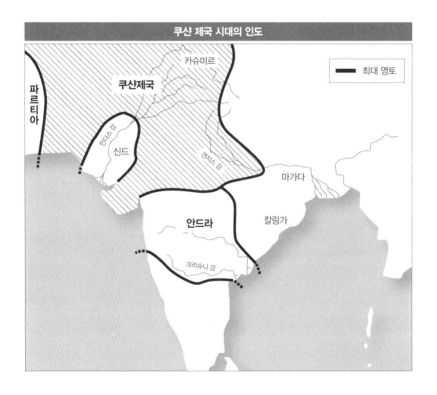

습니다. 그래서 석가모니는 우상 숭배나 종교 의례를 인정하지 않았습니다. 그는 자신을 숭배를 받는 신이 아닌 '깨달은 자', 즉 '붓다'라고 했습니다. 그렇지만 시간이 흐르면서 힌두교와 불교 사이에 가로놓인 골을 메우려고 힌두교의 여러 생각과 상징이 불교 사상에 들어갔습니다. 여기에 그리스와 로마에서 온 장인들도 신의 상像을 만드는 습관을 갖고 있었습니다. 그리하여 어느 틈엔가 불교 사원에도 우상이 등장하게 되었습니다. 이러한 변화는 불교를 힌두교와 점점 더 닮아가게 했습니다. 이러한 변화된 종교를 그들은 '큰 배'라는 뜻의 대승이라 부르고, 기존의 불교를 '작은 배', 즉 소승이라 불렀습니다. 대승은 변화를 받아들였지만 원칙을 훼손했고, 소승은 원칙은 지켰으나 변화를 받아들이지 않았습니다. 원칙을 훼손하면서 대중화에만 힘쓰면 결국 존재 가치가 상실될 수밖에 없고, 원칙은 지키되 변화를 거부하면 살아남을 수 없게 되는 게 일반적입니다. 여러분은 어떤 입장을 지지합니까?

❸

고대 문명의 번영과 쇠퇴

로마 공화정과 기독교

동쪽 끝을 보았으니 이제는 서쪽으로 눈을 돌려 볼까 합니다. 우선 로마가 성장한 자취부터 더듬어 보겠습니다. 로마는 기원전 8세기에 건국되었다고 합니다. 로마는 그리스의 도시국가들과는 달리 부근의 부족을 정복하며 세력을 넓혀 이탈리아의 대부분을 차지합니다. 로마에는 황제도 국왕도 없었습니다. 굳이 말하자면 방대한 토지를 소유한 소수의 귀족에 의해 지배된 일종의 공화국이었지요.

로마 사회는 두 계급으로 나뉘었는데, 하나는 많은 토지를 소유한 부유한 귀족이고, 또 하나는 평민이었습니다. 로마국의 역사는 몇백 년 동안 이 두 계급 간의 투쟁사였다고 보면 됩니다. 귀족은 모든 권력을 쥐었는데, 권력이 있는 곳에는 항상 재물이 뒤따랐습니다. 반면 평민에게는 아무런 권력도, 재물도 주어지지 않았습니다. 그래서 그들은 집단으로 로마를 떠나 새로운 도시를 만들어 정착하기 시작했는데, 이것이 로마의 귀족들에게 큰 타격을 입힙니다. 결국 귀족들이 평민들에게 양보를 했고, 이제 평민도 고위 관료나 원로원 의원이 될 수 있게 되었습니다. 그런데 로마에는 이 두 계급 외에 방대한 수의 노예가 있었습니다. 그들은 시민이 아니었기 때문에 선거권도 없었고 소나 개처럼 주인의 사유재산일 뿐이었습니다. 고대 그리스나

로마의 영화는 바로 이 광범위한 노예제도를 토대로 이루어졌지요. 이러한 노예제도는 인도나 중국에는 없었으니, 그 두 나라에는 집안일을 하는 가사 노예만 있었을 뿐입니다. 로마가 성장하는 동안 귀족은 부유하게 되고, 평민은 여전히 가난해 귀족에게 눌려 살면서도 두 계급은 모두 하나같이 노예를 억압했습니다.

정치는 원로원이 맡았는데, 그 원로원은 두 집정관이 지명했고, 다시 그 집정관은 유권자인 시민이 선출했습니다. 그런데 로마가 커지고 로마에서 멀리 떨어져 사는 시민이 많아지면서 투표가 어려워지게 되었습니다. 그러니 선거나 그 밖의 중요한 결정에 실제로 참여하는 것은 로마 시내에 사는 유권자들뿐이었습니다. 이 유권자 중에는 평민도 많이 포함되어 있었는데, 높은 지위나 권력을 원하는 부유한 귀족은 가난한 평민의 표를 얻기 위해 뇌물을 쓰기도 했습니다. 정치를 위해 뇌물을 주는 일이 2천 년 전에도 있었다는 이야기입니다.

로마가 이탈리아에서 성장하는 동안 카르타고는 북아프리카에서 세력을 확장했습니다. 로마와 카르타고는 합력하여 그들의 중간 지점인 남이탈리아와 메시나에 있던 그리스의 식민지들을 몰아낸 후 직접 맞붙어 포에니전쟁이라 불린 세 차례의 큰 전쟁을 벌였습니다. 제1차 포에니전쟁은 기원전 264년부터 241년까지 계속되었고, 22년 뒤에 2차 포에니전쟁이 터졌습니다. 이 전쟁에서 카르타고의 한니발 장군이 로마에 진격해 15년 동안이나 로마인들을 학살하고 괴롭혔습니다. 하지만 로마인들은 적의 연락망을 끊으면서 적을 괴롭히는 작은 전투를 계속했습니다. 이러한 소극적 작전에 능했던 사람이 파비우스Fabius였습니다.(★'페이비언Fabian'이라는 단어는 한니발과 싸운 로마인 '파비우스'에서 유래된 말로, 전투나 위험한 국면을 피하고 질질 끌면서 완만한 충돌을 통해 목적을 달성하려는 것을 '페이비언 전술'이라 한다. 네루의 사상은 사회주의를 신봉하되 급격한 변화를 배격하는 페이비언 사회주의에 속한다.) 한편, 2차 포에니전쟁 발발 반세기 후 로마는 카르타고를 철저하게 파괴하고 대학살을 자행해 완전히 멸망시켰습니다. 로마는 이탈리아는 물론이고 서쪽으로는 스페인과 프랑스를 지배했으며, 동쪽으로는 그리스와 소아시아를 장악했습니다.

북아프리카의 이집트는 동맹국이자 로마의 보호국이었던 듯합니다. 카르타고나 지중해 연안의 일부도 로마의 지배를 받았습니다. 따라서 로마의 북쪽 국경은 라인강을 따라 그어졌고 자연히 독일, 러시아 그리고 북부와 중부 유럽은 로마 세계의 바깥에 있었습니다. 메소포타미아 동쪽도 마찬가지로 로마 바깥에 있었습니다. 로마가 위대한 것은 사실이지만 그렇다고 많은 유럽 사람이 생각하는 것처럼 로마가 전 세계를 지배하지는 않았던 것은 분명합니다.

로마의 승리와 정복은 나라의 부와 사치를 불러왔습니다. 로마가 정복한 나라에서 돈과 노예가 쏟아져 들어왔기 때문입니다. 앞서 말한 것처럼 로마의 최고 통치 기관은 귀족으로 구성된 원로원인데, 이 부유한 집단이 더욱 부유해졌고 가난한 사람들은 더욱 가난해졌습니다. 분쟁이 일어나면서 로마의 혼란은 날로 심해졌습니다. 부유한 상인들과 군인들이 점점 득세해 원로원을 능가하게 되었고, 군인들이 크게 권력 다툼을 벌이기도 했습니다. 로마의 많은 장군 가운데 폼페이우스Pompeius와 율리우스 카이사르Julius Caesar 두 사람이 두각을 나타냈습니다. 폼페이우스는 동방을 원정해 큰 성과를 거두었고, 카이사르는 지금의 프랑스와 영국을 평정했습니다.

당시 원로원은 사실상 있으나마나한 존재였고, 카이사르와 폼페이우스 두 사람은 크게 대립했습니다. 싸움에서 카이사르가 폼페이우스를 거꾸러뜨리고 실권을 장악했으나 로마는 어디까지나 공화국이었으므로 카이사르가 마음껏 독재를 할 수는 없었습니다. 그러던 중 그를 왕으로 옹립하려는 움직임이 있었고, 우여곡절 끝에 카이사르는 브루투스 일파에게 기원전 44년에 피살되고 맙니다. 그 후 카이사르의 양자이자 조카인 옥타비아누스 Octavianus와 카이사르의 친구인 안토니우스Antonius가 그의 죽음에 대한 복수를 시도하는 가운데 다시 왕정을 세웠습니다. 결국 옥타비아누스가 권좌에 오르면서 공화국 로마는 종말을 고했습니다. 제정 로마가 시작된 것입니다. 기원전 27년의 일입니다.

이제 로마 시대에 크게 성행한 기독교와 예수에 대한 네루의 생각을 들어보겠습니다. 예수는 유대인이었는데, 유대인은 자신들의 과거를 공상 속에서 황금시대로 미화하면서 살았습니다. 그래서 그들은 유대인이 다시 강대해질 약속된 날이 오리라고 믿었습니다. 구세주를 손꼽아 기다리던 유대인들은 당시 환경이나 사회질서와 어긋나게 귀에 거슬리는 말을 쏟아내는 타고난 반역자 예수에게 기대를 걸었습니다. 그런데 예수는 종교를 일정한 의식이나 행사의 문제로 왜곡하는 부자나 위선자들도 강하게 비판했습니다. 그러자 그의 태도에 실망한 유대인 대부분은 그를 자신들 종교에 반역한 자로 간주해 로마 당국에 넘겨버렸습니다. 사실 그때 로마인들은 종교에 관한 한 그렇게 편협하지 않았습니다. 따라서 로마는 유대인들이 했던 것과는 달리 예수를 종교적인 면에서는 탓하지 않았고, 정치적인 반역자로 간주해 죄인으로 끌고 가 골고다 언덕에서 못 박아 처형했습니다. 그 후 예수를 한번도 본 적이 없던 바울Paul이라는 사람이 예수의 뜻을 크게 바꿨습니다. 하나님이 대가 없는 사랑을 주어 모두를 구원한다는 내용입니다. 로마에 전파된 기독교는 바울에 의해 크게 변형된 것이었습니다. 기독교도들은 다른 모든 종교를 적대시하고 황제의 초상에 절하기를 거부했습니다. 이리하여 기독교도에 대한 박해가 시작되었습니다. 하지만 그 탄압은 완전히 실패로 돌아갔고, 400년에 이르는 싸움 끝에 기독교는 승리하여 로마의 국교가 되었습니다. 그 후 예수는 스스로 신이라고 주장하지 않았는데 어느새 신이 되어버렸습니다. 불교가 발생한지 500년이 지나면서 붓다를 신으로 만들어버린 것과 유사한 현상이지요?

이후 기독교는 일취월장하여 세계적인 종교로 발전하는데, 이를 두고 네루는 신랄한 비판을 합니다. 기독교도들이 예수의 가르침을 이해하지도 따르려고도 하지 않고, 그저 예수의 신격과 삼위일체설을 놓고 논란과 분쟁으로 세월을 보냈다는 겁니다. 그들은 서로에게 이단자라고 욕설을 퍼부으며 박해를 가하고 상대방을 죽이는데 혈안이 되었습니다. 네루는 이 글을 쓰던 1930년대에 이미 기독교가 비폭력과 사회질서 개혁을 주장했던 반항아 예수를 따르는 제자라고 내세우지만, 실은 말로만 그럴 뿐이고 제국주의, 전쟁, 배금사상으로 치닫고 있다고 비판했습니다. 네루가 이 책을 집필하던 식민 치하의 당시 인도는 힌두교와 이슬람이라는 두 거대 종교의 집단주의 문제로 고통받고 있었습니다. 네루가 종교에 깊은 관심을 갖고 탁월한 해석을 한 것은 그가 살던 시대적 배경 때문으로 보입니다. 그가 비판한 것은 기독교가 아니라 종교였습니다.

로마 제국의 성장과 멸망

옥타비아누스는 국가 원수가 되면서 '아우구스투스 카이사르Augustus Caesar'라는 칭호를 받았습니다. 또 그를 '임페라토르', 즉 총지휘관이라 칭했는데 이 말에서 영어의 '엠페러Emperor', 황제라는 단어가 파생되었습니다. 이 말을 통해 세계에는 한 시대에 한 사람의 황제밖에 있을 수 없다는 그들의 생각을 읽을 수 있습니다. 그리하여 로마는 '세계의 여왕'이라 일컬어지고, 서양 사람들은 전 세계가 로마의 지배 아래 있는 것으로 생각했습니다. 이는 물론 터무니없는 생각으로, 역사와 지리에 대한 무지를 적나라하게 드러낸 것입니다. 로마를 생각할 때 가장 불가사의한 점은 로마를 배후에서 지탱하던 관념 즉 세계 지배, 세계의 종주국이라는 관념에 관한 것입니다. 이 관념은 로마가 망한 뒤에도 살아남았고 여전히 존속했습니다. 아우구스투스 카이사르 이후 황제들은 전지전능한 신과 같은 존재가 되었습니다. 황제는 살아있는 동안에는 반신半神으로 숭배받고, 죽은 뒤에는 온전한 신이 되어 숭배를 받았습니다.

전 세계 대부분의 사람들, 특히 유럽인들은 로마가 지배했던 시대를 황금시대로 평가합니다. 과연 그럴까요? 소위 황금시대라 하는 그 말 안에 담겨 있는 뜻을 깊이 생각해 볼 필요가 있습니다. 이 시기를 황금시대로 평가하는 것은 의심의 여지없이 통치자를 찬양함으로써 이득을 얻으려는 전제국가의 관습입니다. 로마에서 발달했다는 그 문명이란 무엇을 의미할까요? 그것은 다름 아닌 부자들의 문명입니다. 멋있고 강하며 건전했던 고대 그리스 부유층의 그것과는 달리 향락만 일삼는 더럽고 썩은 자들의 문명이었습니다. 호화판의 그늘에는 인민의 궁핍이 있었다는 사실을 깨달아야 합니다. 서민에게는 무거운 세금이 떨어지고 힘든 노동은 수많은 노예에게 맡겨졌다는 사실을 반드시 알아야 합니다. 황제는 대를 이어 옥좌에 올랐지만 어떤 자는 포악하고 무능했습니다. 그러면서 군부가 득세해 황제의 폐립까지 좌우했습니다. 그리하여 군부에 뇌물을 바치기 위해 서민이나 정복지 여러 나라에서 재물을 쥐어짰습니다. 나아가 노예 무역은 국고의 중요한 재원이 되었고, 동방에서는 로마 군대가 정규적으로 노예 사냥을 벌였습니다. 옛날 그리스인의 성지였던 델로스Delos 섬은 거대한 노예 시장이었고, 거래되는 숫자는 하루에 1만 명이 넘을 때도 있었답니다. 로마의 콜로세움에서는 각 회마다 1200명이나 되는 노예들이 검투사로 내보내져 황제와 신하의 심심풀이 대상으로 목숨을 버려야 했습니다. 제국 시대의 로마 문명이란 결국 이런 것이었음을 명심해야 합니다. 네루는 서양 사람들이 보는 것과는 달리 로마의 문명을 신랄하게 비판합니다. 그의 날 선 비판을 우리가 사는 한국이나 현재 세계의 제국이라 불리는 미국에 적용해보는 것은 어떻겠습니까?

그렇지만 로마에 어느 정도 평화가 유지된 것은 분명 반가운 일임에 틀림없습니다. 변방에서는 가끔 전쟁이 있었지만, 적어도 초기에는 팍스 로마나Pax Romana(로마의 평화)가 있었기 때문입니다. 어느 정도 안정된 곳에는 교역이 열렸습니다. 로마의 시민권은 로마 세계 전체로 확대되었지만 노예들은 이와는 아무런 관계가 없었고, 황제만이 나랏일을 좌우할 뿐 시민들에게는 소소한 권리밖에 없었다는 사실도 잊어서는 안 됩니다. 로마 사람들은 점차 군대에 들어가 싸우기에는 너무나 게을러졌고, 이내 전투 능력을 상실했습니다. 로마의 시민들이 군대에 들어가기를 꺼려했으므로 제국 주변에 사는 '야만인'이라고 일컬어지던 사람들이 징집되었습니다. 그러므로 로마의 군대는 대부분 '야만스러운' 적국과 내통하거나 혈연이 닿는 사람들로 편성된 것입니다.

로마가 약해지자 이 '야만족'은 한층 강해졌고, 이윽고 끊임없이 로마를 포위하고 압박했습니다. 아우구스투스 카이사르 황제로부터 300년이 지난 뒤 콘스탄티누스라는 황제가 수도를 로마에서 변방인 동방으로 옮길 것을 결단했습니다. 326년에 흑해와 지중해 사이 연안 비잔티움 근처에 황제의 이름을 따 콘스탄티노플Constantinople이라 이름 지은 새 도시로 수도를 옮긴 거지요. 콘스탄티노플은 유럽의 가장자리에서 거대한 아시아를 넘겨보는 곳입니다. 바다와 육상의 큰 교역로가 이곳을 지나게 되어 있어 도시로나 수도로서나 적당한 장소입니다. 그렇지만 로마는 이 수도의 위치 때문에 그 대가를 지불해야 했습니다. 예전 로마가 소아시아나 동방에서 너무 멀었던 것처럼 이번의 새로운 동쪽의 수도는 오히려 서방의 여러 나라, 예컨대 프랑스나 영국에서 너무 멀어져 버렸습니다. 이 불편을 해소하기 위해 얼마 동안은 두 사람의 황제가 공동으로 통치하되 한 사람은 로마를, 또 한 사람은 콘스탄티노플에 군림하기도 했지만, 결국 로마를 수도로 한 서로마 제국은 격변하는 정세에 타격을 받아 오래 유지하지 못하고 멸망했습니다. 기원전 476년의 일입니다.

서로마인들은 자신들이 야만인이라 부르던 사람들을 막지 못한 겁니다. 게르만족의 한 부족인 고트족이 침입해 로마를 포위했고 잇달아 반달족(★파괴를 일삼은 행위를 뜻하는 반달리즘은 로마를 멸망시킨 반달족에서 나온 어휘다. 실제로 그들이 난폭하고 잔인해 파괴를 일삼았을 수도 있겠지만, 그들의 행위를 파괴주의로 규정한 것은 그들에게 패배한 로마인들로부터 나온 것이라는 사실을 먼저 이해하는 것이 중요하다.), 훈족의 침입을 받아 서로마 제국이 붕괴했습니다. 고트족, 반달족, 훈족은 로마를 아주 쉽게 무너뜨렸습니다. 그렇게 된 이유는 로마 제국의 농민이 가난에 허덕인데다가 과중한 세금과 빚에 쪼들려 어떤 변화라도 환영하는 상태에 있었기 때문입니다. 서로마 제국은 쓰러졌으나 동로마 제국은 훈족을 비롯한 여러 종족의 공격을 견뎌 냈습니다. 동로마 제국은 나중에는 아랍인과 투르크인과의 싸움을 벌이면서 몇 세기를 더 버티기도 했습니다. 그러다가 1453년 콘스탄티노플이 오스만 투르크에게 점령되면서 막을 내렸습니다.

콘스탄티누스는 수도 천도 외에도 놀라운 일을 많이 했는데 그 가운데 대표적인 것이 기독교로의 개종입니다. 그가 황제였기 때문에 기독교는 피압박 종교에서 국교로 갑자기 그 지위가 바뀌었습니다. 그 뒤 기독교 내부의 여러 종파가 서로 다투며 라틴파와 그리스파로 분열되었습니다. 라틴파는 총본산을 로마에 두고 로마의 주교를 우두머리로 받들었는데 이 사람이 나중에 로마 교황이 되었습니다. 그리스파는 총본산을 콘스탄티노플에 두었습니다. 라틴 교회는 서·북부 유럽 전체에 확대되어 로마 가톨릭 교회로 알려졌고, 그리스 교회는 흔히 정교회Orthodox Church라고 합니다. 동로마 제국이 몰락한 뒤에는 러시아가 정교회의 우두머리 나라가 되었습니다. 로마 가톨릭 교회와 그리스 정교회가 분열한 원인 가운데 하나는 전자가 마리아 숭배와 성인 우상 숭배를 장려한 반면 정교회는 이를 강력하게 부인한 데 있습니다.

로마가 위험에 처하자, 교황은 북방 게르만의 한 부족이던 프랑크의 강력한 한 지도자에게 원조를 요청합니다. 그는 독일어로는 카를Karl, 프랑스어로는 샤를Charles, 영어로는 찰스Charles라고 불린 사람인데, 나중에 로마에서 제관을 수여받았습니다. 이 사람의 제국은 새롭게 일어선 나라였지만 '로마제국'으로 간주되어 '신성로마제국Holy Roman Empire'이라 일컬어졌습니다. 그의 나라를 신성로마제국이라 부르는 현상을 통해 네루는 유럽인의 관념에 멋진 해석을 내립니다. 그에 따르면, 신성로마제국은 새 제국이 낡은 제국의 후계자로 간주된 것입니다. '로마'라는 낡은 이름에 '신성Holy'이라는 한 가지 수식어가 붙었습니다. 그런 이름이 된 것은 그 나라가 교황을 정점으로 삼은 기독교 제국이었기 때문입니다. 네루는 이를 관념이 갖는 불가사의한 힘이라고 했습니다. 그러다 보니 중부 유럽에 사는 프랑크인 또는 게르만인이 로마 황제가 되었습니다. 결국 이 제국은 로마와는 아무런 관련이 없는 그야말로 로마라는 이름과 기독교 교회의 위세 덕분에 명목으로만 존재한 그림자나 환상 같은 것이었습니다. 후대 사상가 볼테르는 이 신성로마제국이 '신성'도, '로마'도, '제국'도 아니라고 말했습니다.

굽타 제국

로마 제국이 동과 서로 분열될 당시 전후 인도의 상황을 한번 살펴볼까요? 인도에서 쿠샨을 비롯한 중앙아시아의 여러 부족이 인도 토착 문화 전통을 받아들이면서 상당히 성공적인 통치를 할 때 갠지스 유역의 마가다 지역에서도 뛰어난 군주가 나타났습니다. 그의 이름은 찬드라굽타Chandragupta였습니다. 이 사람은 아쇼카의 할아버지인 찬드라굽타 마우리야와는 다른 사람이니 혼동해서는 안 됩니다. 이 찬드라굽타는 처음에는 쿠샨 제국에 속한 지역의 작은 왕이었지만, 쿠샨 제국이 쇠퇴한 틈을 타 제국의 발판을 마련했습니다. 그는 북쪽의 여러 왕을 토벌해 일종의 연합 세력을 건설하고자 했습니다. 그는 릿차비Lichchhavi 족의 쿠마라 데비Kumara Devi와 결혼해 세력을 확보한 다음 북인도의 큰 지역을 지배하면서 스스로 '왕 중의 왕'이라 칭했습니다. 기원후 320년 경 시작된 굽타 왕조는 약 200년 후에 훈족이 침입하여 나라를 어지럽힐 때까지 계속되었습니다. 찬드라굽타에 이어 아들 사무드라굽타Samudragupta가 황제 자리에 올랐는데, 정복 사업을 지속적으로 하여 제국의 영토를 인도 전역으로 확대했습니다. 사무드라굽타는 흔히 '인도의 나폴레옹'이라고 불립니다만, 그렇다고 해서 그가 유럽의 나폴레옹처럼 인도 영토 밖에까지 정복의 손을 뻗치려 했다는 의미는 아닙니다. 그가 전역을 평정한 후 데칸 지역을 명목상의 주권을 유지시켜 준 채 독립시켰으니 제국 영토 확장에 사활을 건 정복 군주는 아닌 셈입니다. 그는 쿠샨인을 인더스강 너머로 쫓아냈습니다. 사무드라굽타의 아들 찬드라굽타 2세 또한 정복 사업을 많이 벌인 군주였는데, 당시 오랫동안 서부를 지배하고 있던 샤카족과 투르크족을 몰아냈습니다.

굽타 시대는 인도에서 힌두 문명이 크게 융성한 시대였습니다. 그리스인과 쿠샨인을 통해 전해진 헬레니즘 등 외래적 요소들은 전대에 비해 큰 역할을 하지 못했습니다. 공식 궁정 언어는 산스크리트였는데 이 언어는 대중의 언어가 아닌 귀족의 언어였습니다. 당시는 귀족 언어 산스크리트로 된 시와 희곡 및 여러 예술이 눈부시게 꽃피었던 때였습니다. 저명한 문호 칼리다사Kalidasa도 이 시대 사람이고, 아잔타 석굴 사원의 눈부신 벽화와 법당들도 굽타 예술을 대표하는 것입니다.

불교 입장에서는 굽타 왕조의 힌두교 부활이 당연히 반갑지 않았습니다. 힌두교는 계급 차별에 기반을 둔 것이라서 불교보다는 민주적이지 않고, 귀족적인 경향을 띠었기 때문입니다. 그렇다고 불교가 심한 박해를 받은 것은 아닙니다. 인도의 종교는 이분법에 토대를 둔 정체성의 종교가 아니기 때문에 박해나 이단과 같은 일이 일어나지 않습니다. 그리고 당시 불교 수도원이 여전히 큰 교육기관임에는 변함이 없었습니다. 굽타 왕조는 불교가 번성한 스리랑카의 왕과 우호 관계를 맺기도 했습니다.

이 무렵 한 저명한 중국인 여행자가 인도를 찾아 왔습니다. 법현法顯이라는 사람입니다. 그는 불교 경전을 구하러 온 승려였는데, 마가다 사람들이 행복하고 여유로운 생활을 하고 있었다고 후대에 전합니다. 그 기록에 따르면 인도에서 재판은 관대했고, 사형 제도는 없었습니다. 불교가 처음 생겨난 곳인 가야는 황폐해졌고 붓다가 태어난 카필라바스투Kapilavastu는 밀림이 되어 버렸지만, 마가다 지역의 중심지인 파탈리푸트라 사람들은 부유하고 풍요로우며 덕이 있다고 전합니다. 풍요롭고 웅장한 수도원이 많았으며, 대로변에는 국비로 여행자를 묵게 하고 먹을 것을 주는 시설도 있었고, 대도시에는 무료 진료소도 있었습니다. 찬드라굽타 2세는 약 23년 동안 재위했습니다. 그리고 그 뒤를 이은 쿠마라굽타Kumaragupta는 40년에 걸쳐 왕위에 있었고, 그 다음은 453년에 즉위한 스칸다굽타Skandagupta였습니다.

제국의 중추가 무너진 것은 스칸다굽타 때입니다. 그것은 로마와 콘스탄티노플을 공포에 떨게 한 아틸라Attila가 이끈 훈족 일파에 의해서였습니다. 계속해서 밀려들어오는 훈족은 야쇼다르만Yashodharman이라는 굽타 혈통의 한 장수에 의해 격퇴되었습니다. 훈족이 물러난 후 북인도는 다시 평화기에 들어갑니다. 200년에 걸친 굽타 지배가 끝난 뒤 작은 규모의 나라들이 많이 나타났는데, 남부에서는 상당히 큰 나라들이 들어섰습니다. 힌두 신 라마Rama의 후예를 자처한 풀라케신Pulakeshin이 세운 찰루키아Chalukya 왕국이 대표적입니다. 그들은 동남아시아의 여러 섬, 페르시아 등과 깊은 교류를 가졌습니다.

국가와 문명의 흥망성쇠 그리고 중국 당나라의 번영

서양에서 로마가 패배하고 인도에서 굽타 왕조 지배 아래 민족 부흥이 이루어지는 동안 중국에서는 무슨 일이 일어났을까요? 로마와 중국이 국교를 수립해 사절을 교환하긴 했지만, 로마의 부흥과 몰락은 중국에 아무런 영향도 끼치지 못했습니다. 그런데 중국이 중앙아시아의 여러 부족을 물리친 탓에 유럽과 인도는 상당한 피해를 입었습니다. 그 부족들과 그 배후를 공격한 또 다른 부족들이 서쪽과 남쪽으로 이동해 유럽과 인도의 나라들을 쓰러뜨리고 동유럽과 인도에 정착했습니다. 유럽에서 로마의 몰락은 하나의 위대한 시대인 그리스와 로마의 고대 세계가 끝나는 것을 의미합니다. 서방에서는 새로운 세계, 새로운 문화와 문명이 로마의 폐허 위에서 일어나고 있었습니다. 그 후 몇백 년 동안 유럽은 흔히 암흑시대라 일컬어지는 시대로 접어듭니다. 암흑시대라는 말은 르네상스라는 새로운 시대를 연 사람들이 자신들이 극복한 바로 전 시대를 비난하고자 지어낸 말이기 때문에 그대로 받아들여서는 안 됩니다. 서양의 중세가 상당히 침체한 것도 맞고 그런 일이 주로 기독교 때문에 생긴 것도 맞긴 하지만, 그 시대가 인류 문화에 이바지한 것도 상당하다는 사실과 그 시대 내내 학문과 예술의 등불을 지켜 온 것은 기독교와 기독교의 수도사들인 사실도 알아야 합니다.

인도가 이 시기 이전에 갖고 있던 힘과 끈기의 원천은 광범한 촌락 공화국, 즉 자치 촌락 회의였던 것 같습니다. 거기에는 대지주도 없고, 토지는 촌락 공동체, 즉 거기에서 일하는 농민의 것이었습니다. 촌의 주민으로 구성된 촌락 회의는 상당한 권력과 권위를 갖고 있었습니다. 그 수장은 주민들이 선출했으니 상당한 민주주의 기반 위에 서 있던 셈입니다. 왕이 바뀌고 제국이 교체되어도 촌락 회의의 자유는 굳건히 유지되었습니다. 인도의 사회제도를 공고하게 한 또 하나의 요인은 원래 형태의 카스트제도였습니다. 요즘 많은 사람이 인도 사회 문제의 가장 큰 원인으로 카스트제도를 꼽는데, 원래 카스트는 그런 것만은 아니었습니다. 네루가 이 책을 쓴 시절에 특히 카스트는 영국 지배자들과 인도의 근대주의 지도자들의 비판을 받았습니다. 많은 사람이 카스트를 철폐해야 할 무용지물이라고 생각하곤 했으나 네루의 생각은 약간 달랐습니다. 네루는 카스트가 처음 만들어진 고대에는 지금같이 편협한 것이 아니었음을 주장합니다. 문제는 카스트 그 자체에 있는 것이 아니라 시간이 흐르면서 나쁜 제도로 변하게 되었다는 겁니다. 하지만 네루가 주장한 것과는 달리 카스트의 차별적 성격은 기원후 4~5세기인 굽타 시기에 이미 심각한 상태에 이릅니다. 이 시기에 최종 편찬된《마누

법전》은 카스트에 의한 극심한 계급 차별을 정당화한 인도 최고 권위의 법전입니다.

　인도와 마찬가지로 중국에서도 사회체제가 공고할 수 있었던 원천은 촌락에 있었으며, 토지를 소유하고 경작하는 수천만 농민에게 있었습니다. 여기에도 대지주는 없었습니다. 다른 종교를 이단시하는 도그마화한 종교 또한 결코 용납되지 않았습니다. 중국이나 인도에는 그리스·로마 및 고대 이집트와 같은 노동 노예제가 없었습니다. 가사 노예는 다소 있었지만 그들은 사회체제에 거의 영향을 주지 못했습니다. 중국에서는 3세기에 접어들어 한漢 왕조가 끝나고 제국이 세 나라로 분열되었습니다. 이른바 삼국시대가 100년 동안 계속되다가 당唐 왕조 밑에서 다시 강력한 단일 국가가 되었습니다. 이는 7세기 초 무렵의 일입니다. 이 시대에는 불교와 인도의 새로운 사상이 중국에 전래되어 중요한 영향을 끼쳤습니다. 사실, 인도 문명은 중국에 전파될 때 중국 자체의 전통적인 예술과 사상의 방법과 충돌하지 않을 수 없었습니다. 인도에서는 왕권이 사회나 종교에 크게 간섭하거나 절대적인 영향을 끼치지 못했지만, 중국에서는 왕권이 그 위에 군림했습니다. 둘의 충돌은 불가피했지만, 그 어느 쪽과도 다른 새로운 어떤 것을 만들어내게 됩니다. 불교가 중국에 널리 퍼짐에 따라 인도의 불교도나 승려들이 잇달아 중국으로 들어갔고, 또 중국의 승려는 인도나 그 밖의 나라들을 찾아가게 되었습니다. 6세기 전후로 낙양성 한 곳에서만도 3천 명 이상의 인도 승려와 1만 명에 이르는 인도인들이 살고 있었다고 합니다. 당 왕조는 서기 618년 고조高祖 황제로부터 시작합니다. 그는 전 중국을 통일했을 뿐 아니라 남으로는 베트남과 캄보디아를 넘고, 서로는 페르시아와 카스피 해에 이르는 넓은 지역에 권위를 떨쳤습니다. 한국의 일부도 그의 대제국에 포함되었습니다. 제국의 수도는 서안부西安府(장안長安)이며, 그 장려함과 문화가 동아시아 전역에 널리 알려졌습니다.

　일본이나 아직 독립을 유지하던 한국의 남부에서도 당의 예술, 철학과 같은 문명을 배우려고 사절이나 특사를 파견했습니다. 역대 당의 황제들은 외국 무역을 장려하고 외국인 사절을 후하게 대접했습니다. 거류하는 외국인이나 여행자를 재판할 때는 가능한 한 외국인 자신의 풍속과 관습에 따라 재판받을 수 있도록 특별법이 마련되기도 했습니다. 특히 남중국의 광둥 부근에는 서기 300년경에 이미 아랍인이 거류하고 있었다고 합니다. 해상 무역은 아랍인들이 참가하면서 더욱 활발해졌고, 아랍 및 중국의 배가 이 무역을 이끌어갔습니다.

나라의 인구를 밝히기 위해 주민의 수를 계산하는 국세國勢 조사가 중국에서는 벌써 오랜 옛날부터 제도화되었다고 하는데, 아마 서기 156년에 처음 실시된 것 같습니다. 조사는 개인이 아니라 가족을 단위로 이루어지는 것이 관례입니다. 각 가족은 대략 5인으로 구성된 것으로 보이며, 이에 따르면 156년 중국의 인구는 약 5천만 명입니다. 당의 초기에는 두 가지 새로운 종교가 들어오는데, 다름 아닌 기독교와 이슬람입니다. 기독교는 서방에서 이단시되어 추방된 네스토리우스파를 통해 전달되었습니다. 그들은 로마에서 추방된 후 중국과 페르시아, 그 밖의 아시아 여러 나라로 퍼져 나갔습니다. 이슬람은 기독교보다 먼저 중국에 전파되었습니다. 예언자 무함마드가 아직 살아 있을 때의 일입니다. 중국 황제는 네스토리아인과 이슬람 사절을 정중하게 맞이해 그들의 말에 귀를 기울였습니다. 아랍인들은 광둥에 이슬람 사원 건립 허가를 얻기도 했습니다. 또 기독교 교회와 수도원의 건립도 허락했습니다. 네루는 이 시기 중국인의 너그러운 아량과 그 시대 유럽에서의 편협함이 참 대조적이라는 말을 잊지 않습니다.

당나라는 907년까지 300년 동안 매우 발달된 문명을 이루었는데, 당시 주민의 복지 수준은 꽤 높았습니다. 이때가 중국에서 가장 융성했던 시기입니다. 서양이 훨씬 뒤에 와서야 비로소 알게 된 것을 중국인은 그 무렵부터 알고 있던 것이 많습니다. 대표적인 것이 종이인데, 종이는 751년 중앙아시아 투르키스탄에서의 전쟁에서 아랍인이 포획한 중국인 포로로부터 배워 유럽에 전했습니다. 화약도 마찬가지로 중국인의 발명품입니다. 그들은 뛰어난 기술자였고, 거의 모든 분야에서 유럽보다 훨씬 앞서 있었습니다. 그런데 그들이 그렇게 앞서 갔는데도 왜 과학이나 발명에서 그 앞선 수준을 유지하지 못했을까요? 어떻게 이런 일이 일어났는지는 철학자나 사학자들로서도 매우 다루기 어려운 문제입니다.

왜 기원전 6세기의 중국과 인도에서 종교와 사상이 봇물처럼 터졌을까?

역사의 흐름은 서로 다른 지역에서 매우 비슷한 양상을 나타내는 경우가 많습니다. 그 가운데 가장 흥미로운 것은 기원전 6세기 무렵 중국과 인도에서 여러 종교(혹은 사상)가 나타난 현상입니다. 인도에서는 불교를 비롯한 62개의 종파가 이 시기에 나타났고, 중국에서는 유가와 묵가를 비롯한 제자백가가 이 시기에 나타났습니다. 이어 두 나라 모두 첫 제국이 세워졌고, 그 제국은 강력한 중앙집권 통치를 했으며, 첫 황제가 죽고 난 뒤 곧바로 무너져 버렸다는 것도 매우 비슷합니다. 왜 그럴까요?

기원전 10세기에 처음 도입된 철기 사용은 기원전 7~6세기경에 인도 북부의 갠지스 중상류 유역에서 널리 사용되면서 새로운 농업 경제를 일으켰습니다. 새로운 물질문화는 사회적 불평등을 야기했고, 많은 사람에게 빈곤과 고통을 안겨 주었습니다. 하지만 변화를 따라오지 못하는 사회는 여전히 구태의연한 구조를 가지고 있었습니다. 기득권층의 종교인 브라만교는 이러한 상황에서 흔들릴수록 사회질서를 굳건히 유지할 것, 즉 카스트 체계를 공고히 하고 소를 바치는 제사를 더욱 충실하게 지내야 한다고 주장했습니다. 그러나 이미 새로운 사회 안에 들어간 많은 사람은 이러한 주장을 받아들이지 않았습니다. 그래서 많은 사람이 각자의 사상을 주장했습니다. 어떤 사람은 인생은 물질과 쾌락이라고 주장했고, 어떤 사람은 법과 도덕은 알 수 없는 것이라 했으며, 또 다른 사람은 이 세상은 무의미하니 세상을 버리고 떠나야 한다고 주장했습니다. 그러한 사상을 기반으로 하는 종교가 62개나 되었다고 합니다. 그 가운데 불교가 있습니다. 불교는 브라만을 정점으로 하고, 불평등과 차별을 근간으로 하는 카스트 체계를 반대했습니다. 브라만교는 브라만에게 바치는 제사를 업으로 삼아

선업을 많이 축적해야 다음 세계에 좋은 곳으로 간다는 윤회 사상을 확산시켰으나 불교는 그 윤회의 거대한 고리를 풀어 탈출하는 해탈을 주장했습니다. 불교가 세상을 버리고 바깥으로 나갈 것을 요구한 것은 바로 이러한 구태의연한 전통과 체계가 새로운 사회에 맞지 않은 것에 대한 반발이자 항거였습니다.

중국에서도 마찬가지였습니다. 기원전 7~6세기 무렵 철제 농기구가 널리 보급되자 생산력이 크게 향상되었습니다. 그러자 낮은 생산 수준 때문에 유지되던 씨족 중심의 공동 경작이 사라지고 5인 정도의 가족을 단위로 하는 소가족 중심의 소농 경작이 보편화되었습니다. 씨족이 분열되고, 재산이 사유화되고, 빈부의 격차가 심해지면서 과거의 질서 체계가 심하게 흔들렸습니다. 이에 공자는 서주西周의 종법적 신분 질서를 다시 세워야 한다고 주장하면서 가족 윤리를 사회와 국가의 정치 규범으로 삼을 것을 주장했습니다. 하지만 제자백가라 불리는 많은 사상가가 일제히 나와 이에 대해 논란을 벌였습니다. 그 가운데 인도에서의 붓다와 비슷한 반체제적 입장으로 주목할 만한 사상가가 묵자입니다. 묵자는 당시 현실 모순의 뿌리는 혈연적 신분제의 폐쇄성이라면서 모든 사람을 차별 없이 대우하는 겸애를 주장했습니다. 노자 또한 구태의연한 현실에 반기를 들면서 무위, 자연, 관조 등의 사상을 널리 펼쳤습니다. 이러한 현상은 그리스에서 소크라테스와 소피스트들이 왕성하게 활동하던 철학의 시대에서 찾아볼 수 있습니다. 모두 철기가 널리 사용되면서 생산량이 많아지고 그에 따라 사회 질서가 변화하는데, 기존의 질서와 그것을 지키려는 이념은 더욱 공고해지려는 경향을 띠자 그에 대한 반론들이 봇물처럼 쏟아져 나온 결과입니다.

2부

중세 세계의 변화

문화가 섞이면서 성숙하고,
불안을 거치면서 변화하다

4세기 후반 게르만족의 이동으로 몰락했던 고대 로마 제국은 프랑크족에 의해 다시 통합되었습니다. 신성로마제국이라는 이름으로 새로운 통합 세력을 세운 겁니다. 프랑크족은 로마와 아무런 관련이 없었으나 로마라는 이름과 가톨릭의 신성을 따 제국 이름으로 삼았습니다. 로마 제국이 무너진 무질서 상태에서 힘없는 농민들은 어쩔 수 없이 영주와 계약을 맺을 수밖에 없었습니다. 계약 조건은 영주가 농민들의 부역과 생산물을 징수하는 대가로 그들을 보호해 준다는 것이었습니다. 이 제도는 전적으로 계급과 차별의 기초 위에서 성립된 것입니다. 그 안에서 사회구조의 모든 부담은 최하층의 인민이나 농노가 짊어져야 했습니다. 그렇지만 봉건제가 끝나갈 무렵 상인 계급이 성장해 그 재력이 귀족을 능가하기에 이릅니다.

당시 아시아에서는 7세기 초 아라비아 반도에서 성립된 이슬람이 널리 전파되어 이슬람 문화가 새로이 생겨났습니다. 창시자 무함마드의 후계자들은 서아시아와 중앙아시아를 넘어 북아프리카와 유럽의 이베리아 반도에까지 걸친 대제국을 형성하고, 최고의 선진 문화를 꽃피웁니다. 문명의 수준이 뒤떨어진 유럽에서는 황제와 교황의 갈등이 심했는데, 교황이 돌파구를 찾고자 서아시아를 침략한 것이 기독교의 이름으로 위장한 소위 십자군전쟁입니다. 이 전쟁을 통해 유럽은 수준 높은 이슬람 문명을 받아들였습니다.

중국의 당나라에서는 예술, 문화, 과학이 발달했으나 귀족의 사치와 부패 그리고 백성들에게 지운 무거운 세금 부담이 원인이 되어 멸망했습니다. 그 후 송나라 때는 남중국이 경제적, 문화적으로 번영하고, 북중국에서는 북방 민족이 잇달아 정복 국가를 세웁니다. 그러는 사이 서로 다른 문화가 섞이면서 성숙해집니다. 인도에서도 이와 유사한 역사적 과정이 일어납니다. 굽타 이후 정치적으로는 통일된 왕조가 나타나지 않지만 남에서는 힌두 왕국이, 북에서는 이슬람 왕국이 들어서면서 힌두 – 이슬람 혼합 문화가 중세를 꽃피웁니다.

이 시기 동남아시아는 불교와 힌두교를 통해 남인도로부터 큰 영향을 받았고, 이어 중국의 영향도 많이 받았습니다. 인도는 주로 종교나 예술에 큰 영향을 주었고, 중국은 정치 제도에 영향을 주었습니다. 그 가운데 주목할 만한 정치 세력으로 요즘 한국인 관광객들이 많이 찾는 앙코르와트로 유명한 앙코르 제국의 캄보디아와 인도네시아의 수마트라에 자리 잡은 스리비자야 제국이 있습니다. 아메리카 대륙의 멕시코, 중앙아메리카, 페루 세 군데에 문명이 발달한 것도 이 시기입니다.

13세기가 되면서 유라시아 대륙에 광풍이 몰아칩니다. 몽골족들이 아시아의 대부분과 유럽의 일부까지 무력 원정으로 모든 세력을 굴복시킵니다. 마르코 폴로가 세계 일주를 한 것이 바로 이때입니다. 유럽에서는 '십자군 전쟁'이라고 일컫는 서아시아 침략 전쟁이 일어나고, 그 후 곳곳에 도시가 발생하고 상업이 발전하는 등 세속화가 촉진되면서 르네상스로의 이행 준비를 하게 됩니다. 신성로마제국이 몰락한 후 부르주아 세력이 등장하면서 영국에서는 마그나카르타Magna Carta가 채택되고, 프랑스에서는 삼신분회三身分會가 소집되는 등 바야흐로 근대의 길로 접어드는 반면, 중국에서는 명과 청을, 인도에서는 무굴을 거치면서 사회구조의 개혁과 같은 근본적인 변화가 일어나지 못합니다.

618	중국, 당나라 건국
622	이슬람 기원 원년
629	현장법사, 인도 방문
711	아랍인 스페인 정복
751	중국의 종이 유럽 전파
8세기	동남아 앙코르제국 건설
9세기	인도 촐라 제국 남부 인도 제패와 동남아에 세력 확장
1055	셀주크 투르크, 바그다드 정복
1095	십자군 전쟁 시작
11세기	중국, 송나라 왕안석 개혁 정치, 중앙아메리카 마야판 연맹 성립
1187	이집트의 살라딘, 예루살렘 재탈환
1192	일본, 쇼군 정부 가마쿠라 막부 시작
1215	영국, 마그나카르타 제정
1219	칭기즈 칸, 서아시아 및 유럽 침공 시작
1233	교황, 종교재판 시작
1258	압바스 제국 멸망
14세기 초~ 15세기 중엽	유럽 백년전쟁
1348	유럽 흑사병 창궐
1368	중국, 명 왕조 시작
1404	중국 명나라 제독 정화의 해상 원정
1453	콘스탄티노플, 오스만 투르크에 함락, 동로마제국 멸망

❶
고대 세계의 전환

서아시아와 북인도 정세의 흐름

이제 우리는 로마와 유럽을 떠나 아시아에서 어떤 일이 일어났는지 살펴보아야 합니다. 우선, 페르시아와 메소포타미아 일부 지역에 나라를 세운 파르티아인에 대해 이야기해 볼까요? 그들은 공화국 말기에 로마인을 무찌른 민족들이랍니다. 이들은 자신의 혈통과 종교를 가진 자를 왕위에 앉혔는데, 이렇게 탄생한 왕조가 3세기에 일어난 사산Sasan이라는 이름의 왕조입니다. 이 사산 제국에서 주목할 만한 일은 조로아스터교의 큰 발전입니다. 조로아스터교는 불을 숭배하여 배화교拜火敎라고도 부릅니다. 그런데 7세기에 이슬람이 들어옴으로써 조로아스터교는 탄압을 받았고, 그들은 박해를 피해 인도로 도피해 들어갑니다. 현재 조로아스터교가 처음 생긴 페르시아 지역에는 따르는 사람이 아무도 없고 인도의 일부에서만 혈통을 잇고 있답니다.

네루는 이런 역사적 과정에서 대단히 흥미로운 부분을 발견합니다. 세계의 역사를 살펴보면 종교가 국가의 일원들을 하나로 묶는 큰 힘을 제공한다는 것입니다. 종교는 부족 단위의 국가가 제국으로 발전할 원동력이 되는 매우 중요한 요소 중의 하나였습니다. 그래서 많은 나라에서 공인된 종교 외의 신앙의 자유는 거의 허락되지 않곤 했지요. 그런데 옛날 인도에서는 그렇지 않았습니다. 거의 완전한 신앙의 자유를 누리고 있었습니다. 요즘 자주 일어나는 인도의 종교나 지역 간의 싸움은 대개 최근에 나타난 것입니다. 이전에는 조로아스터교, 이슬람 등뿐만 아니라 박해를 피해 온 유대인들에게까지도 전혀 배타적이지 않을 만큼 개방적이었습니다.

굽타 왕조가 붕괴되고 북부 인도에는 많은 왕국이 생겨났습니다. 이 시기는 하르샤 바르다나Harsha Vardhana에 의해 북부 인도 대부분이 평정되었습니다. 현재 북부 인도의 인도 – 갠지스 평원 중앙의 큰 도시인 칸푸르Kanpur에서 멀지 않은 곳에 카나우즈Kanauj라는 곳이 있었습니다. 이곳이 굽타 몰락 이후 하르샤 바르다나가 북부 인도 전체를 평정하고 도읍을 정한 곳입니다. 하르샤는 독실한 불교 신자로 인도의 위대한 불교 군주로서는 마지막 인물이라고 할 수 있지요. 우리가 잘 아는 승려 현장玄奘이 인도에 온 것도 바로 하르샤가 왕위에 있던 629년의 일입니다. 현장은 세계 곳곳의 불교 성지를 순례하며 경전을 구하고자 했습니다. 그가 쓴 여행기를 통해 우리는 그의 여정과 날카로운 관찰들을 볼 수 있지요.

현장이 남긴 기록에 따르면 인도에서는 인민 교육제도가 일찍부터 실시되었는데, 그는 인도의 향학열에 깊은 감명을 받았습니다. 현장은 쿰브 멜라Kumbh Mela라고 하는 힌두교 축제를 언급했는데, 불교도 하르샤가 참석하여 이 축제를 통해 식량과 재물 등을 아낌없이 베풀었다면서 다른 종교에 관용적인 인도인들의 모습을 전해 주었습니다. 현장은 인도에서는 군주나 군인이 학문을 갖춘 사람에게 경의를 표하며 특별한 대우를 해 주었다고도 전합니다. 네루가 특별한 언급을 하지 않았지만, 당시 인도의 종교는 이분법에 입각해 만들어진 기독교나 이슬람과는 달리 여러 가지 다양한 삶의 방편으로서 특별히 남의 믿음을 배척하지 않았습니다. 종교가 그러했기 때문에 인도의 문화는 오랫동안 포용적인 성격을 갖게 되었습니다.

하르샤의 죽음과 함께 북부 인도의 정치적 쇠퇴는 더욱 뚜렷해졌습니다. 그러나 하르샤 이후 예술과 문학은 발달했습니다. 특기할 만한 것으로, 이 시기에 하나의 새로운 종교가 다시 인도의 문을 두드린 일을 들 수 있습니다. 바로 이슬람입니다. 아랍인은 하르샤가 살아 있을 때 지금의 서부 파키스탄 지역인 신드를 점령했습니다. 정치면에서 볼 때 아랍인의 신드 정복은 중대한 사건이 아니었지만 문화면에서는 상당한 영향을 남겼습니다. 전혀 다른 두 문화가 만나기 시작한 것이지요. 아랍인들은 고대 인도 문화뿐만 아니라 다른 여러 문화와 접촉하여 자신의 문화를 쌓아 올렸습니다. 당시 힌두교와 이슬람의 마찰이나 대립은 없었습니다. 그러다가 훨씬 뒤인 11세기 즈음 두 종교 사이에 대립이 시작되었습니다. 대립을 야기한 대표적인 인물이 인도에 들어와 방화와 학살을 자행한 마흐무드Mahmud입니다. 일부 사람들은 마흐무드를 인도에 이슬람을 전파한 이슬람의 지도자로 숭앙하고 있습니다만, 사실은 무력 침공으로 공을 쌓은 군인에 불과합니다.

남인도의 해외 진출과 동남아시아

하르샤 왕이 죽고 나서 서아시아·북아프리카 및 남유럽 일대에는 무함마드가 설파한 이슬람이라는 거대한 폭풍우가 몰아닥쳤습니다. 이 거대한 역사적 풍랑을 살펴보기 전에 당시 남인도가 어떤 상태에 있었는지부터 살펴보는 게 좋겠습니다. 인도의 역사는 항상 힘 있는 북쪽 위주로만 살펴보는 게 일반적입니다. 하지만 그러한 역사 공부는 옳지 않습니다. 승리하고 장대한 역사도 중요하지만, 패배하고 소소한 역사도 중요하니까요. 역사에서는 균형 잡힌 시각이 가장 중요합니다.

　남쪽에는 많은 나라가 있었는데, 어디에서나 그렇듯이 서로 싸우고 커나가고 쇠퇴하는 과정을 겪었습니다. 역사를 배우는 사람들은 주로 그 과정에 관심을 많이 가지는데, 네루는 왕이나 그들의 정복 활동보다 더 중요한 것이 당시의 문화·예술적 활동이라면서 그에 대한 관심을 많이 기울였습니다. 그런 점에서 보면 예술적인 유적은 북부보다 남부가 훨씬 풍부합니다.

무슬림의 침입으로 북부의 유적지는 많이 파괴되었지만, 다행스럽게도 남부에서는 대규모 파괴를 면했습니다. 침입해 온 무슬림들은 자기 종교에 열광한 나머지 우상으로 여겨지는 유적을 파괴했습니다. 옛 사원을 성채나 보루로 활용하기도 했습니다.

이후 남쪽에는 인도인들의 삶에 중요한 역할을 남기게 된 샹카라차리야 Shabkaracharya라는 젊은 사상가가 나타납니다. 그는 시바 숭배를 부흥시켰는데 전국적으로 큰 영향을 끼쳤습니다. 샹카라의 지식 운동의 영향을 받아 대중화된 불교는 이후로 인도에서 크게 약화되면서 거의 자취를 감추었고, 힌두교가 전국적으로 우위를 차지하게 되었습니다. 역사를 보면 지도자들은 인기를 누리거나 증오의 대상이 되며 역사를 만들어 가는데, 위대한 종교 지도자도 마찬가지입니다. 그들은 주로 감정과 정서에 호소하곤 하지요. 그런데 샹카라의 외침은 지성과 이성에 대한 것이었습니다. 지성에 호소해 마음을 깊이 감동시키는 것이 어려운 일인데도, 그가 성공을 거두었다는 사실이 주목을 받을 만한 겁니다.

인도의 지형상 북부는 바다에서 멀리 떨어져 있는 반면 긴 해안선을 가진 남쪽은 바다와 가깝기 때문에 남인도는 오랜 옛날부터 서방과 무역 관계를 맺고 있었답니다. 어떤 전설에 의하면 비자야 Vijaya라는 사람이 석가모니 붓다가 살아 있을 시기에 인도를 떠나 스리랑카를 정복한 것으로 되어 있는데 이것만 봐도 남인도의 해상 문화가 상당히 발달했다는 사실을 알 수 있습니다. 그들이 배를 만들어 벵갈해의 벵갈 지역에서 아라비아해의 구자라트까지 세계에서 가장 긴 해안선에 흩어져 있는 많은 항구에서 바다를 건너 갔다는 증거 역시 얼마든지 있습니다. 이렇듯 인도에서는 이미 마우리야 시대 초기부터 조선업이 융성했고, 배를 타고 많은 사람이 바다로 나갔던 겁니다. 데칸고원 지역에 세워졌던 안드라 왕국의 화폐만 봐도 고대 안드라인이 조선과 항해에 큰 관심을 가지고 있었다는 것을 잘 알 수 있지요.

남인도는 동남아시아에 고대 인도 문명을 널리 퍼뜨렸습니다. 동남아는 인도뿐만 아니라 다른 나라, 특히 중국의 영향도 많이 받았습니다. 정치 방식과 일반적인 삶의 철학 면에선 중국의 영향을, 종교나 예술 분야에서는 압도적으로 인도의 영향을 받았습니다. 인도의 영향이 필리핀과 대만에까지 미쳤음은 여러 가지 건축물과 유적을 통해 알 수 있습니다. 동남아는 처음엔 남인도의 이름을 가진 힌두 문화 영향권이었지만, 점차 불교가 전파됨에 따라 거의 전부가 불교화되었습니다. 8세기까지 인도차이나에는 세 개의 서로 다른 힌두 국가들이 있었는데 자야바르만Jayavarman이라는 사람이 나타나 세 나라를 통일하고 캄보디아 제국을 만들었습니다. 그는 수도 앙코르의 건설에 착수했습니다. 캄보디아는 대단히 강성했는데, 수도는 '빛나는 앙코르'로 동남아시아 일대에 널리 이름을 떨쳤고, 근처에는 여러분도 잘 아는 그 유명한 건축인 앙코르와트 사원이 있습니다. 또 다른 예를 들어볼까요? 인도차이나에서 그리 멀지 않은 곳에 수마트라 섬이 있습니다. 수마트라 제국의 수도는 스리비자야Srivijaya라는 대도시였습니다. 수마트라는 일명 스리비자야라는 이름의 불교 제국으로 널리 알려져 있답니다. 스리비자야는 날로 광대해져서 말레이시아 전역을 차지한 대제국으로 발전하게 되었습니다. 수마트라 제국은 무역에 기초를 둔 해양국이었습니다. 그들은 경쟁하기도 했지만 자신의 지배권을 유지하기 위해 서로 협조하기도 했습니다. 스리비자야는 300년 동안이나 번영하며 대제국의 위치를 고수했지만, 지금의 남인도 타밀나두 지역에 터전을 잡은 팔라바Pallava 왕국에 의해 멸망했습니다.

이슬람의 등장과 아랍의 정복

지금까지 여러 지역의 수많은 왕국과 제국의 흥망을 살펴봤습니다. 이제 사막의 나라로 알려진 서아시아의 아라비아에 대해 이야기해 볼까요? 아라비아는 고대 문명 세계의 한복판에 위치해 있었지만 풍요로운 지역이 아니었기 때문에 다른 나라 침략자들이 별로 욕심을 내지 않았습니다. 그래서 비교적 두드러진 역사를 보이지는 않았습니다. 아랍인들은 족장 제도를 갖고 있던 유목민이었는데, 1년에 한 번씩 자신들이 섬기는 신의 우상을 참배하기 위해 메카를 향해 순례를 떠났습니다. 이렇듯 세계의 주류 역사와 동떨어져 있던 아랍인들이 고도의 문화와 문명을 낳고, 그것을 발판으로 아시아·유럽·아프리카로 진출한 것은 대단한 일입니다. 그러한 원동력은 바로 이슬람이라는 종교입니다. 이슬람교는 570년에 메카에서 태어난 예언자 무함마드가 창시했습니다. 그는 새 종교를 포교하기 시작하며 메카의 우상 배척을 주장하다 메카에서 쫓겨나 예드리브에 은신하게 되었습니다. 이것이 바로 이슬람교의 기원이 된 '거룩한 도피', 즉 성천聖遷입니다. 예드리브 시는 무함마드를 환영했고, 그래서 그의 도래를 기려 이름을 메디나로 고쳤습니다. 이 사건은 622년에 일어난 일인데, 이때를 이슬람의 원년으로 칩니다.

이슬람교가 탄생할 즈음 주변은 혼란 상태였습니다. 유럽에서는 고대 그리스-로마 문명이 막을 내리면서 새로운 문명이 일어나고 있었지만 새롭게 나타난 것이 낡은 것을 대체할 만큼 크지 못했기 때문에 유럽은 쇠퇴해 갈 수밖에 없었습니다. 비잔틴 제국 역시 하루하루 쇠퇴하고 있었습니다. 각 나라의 종교가 부패함에 따라 유럽·아프리카 및 페르시아의 사람들은 기성 종교에 환멸을 느끼고 있었고, 그 무렵 페스트가 유럽을 휩쓸어 많은 사람이 죽게 되었습니다. 무함마드는 다시 메카로 복귀해 지도자가 되었고, 이슬람의 신념과 신앙을 인민에게 전파했습니다. 이슬람교는 그들에게 동포애로 작용하여 일종의 민주주의가 이루어지게 했고, 이는 아랍인뿐만 아니라 다른 나라 사람들에게까지 큰 영향을 끼쳤습니다. 무함마드가 전파한 신념과 신앙은 수많은 부족을 하나로 통합해 민족을 만드는 것이었습니다. 그들은 종교로 통합된 민족 위에서 한 가지 목표를 향해 열정적으로 활약했습니다. 마침내 이름조차 알려지지 않았던 사막의 유목 민족은 당시 세계의 절반을 정복했습니다. 다른 종교 창시자들과 마찬가지로 무함마드도 기존의 많은 사회 관습에 저항해 수많은 낡은 악습을 폐지하고 개선했습니다. 이슬람교가 사회혁명의 방식으로 악습들을 폐지한 것은 아니었지만 적어도 이슬람교도, 즉 무슬림들에 관해서만큼은 악습 때문에 생긴 착취를 줄였고 그 위에서 하나의 커다란 동포애로 연계되어 있음을 깨닫게 했습니다. 아라비아에서 기초를 다진 아랍인은 동과 서 양쪽 방향으로 진출했습니다. 711년에 스페인을 정복한 후 유럽으로 침입해 남프랑스까지 밀고 들어갔고, 이후 100여 년 뒤에는 남프랑스 및 스페인에서 북아프리카를 거쳐 수에즈에 이르렀으며, 다시 아라비아, 페르시아, 중앙아시아를 거쳐 몽골 국경까지 영토를 확장했습니다. 723년 투르 전투에서 유럽에 패배한 것을 제외하면 아랍인은 스페인과 몽골에 이르기까지 세계 곳곳에서 승리를 거두면서 대제국을 통치했습니다. 그러나 대제국을 통치하는 것이 아라비아 수장의 지위를 차지하는 것과 동일시되면서 수장인 칼리프의 지위를 둘러싼 권력 다툼이 끊이지 않게 되었습니다. 결국 이러한 권력 다툼은 이슬람교를 두 개의 커다란 분파로 갈라놓아 수니파와 시아파가 대립하게 됩니다. 그

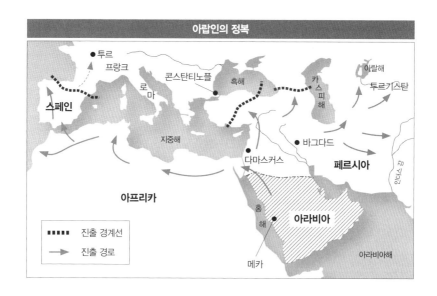

아랍인의 정복

투르
프랑크
콘스탄티노플
흑해
카스피해
아랄해
투르키스탄
로마
스페인
지중해
바그다드
페르시아
인더스 강
다마스커스
아프리카
홍해
아라비아
메카
아라비아해

▪▪▪▪▪ 진출 경계선
→ 진출 경로

후로 칼리프는 절대 전제군주가 됨과 동시에 종교상의 수장과 신자의 총수를 겸했습니다. 그에 따라 민주주의도, 선거도 자취를 감추었습니다. 아랍인들은 대제국을 형성하고 강해졌지만, 부와 제국은 도박과 사치스러운 예술을 낳았습니다. 뿐만 아니라 아랍인들은 자신들이 무찌른 동로마 제국과 페르시아 제국의 수많은 악습에 점차 물들게 되었습니다.

아랍인들의 정복 과정에 한 가지 특징이 있습니다. 바로 다른 민족에게 종교상의 관용을 베푼 점입니다. 네루는 이 대목에서 아랍인 무슬림의 관용과 유럽 기독교인의 비관용이 매우 대조적이며, 그 상반된 모습이 이 시대 역사에서 가장 주목할 만한 현상이라고 평가했습니다. 그러면서 그 기독교를 가진 유럽인들이 나중에 세계를 지배했다는 사실을 보면 지금 세계가 왜 이렇게 비관용적인지를 다시 생각해 볼 수 있다고 지적합니다.

이슬람의 수장 역할을 했던 칼리프Caliph는 무함마드와 같은 집안인 옴미아드 집안에서 배출되었습니다. 그런데 아랍인의 원정이 추진되는 동안에 내분과 내란이 끊이지 않았고, 결국 옴미아드 집안은 압바스라 일컬어지는 다른 가문에 의해 타도되고, 압바스계 칼리프의 시대가 시작됩니다. 압바스 시대는 아랍 역사상 가장 빛나던 시기였습니다. 그러나 압바스 가문이 국내에서 승리를 얻었음에도 불구하고 아랍인 총독이 옴미아드 집안 출신이었기 때문에 압바스 집안의 칼리프를 승인하지 않았습니다. 따라서 압바스 집안의 즉위와 함께 아랍 제국은 사실상 분열되어 버린 것입니다. 압바스 집안의 칼리프들은 대군주였고, 그들의 제국은 대제국이었으나 사정이 예전 같지는 않았습니다. 더 이상 칼리프는 종교상의 수장과 신자의 총수를 겸하는 존재가 되지 못했습니다. 압바스 집안의 칼리프들은 자기가 계승한 제국을 그대로 고수하려 했고, 치러지는 대부분의 전쟁은 방어적 전쟁일 뿐이라 정복 시대는 종말을 고하는 것 같았습니다.

압바스 제국은 786년부터 809년에 이르는 하룬 알 라쉬드의 치세 시절에 그 번영이 절정에 이르러 정치·상업·학문을 비롯한 모든 면에서 앞서 나갔습니다. 무엇보다 압바스 시대에 과학에 대한 새로운 관심이 일어난 사실은 우리의 주의를 끌기에 충분합니다. 아랍인들은 과학적 탐구심이 아주 왕성했습니다. 이에 걸맞게 바그다드는 그러한 모든 학문 활동의 대중심지로 아랍인들이 근대 과학의 선구자 역할을 하는 데 한몫 했습니다. 그렇지만 압바스 제국의 전성기도 하룬 알 라쉬드가 죽으면서 끝나게 됩니다.

하룬 알 라쉬드가 죽자 아랍 제국에는 곧 분쟁이 일어났고 칼리프의 세력은 점점 약해졌습니다. 이슬람교 세력이 여럿으로 분열되는 동안 중앙아시아의 옛 투르크인들이 무슬림이 되어 1055년에 바그다드를 점령했습니다. 이들이 바로 셀주크 투르크인데, 그들은 이슬람교의 깃발을 치켜들고 콘스탄티노플의 비잔티움 군대를 공격해 그들에게 패배를 안겼습니다. 이에 대응하여 유럽은 기독교도로 십자군을 조직하여 무슬림과 맞서 싸우고 예루살렘을 탈환하고자 했습니다. 셀주크 투르크가 십자군전쟁을 촉발한 셈이지요. 이 과정에서 번영 일로에 있던 여러 도시가 파괴되고 상업도 몰락했으며 풍요롭던 대지는 황폐해졌습니다. 그러나 이 싸움이 끝나기 전에 아시아 동쪽의 몽골에서 칭기즈 칸이 일어나 아시아와 유럽을 뒤흔들었고, 그의 자손들은 마침내 바그다드와 그 제국을 멸망시켰습니다.

아랍인들은 스페인 전체를 정복하고 얼마 뒤에는 포르투갈까지 합병했습니다. 이에 놀란 프랑크족과 그 밖의 여러 부족들은 아랍인들을 저지하기 위해 단합하여 싸워 마침내 프랑스의 투르에서 아랍인을 격퇴했습니다. 이렇게 아랍인의 유럽 정복의 꿈은 산산조각이 나고 말았습니다. 아랍인은 유럽에서 스페인을 지배했을 뿐 그 이상은 진출하지 못했습니다. 스페인이 아프리카에서 아시아의 몽골까지 이어지는 대아랍 제국에 편입되었던 기간은 내란 때문에 그리 길지 않았습니다. 당시 아라비아에서 압바스 집안의 칼리프가 옴미아드 칼리프를 추방하는 일이 일어납니다. 그러자 스페인을 다스리던 옴미아드 출신의 아랍인 총독은 압바스 가의 새 칼리프를 인정하지 않습니다. 그리고 도리어 스페인의 아랍인들은 모국과 인연을 끊어버렸습니다. 그렇지만 그들은 그러한 열악한 상황에서 놀랍게도 700년 동안이나 스페인의 일부를 계속 지배했습니다. 단순한 지배를 넘어 스페인계 아랍인들의 문화 수준은 상당히 높았습니다. 아랍인들이 지배한 이 왕국은 코르도바라고 불리는 대도시를 수도로 가졌는데, 그곳에는 도서관과 대학이 활성화되었고 가난한 아이들을 위해 무상 교육을 하는 학교도 있었습니다. 교육에 관한 한 세계 최고 수준이었습니다. 이 때문에 코르도바의 대학으로 먼 나라에서 학생들이 모여들었습니다. 그리하여 아랍의 철학은 유럽의 여러 대학에 큰 영향을 미쳤답니다.

아랍인들은 스페인 남부로 쫓겨 가 그곳에 그라나다를 세웠습니다. 그라나다 왕국은 그 유명한 알람브라 궁전과 함께 200년간 존속했으나 스페인의 기독교 국가, 즉 카스티야에게 끊임없는 압박과 고통을 받다 결국 멸망했습니다. 그리고 그 후 남은 아랍인들에 대해 유럽인들의 잔인무도한 살육이 자행되었고 많은 이슬람교도가 추방되었습니다. 그러나 아랍인이 700년 동안이나 스페인에 머물러 있었기 때문에 그들의 문화는 스페인 인민 속으로 광범하게 융화되었습니다. 오늘날 스페인 사람의 피에는 아랍인의 피가 짙게 흐르고 있는 것입니다.

한국과 일본
~~~~~~~~~~

이번에는 중국 문명의 후손이라고 볼 수도 있는 한국과 일본에 대해 살펴보겠습니다. 이 두 나라는 지리적인 위치 때문에 이때까지도 비교적 아메리카 대륙과 왕래가 없었습니다. 주로 중국을 통해 외국의 종교와 예술과 문명을 접할 뿐 아시아나 그 밖의 여러 곳에서 일어나는 큰 사건들과는 무관하게 지내 왔습니다. 한국은 일본에 합병되어 독립을 위해 싸우고 있었습니다. 네루는 이 대목에서 한국과 일본의 과거를 잘 이해하는 것이 현대를 잘 이해하는 데 도움이 된다고 말합니다.

　네루에 의하면, 첫째로 잊어서는 안 될 것은 그들이 오랜 세월에 걸쳐 고립되어 있었다는 점입니다. 일본에는 그 나라를 괴롭혔던 문제가 있긴 했지만 그조차도 외부의 침략이 아니라 국내 문제였습니다. 한때 일본은 외부 세계와 완전히 교섭을 끊기도 했습니다. 네루는 이러한 일을 대단히 위험한 일이라고 했습니다. 민족 전체를 고스란히 교도소에 가두는 것과 같다면서 좋은 영향이든 나쁜 영향이든 모두를 외부로부터 차단하는 것은 좋지 못한 일이라고 평가합니다.

　네루는 한국이 일본보다 훨씬 장구한 역사를 가진 나라라고 했습니다. 하지만 그는 한국의 역사에 대한 깊은 지식이나 관심은 없었습니다. 그는 한국인들은 처음부터 중국과 매우 밀접한 교제를 맺었고, 800년 이상이나 몇 개의 나라로 분열되어 있었는데 그 나라들은 중국에 원조를 요청하기도 했고, 그에 따라 중국의 군대가 그곳에 머물며 한국의 일부를 지배하기도 했다는 사실 정도로 요약했습니다. 한국은 나중에 독자적인 문자를 발명했지만 처음에는 표의 문자인 중국의 한자를 사용했고, 불교도 중국을 거쳐 전해졌으며, 유학 역시 중국에서 들어오는 등 중국에 많은 빚을 졌다는 사실을 기록하기도 했습니다.

　일본인의 조상은 한국에서 건너간 사람들로 보입니다. 기원후 200년쯤에 징고 황후가 야마토 국의 수장 지위에 올랐는데, 야마토는 한국과 긴밀한 관계를 맺었습니다. 중국의 문명이 한국을 통해 야마토에 전해졌습니다. 일본 고유의 종교는 신도神道였는데, 신도는 자연 숭배와 조상 숭배의 혼합물이라고 할 수 있습니다. 신도는 무력을 존중하는 민족 종교입니다. 신도에 따르면 군인에게 가장 중요한 덕목은 상관과 동료에 대한 충절이며, 그들의 강력한 힘은 여기에서 유래하게 되었습니다. 이에 대해 네루의 평가는 분명합니다. 충성심 자체는 미덕임이 분명하지만, '신도'뿐 아니라 다른 종교도 충성심을 지배자들의 도구로 이용해 봉사하게끔 하는 것은 옳지 않다는 겁니다. 그래서 종종 역사를 보면 권위에 대한 숭배가 사람들에게 큰 해를 끼치는 것을 볼 수 있다고 했습니다.

불교가 일본에 전해졌을 때 고유의 '신도'와 불교 사이에 약간의 마찰이 있었지만, 곧 사이좋게 같이 살게 되었습니다. 일본의 예술사는 한국에서 전래된 불교와 더불어 시작됩니다. 일본의 역사를 살펴보면 세도 있는 문벌들끼리 서로 대립하며 권력 다툼을 했다는 것을 알 수 있습니다. '신도'와 조상 숭배 관념은 인민들에게 천황의 전제정치를 받아들이게 하는 데 도움이 되었으며 권력자들에게 순종하게 했습니다. 처음으로 일본의 정치를 좌우한 지도자가 바로 쇼토쿠 태자입니다.

그 당시 일본 곳곳에는 거의 독립한 족장이 지배하는 씨족이 있었고, 천황은 큰 씨족의 우두머리에 지나지 않았습니다. 쇼토쿠 태자는 바로 이러한 상태를 바꿔 중앙정부를 강화하려고 했습니다. 이때부터 중앙정부의 기초가 다져지게 된 것입니다. 이때 나라奈良가 정식으로 일본의 수도가 되었고 그들은 자기 나라를 '대일본', 즉 '아침 해가 떠오르는 나라'로 부르기 시작했으며 오늘날까지 스스로 그렇게 부르고 있습니다.

❷
중세의 시작

중국과 유목민 그리고 쇼군의 일본

중국 이야기를 해보겠습니다. 7~8세기쯤 당 왕조의 중국은 아마 세계에서 가장 문화가 발달하고 번영했으며 잘 통치되던 나라였을 겁니다. 그런데 중국은 당시 중앙아시아나 몽골의 유목민들과 끊임없이 전쟁을 했습니다. 만리장성이 축조된 것도 이들을 막기 위해서였는데, 그 덕에 성공리에 그들을 퇴치한 중국은 영토가 아주 넓어졌고 상당한 안정과 여유를 얻을 수 있었습니다. 중국에서는 어느 시대나 학문을 하는 사람이 전쟁을 하는 무인들보다 더 명예롭고 높은 지위를 차지했습니다.

중국이 북방의 유목 민족 방어에 큰 성과를 거둔 때도 있지만 별로 성공하지 못한 때도 있었습니다. 초기에 번성했던 당나라는 무능한 군주가 속출하여 부패가 만연하고 국민에게 무거운 세금이 부과되면서 점차 쇠퇴했습니다. 제때에 개혁이 이루어지지 못해 결국 당 왕조는 무너지고 송 왕조가 들어서게 되었습니다. 하지만 송 왕조 역시 국경 분쟁과 국내 갈등이 그치지 않았습니다. 그러던 중 그 문제들을 극복하려는 한 사람이 나타났습니다. 바로 왕안석이라는 11세기 송나라의 재상이었습니다. 그는 1069년부터 여러 가지 개혁안을 내놓았는데 그의 개혁안은 빈민의 세금 부담을 덜어주고, 부자에게 더 많은 세금을 걷는 데 집중되었습니다. 농민이 현금이 없어 납세하지 못하는 경우에는 곡물로 대신 내는 것을 인정하고 부유한 사람에게 소득세를 부과했습니다. 이것은 근대사회의 조세제도와 다르지 않은 매우 선진적인 것입니다. 이 시기, 또 한 가지 극복해야 할 문제는 바로 곡물 가격의 불안이었습니다. 왕안석은 이 문제를 극복하려면 정부가 가격의 등락을 막기 위해 곡물을 적절한 시기에 사들이고 팔아야 한다고 주장했습니다. 또 그는 공공사업에 강제 노동을 쓰지 말 것과 일하는 자는 누구나 일한 만큼 임금을 받아야 한다고도 주장했습니다. 이런 여러 가지 그의 개혁안들은 지금 보면 대단히 뛰어난 것들이었지만 결국 좌절되었습니다.

사회 개혁에 실패한 송 왕조는 흔들리기 시작했고, 그 틈을 타 군사력이 강해진 북방 민족 거란이 끊임없이 송을 괴롭혔습니다. 이에 송은 금에게 원군을 청했고, 금은 송의 요청에 따라 거란족을 물리칩니다. 그런데 송나라 국경 안으로 들어온 금이 송나라에 그대로 주저앉아 철수하지 않았습니다. 그래서 어쩔 수 없던 송이 양쯔강 이남으로 내려가 지금의 항저우에 도읍을 정하고 남송南宋을 시작하니 1127년의 일입니다. 겉으로 볼 때 송 왕조가 몰락한 이유는 북방 민족의 침입이지만, 실제로는 부자들의 탐욕과 부패 그리고 그들의 사회 개혁 저지때문이었습니다. 남중국으로 밀려 내려와 세워진 송을 남송이라고 합니다. 남송은 북중국의 금과 대립하면서 몽골족에게 쓰러질 때까지 150년 동안 남중국을 지배했습니다. 남송은 몽골족에게 망했지만, 몽골족들을 문화면에서 흡수·동화시켜 그들을 전형적인 중국인과 거의 다를 바 없이 만들어 버렸습니다. 이런 식으로 중국은 북방 민족에게 자주 굴복당하긴 했으나 그 과정에서 침입자들을 교화해 결과적으로 그다지 큰 괴롭힘을 받지는 않았습니다. 북송이나 남송은 정치면에서는, 특히 바로 이전 세력인 당 왕조와 비교해볼 때 큰 세력을 떨치지는 못했지만 예술과 문학에서는 당 왕조의 전통을 보존하고 개량해 많은 것을 남겼습니다.

이번에는 일본으로 가 보겠습니다. 앞에서 대가족이 무리 지어 일어나 패권을 다투고 중앙정부가 차차 그 형태를 드러내기 시작하는 것을 보았습니다. 강력한 씨족의 족장에서 천황으로 올라선 사람이 중앙정부의 우두머리가 되었습니다. 이런 토대 위에서 중국식 정치 방식을 모방했고 예술·종교·문화 등을 모두 중국에서 들여왔습니다. 초기의 일본은 후지와라 가彖가 모든 권력을 장악했지만, 점차 천황의 손으로 그 실권이 들어갔고 그 사이에 군인을 겸한 신흥 대지주 계급이 대두하는 새로운 변화가 일어났습니다. 후지와라 가는 대지주들에게 정부에 바칠 조세의 징수를 위탁했는데, 그들을 다이묘라고 부릅니다. 그들의 정치 형태는 천황은 권력의 상징이고, 쇼군將軍이 실질적인 지배자입니다. 1192년에 시작한 이 체제는 봉건제를 깨고 근대 일본이 시작될 때까지 약 700년 동안 계속되었습니다. 최초의 쇼군 정부는 가마쿠라 막부입니다. 중국이나 한국 그리고 인도에서 문인이 더 높은 지위를 차지했던 것과 달리 일본은 무인이 그 자리를 차지했습니다. 그만큼 그들은 호전적이었고, 그래서 나중에 세계 패권에 도전할 만큼 무력이 강한 나라로 성장할 수 있었습니다. 그렇지만 무력이 국력의 기준이 되는 근대 이전에는 일본은 미개한 나라로 취급받았습니다. 일본은 중국으로부터 많은 문물을 받아들이긴 했지만, 전체적으로는 외부 세계와 고립된 길을 걸었습니다.

기원후 첫 천 년의 아시아와 유럽 그리고 아메리카

기원후 첫 천 년의 말기에 인도와 중국의 고대 문명은 여전히 존재하며 계속 번영했습니다. 서아시아에서도 아랍 문화가 그 우수성을 널리 과시했고, 중앙아시아의 몇몇 나라와 이란에서는 고대 인도 문명과 그 뒤 새로 나타난 아랍 문명이 섞이면서 문화가 꽃을 피웠습니다. 반면, 이 시기 유럽은 아시아의 여러 나라들에 비하면 훨씬 뒤떨어진, 거의 미개 상태로 뒤처져 있었습니다. 다만, 아랍인이 지배하던 스페인은 아랍 전성기의 전통을 계승해 빛을 내고 있었습니다. 그렇다면 중국과 인도에는 문제가 없었다는 말일까요? 이에 관해 네루는 역사의 진보와 관련된 매우 의미심장한 분석을 합니다. 서아시아의 셀주크 투르크인들 또한 상당한 힘을 떨쳤지만 그것은 문화적 차원이 아닌 전쟁 수행 능력일 뿐이었습니다. 힘으로 다른 나라를 정복하는 것은 가능하지만, 그렇다고 새로운 문명과 문화를 키워 나갈 힘을 만들 수는 없습니다. 중국 북방 민족의 경우나 인도의 서북부에 침략해 들어온 유목 민족들의 경우를 보더라도 그들은 정복했지만, 결국 동화되어 버렸습니다. 문명이라는 것은 강력한 외부의 적 때문이라기보다는 내부가 약해지면서 스스로 쓰러지기 마련입니다. 중국과 인도가 전체적으로 이런 문제를 겪었습니다. 문명 몰락의 원인은 외적이 아닌 내적인 부분에 있습니다. 이 시기를 지나면서 중국이나 인도는 모두 내부의 활력이 크게 무뎌져 버렸습니다. 특히 인도인들은 새로운 사상과 사물을 창조해 내는 대신 오로지 옛 전통만을 반복해 지키고 모방하는데 급급했습니다. 그러면서 서서히 몰락해간 겁니다.

네루가 이 편지를 쓰던 시절에는 특히 유럽이 아시아를 식민 지배하고, 아시아는 자유를 되찾기 위해 고통스러운 투쟁을 하고 있었습니다. 그런데

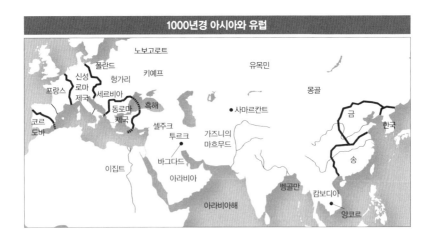

1000년경 아시아와 유럽

네루는 그 과정에서 아시아에 새로운 에너지와 창조 정신, 새로운 생명력이 싹트고 있음을 보았다고 합니다. 그는 자신이 아시아와 유럽에 관해서 이야기했지만 이런 용어는 단순한 지리적인 표현에 불과하다면서, 당면한 문제는 아시아 문제도 유럽 문제도 아닌 세계 인류의 문제라고 했습니다. 네루가 인류가 해결해야 할 문제로 본 것은 다름 아닌 빈곤 타파입니다. 어떤 나라나 어떤 계급의 일방적인 착취가 없어지고 그 위에서 평등에 기초한 참된 문화와 문명을 세워야 한다는 것입니다. 네루는 인도인들이 자유를 위해 싸우고 있는 것은 인류 전체의 자유를 위해 싸우는 것과 같다고 했습니다. 인도인들의 해방 투쟁이 세계사의 진보와 직결된다는 겁니다. 그것이 약소국이든 소수자이든, 힘없는 자의 싸움이 창조적이면서 진보적인 역사라고 보았습니다.

이번에는 네루를 따라 아메리카 대륙으로 건너가 봅시다. '신대륙 발견' ─ 엄밀히 말하면 '발견'이 아닌 '정복'입니다 ─ 때까지 아시아와 유럽이 아메리카와 실제적인 접촉을 했다는 기록은 없습니다. 그곳은 아시아와 유럽으로부터 아주 멀고 색다른 세계였습니다. 아메리카 세계에는 문명의 중심지가 멕시코, 중앙아메리카, 그리고 페루 등 세 군데에 있던 것으로 보입니다. 정확한 시작 시기에 대해서는 알 수 없지만 2세기 무렵에 상당한 수준의 도시가 발달했고, 독특한 문자가 있었습니다. 이들 문명권 내에 몇몇 국가가 있었고, 몇 가지의 언어 그리고 잘 조직된 강력한 정부가 존재했으며, 도시 사회가 형성되어 있었습니다. 입법기관과 경제제도 역시 매우 발달해 있었습니다.

서기 1000년을 전후해 중앙아메리카에 있던 주요 국가들 사이에 마야판 Mayapan 이라는 연맹이 11세기경부터 성립되어 약 100년 이상 지속되었습니다. 그 후 아스텍인이 마야국을 정복했습니다. 아스텍인은 매우 호전적인 민족으로 군사 식민지와 군영지, 그리고 군사 도로망을 갖고 있었고, 신관 정치를 했습니다. 이 제국은 스페인의 코르테스Hernán Cortés가 이끄는 소부

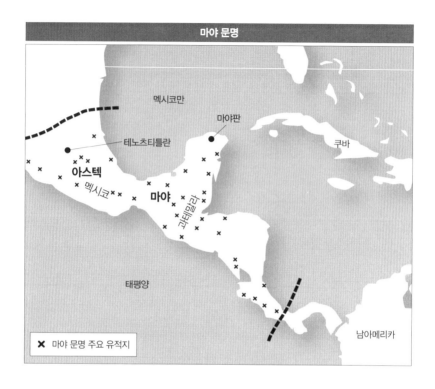

마야 문명

멕시코만

마야판

쿠바

테노츠티틀란

아스텍

멕시코

마야

과테말라

태평양

남아메리카

✕ 마야 문명 주요 유적지

대에 무너졌습니다. 코르테스가 가진 화포와 말은 아스테카 왕국을 정복하는 데 유용했습니다. 아스텍 제국은 착취를 바탕으로 세워졌으므로 외적이 공격해오자 인민들이 그 제국의 패망에 환호를 보냈습니다.

남아메리카의 페루에는 또 다른 문명 잉카가 있었습니다. 잉카란 일종의 신권 군주를 뜻합니다. 그런데 페루 또한 피사로Francisco Pizarro라는 한 스페인 사람이 이끄는 소규모의 부대에게 몰락했습니다. 1천500년 동안 지속된 고대 민족과 문명이 유럽에서 들어온 새 민족과 접촉하자마자 삽시간에 멸망해버린 겁니다. 아메리카의 문명이 뛰어난 면도 있었지만 취약한 점을 매우 많이 가지고 있었기 때문입니다.

유럽의 형성과 봉건제도

이번에는 유럽을 돌아볼 차례입니다. 로마의 쇠락부터 이야기해 보도록 하겠습니다. 로마의 쇠락은 서유럽 문명의 쇠락을 의미하는 것이었습니다. 그렇지만 로마가 쓰러진 후 격동의 시기가 지나고 새로운 질서 아래 안정의 조짐이 보이기 시작했습니다. 기독교는 왕의 지원을 받으며 널리 보급되었고, 수많은 왕국이 새로 출현했습니다.

우선, 프랑크인은 군주 클로비스 밑에서 메로빙거라는 이름의 왕조를 시작합니다. 장관들은 큰 권력을 휘둘러 왕을 꼭두각시로 만들고 그 직위를 세습하게 만들었습니다. 샤를 마르텔이라는 사람도 그 장관 중 한 사람이었는데, 투르 전투에서 스페인 무슬림 세력을 무찌르는데 공을 세워 기독교를 지켜낸 자로 숭앙받았습니다. 마르텔의 손자가 바로 샤를마뉴Charlemagne입니다. 샤를마뉴는 교황의 적들을 쫓아냄으로써 교황의 지원을 받게 되었습니다. 이에 따라 교황이 샤를마뉴에게 서로마 황제의 제관을 줌으로써 '신성로마제국'이 시작한 것입니다.

신성로마제국은 이름과는 달리 고대 서로마 제국과는 아무런 관계가 없는 전혀 별개의 것입니다. 그런데 그들이 자신들의 새 제국을 고대 로마 제국의 부활로 여겼다는 사실에 주목해야 합니다. '기독교'가 덧붙여졌을 뿐 로마 제국의 연장이라는 거지요. 이 신성로마제국을 콘스탄티노플의 황제들은 무척 달갑지 않게 생각했습니다. 그러나 샤를마뉴는 서방 기독교의 우두머리가 되고 지상에서 신의 대리자 위치를 차지했습니다. 네루는 이에 대해 권위는 언제나 종교를 배경으로 인민을 무지에 빠뜨리고 자기 힘을 강화하려 한다고 지적하면서, 샤를 마뉴를 인민을 기만하고 잠재워 자기 목적을 달성하려 한 사람으로 비판합니다.

샤를마뉴는 동로마 제국이나 스페인의 무슬림인 사라센 세력과 싸우기 위해 이슬람 수장인 바그다드의 하룬 알 라쉬드에게 동맹을 제안하기도 했습니다. 그런데 그 제안은 아무런 결과도 낳지 못했습니다. 이렇게 기독교 제국의 수장이 이슬람 제국의 수장에게 동맹을 맺자고 한 사실을 두고 네루는 왕들의 마음속에 숨겨진 진정한 동기라는 것은 오로지 세력과 권위와 부의 획득일 뿐이라고 비판합니다. 또 종교란 그런 것들을 가려주는 허울로써 이용된 것일 뿐이라는 사실을 잘 보여준다고 지적합니다. 종교가 정치적으로 어떻게 이용당하는가에 대한 네루의 지적은 타당합니다. 특히 종교가 관용적이지 않고, 일신교이면서 정치에 깊게 관여되어 있을 때 더욱 그렇습니다.

샤를마뉴가 죽고 나서 오래지 않아 제국의 유산 상속을 둘러싸고 분쟁이 일어났습니다. 그 결과 샤를마뉴의 제국은 분할되었고, 그 이후로 오늘날의 독일과 프랑스가 국가 형태를 띠기 시작했습니다. 현대까지 계속된 독일과 프랑스의 대립은 이때부터 시작된 것입니다. 이 무렵 러시아도 서서히 역사 무대에 등장합니다. 그리고 동남부 유럽에서는 불가리아인이 정착하여 호전적 활동을 전개하기 시작했습니다. 한편 그동안 북유럽 사람들, 즉 노르만족이라 불리게 된 사람들이 배를 타고 지중해를 돌아 큰 강을 거슬러 올라가 도처에서 온갖 약탈을 자행했습니다. 그들은 탈취한 곳에 정착하여 영주와 대지주가 되었습니다.

이 민족들이 옛날부터 오늘날까지 같은 민족이라는 관념을 갖고 있던 것은 아닙니다. 그 무렵에는 자기 나라를 고국이나 조국 등으로 여기는 관념 자체가 존재하지 않았습니다. 뿐만 아니라 당시의 종교 또한 일상생활에서 직접 느낄 수 없는 막연한 의식이었을 뿐 오늘날과 같은 집단 정체성의 근원으로 작동하지 않았습니다. 그들에게는 민족이라는 관계 대신 봉건제도에서 비롯되는 봉건적 주종 관계와 같은 독특한 인간 관계가 있었을 뿐입니다.

봉건 관계를 잘 이해하려면 로마 몰락 이후의 시기를 잘 들여다봐야 합니다. 로마의 몰락은 낡은 질서의 붕괴를 부채질합니다. 그런데 그 사건 때문에 농촌의 빈농이나 노동자들에게 막대한 피해가 돌아왔습니다. 옛날 질서가 무너진 자리에 새 질서가 아직 세워지지 않았기 때문에 사회에서 가장 약한 사람들이 우선적으로 그리고 가장 심하게 피해를 본 거지요.

이러한 무질서 상태에서 봉건제도가 생겨나게 되었습니다. 그들은 조직되어 있지 않았던 데다가 보호해 줄만한 강력한 중앙정부도 없었기 때문에 어쩔 수 없이 영주와 계약을 맺게 됩니다. 빈농들은 약탈당하지 않고, 또 다른 영주들로부터 자신들을 보호해 준다는 조건으로 그들의 밭에서 생산한 농산물의 일부와 노동력을 영주에게 제공하는 데 동의했습니다. 봉건제도 아래에서 영주는 일종의 작은 국왕이었는데, 주민의 부역과 생산물을 징수하는 대가로 그들을 보호하는 인민의 주군이었습니다. 또한 작은 성의 영주는 더 큰 성의 영주에게 군사적인 봉사를 하기로 약속하고 보호를 받는 조건의 계약을 맺었습니다. 이는 영주를 가신으로 삼고 그에게 군사적인 봉사를 요구하는 더 큰 영주로부터 토지를 물려받는 형식입니다.

봉건제도는 봉건 기구의 정점을 이루는 국왕에게까지 연결되어 있었습니다. 심지어 그들은 천국 역시 삼위일체설에 따라 신이 다스리는 봉건제도라고 간주하기까지 했습니다. 뿐만 아니라 교회의 교직자들까지 성직자인 동시에 봉건 영주로서 봉건제도의 구성 분자가 되었습니다. 그리고 이 체제의 제일 꼭대기에는 신의 신하로 간주되는 국왕이 있었습니다. 봉건제도 아래서 당시 사람들에게 국왕이란 너무 먼 존재였으며, 계약 관계 안에서 영주의 가신들은 영주의 명령들을 따라야만 했습니다. 이러한 개념은 이 시대 이후에 나타난 민족 관념과는 거리가 먼 것입니다.

봉건제도는 제도 전체가 계급과 차별로 이루어진 체제였습니다. 사회구조의 모든 부담을 최하층의 농노가 짊어져야 했습니다. 이념상으로 영주에게는 가신과 농노를 보호할 의무가 있었지만, 실제로는 자기 스스로가 모든 것을 다스리는 법과 다름없었습니다. 그들은 거의 절대적인 권력을 쥐고 있었는데, 그들이 가진 토지 소유권이 바로 그 무한 권력을 낳은 원천입니다. 봉건제도의 핵심은 농민에 대한 착취에 있었습니다. 농민들은 강제 노동과 무급 노역 및 영주의 온갖 부역과 조세를 부담해야 했습니다. 그것 때문에 도처에서 농민 반란이 자주 일어났습니다. 봉건제도 아래서는 평등이나 자유의 관념은 전혀 없었고, 오직 권리와 의무라는 관념만이 있었습니다. 그 가운데 다스리는 자들은 권리를 절대로 포기하는 일이 없었지만, 그들이 지켜야 할 의무는 자주 무시되었습니다. 전체적으로 볼 때 도처에 전제와 압제만이 있었을 뿐입니다. 그 속에서 가장 큰 피해를 본 사람은 두말할 것도 없이 농노라 불린 농민 노예였습니다.

그러나 영주와 농노 외의 다른 계급에 속했던 상인과 수공업자가 등장하면서 유럽에는 새로운 바람이 불고 자유의 싹이 서서히 되살아났습니다. 시대가 점점 안정되자 상업 거래가 늘어났고 그러면서 상인과 수공업자의 지위가 점차 높아졌습니다. 그들이 부유해지자 영주는 그들의 돈을 빌려 쓰게 되었고, 그들은 여러 가지 특권을 보장받으며 세력을 더 키워나갔습니다. 상인이나 수공업자들은 길드나 협회를 결성했고, 주변에 작은 도시들이 발달했습니다. 그리고 날로 커져간 도시들은 드디어 봉건 영주와 대립하게 되었습니다. 그런 과정 속에서 신흥 계급, 즉 상인계급이 성장한 겁니다. 그들의 재력은 귀족을 능가하기에 이르렀습니다.

십자군전쟁과 유럽 도시의 성장

셀주크 투르크인들이 예루살렘을 차지했을 때 교황과 교회 평의회는 성지 예루살렘을 탈환하기 위해 선전포고를 했습니다. '성전'이 선포되었고 교황과 교회는 '성도' 구출을 위해 진격하라고 호소했습니다. 그리하여 1095년에 소위 십자군전쟁이 시작됩니다. 전쟁은 끊임없이 계속되었습니다. 십자군전쟁은 몇 백만 명의 기독교도와 무슬림을 죽음과 빈곤으로 몰아넣고 아시아와 팔레스타인을 피로 물들였습니다. 그 무렵 바그다드 제국에 있던 이슬람의 수장인 칼리프는 실권을 거의 갖지 못했습니다. 바그다드 내부에서도 실세는 투르크인이었습니다. 투르크인들이 세력을 구축하자 칼리프는 부득이 셀주크의 우두머리에게 술탄이라는 칭호를 주었고, 그 결과 이슬람 세계의 왕이 된 술탄이 정치적 실권을 장악하게 되었습니다.

십자군전쟁 당시 유럽에서는 모든 비非기독교도에 대립하는 기독교 세계의 이념이 넘쳐 모든 사람들로 하여금 '성지' 회복이라는 공동 이념과 목표를 갖게 했습니다. 그러나 사실 십자군에는 전혀 다른 목적이 하나 있었습니다. 로마가 이 원정을 콘스탄티노플의 주인이 되는 기회로 삼으려 했던 겁니다. 콘스탄티노플 교회는 로마와는 계통이 달라 스스로 '정통 교회'라 자칭하며 로마 교회를 매우 싫어했고, 교황은 콘스탄티노플을 자기 영향 아래 두려 했습니다. 결국 '십자군'이라는 이름 아래 자행한 '성지 탈환' 전쟁의 명분 안에는 콘스탄티노플 차지라는 오래된 야망 성취의 욕심이 짙게 깔려 있었던 것입니다. 그래서 십자군의 원정 기간 내내 로마와 콘스탄티노플 사이에는 대립이 존재할 수밖에 없었습니다. 십자군을 동원한 또 하나의 중요한 이유는 상업적인 것이었습니다. 셀주크인에 의해 동방으로 가는 통상로가 막히자 상인들이 십자군의 원정을 바랐던 것입니다. 이런 사실들에 의하면 '십자가'를 내세워 종교로 위장했지만, 결국은 정치와 경제 권력을 노린 전형적인 침략 전쟁이지요.

이러한 숨은 이유에도 수많은 사람이 정상 모리배들의 달콤한 언변에 말려들어 원정에 모여들었습니다. 십자군은 겉으로는 거룩한 뜻을 가지고 있었지만, 대다수는 정말 비열하고 더러운 만행을 서슴지 않고 저질렀습니다. 그들은 무자비한 학살을 자행했습니다. 원정이 시작된 지 7년 후 예루살렘은 다시 이집트의 술탄이 차지했고, 그러자 다시 십자군이 파견되었습니다. 그러나 성과가 없기는 처음과 다를 바 없었습니다. 그러다 십자군의 한 부대가 콘스탄티노플로 계속 행진하며 마침내 이를 점령하게 되었습니다. 그들은 동방 제국의 그리스계 황제를 축출하고 라틴 왕국을 세웠으나 오래 존속하지는 못했습니다. 십자군의 콘스탄티노플 점령은 이곳에 세력을 뻗치려는 로마 교회와 교황의 야욕을 백일하에 드러냈습니다.

그 후로 전쟁은 계속되었지만, 시간이 흐르면서 종교의 이름으로 사람들을 홀리는 마력이 점차 사라졌습니다. 예루살렘은 아직도 무슬림이 차지하고 있었지만 사람들은 더 이상 전쟁을 하고 싶어하지 않았습니다. 그래서 십자군은 더 이상 예전의 십자군이 아니었습니다. 유럽에서 큰 봉건 영주들끼리의 내부 분열도 있었고, 이집트에 살라딘Saladin이라는 강력한 통치자가 있기도 하여 결국 십자군 원정은 별 소득 없이 실패로 끝나고 말았습니다. 살라딘은 1187년에 예루살렘을 재탈환합니다. 그러나 계속된 전쟁은 셀주크의 세력을 크게 약화시켰습니다. 군사·종교적 측면을 볼 때 십자군전쟁은 실패로 끝났지만 예상치 못한 부문에서 의외의 수확이 있기도 했습니다. 유럽이 십자군 원정에서 거둔 수확은 성지의 영원한 해방이라든가 기독교 문화의 통일 따위가 아니고, 유럽 문화보다 훨씬 뛰어난 당시 서아시아의 예술, 기술, 과학과 다양한 문화 그리고 지적 호기심을 얻은 것에 있다는 네루의 견해에 주목할 만합니다.

그러면 이제 십자군 원정이 이루어지는 동안 유럽은 어떤 상황이었는지 한번 살펴보겠습니다. 로마 교황이 그동안 로마에 앉아 이교도 투르크인에 대한 '성전'을 부추기고 명령하던 그 무렵이 교황의 권세가 가장 강력했던 때였습니다. 어느 교황보다도 강력했던 그레고리우스 7세는 교황 선출에 관한 새로운 제도를 마련하여 신성 대학Holy College이라는 이름의 추기경 회의에서 선출되도록 했습니다. 교황이 선거를 거쳐 선출되는 것처럼 신성 로마제국의 황제도 선거로 뽑았습니다. 황제 선출에는 대봉건 영주들이 참여했습니다. 그들은 황제가 동일한 가문에서 계속 나오는 것을 막고자 했는데, 그 기대와는 달리 실제로는 한 가문이 오랜 세월 동안 지배권을 행사하는 경우가 많았습니다. 이에 따라 1152년 호엔슈타우펜 왕조의 프리드리히 1세가 황제로 등극했습니다. 그가 황제로 있는 동안 신성로마제국은 역사에서 가장 번성했습니다. 그는 교황과 커다란 싸움을 벌였지만 결국 교황에게 패배하고 무릎을 꿇었습니다. 자신의 봉건 가신들로부터 많은 고통을 겪기까지 했습니다. 그러자 프리드리히 1세는 당시 번영일로에 있던 대도시들을 주목했습니다. 귀족과 봉건 영주의 세력을 꺾기 위해 독일의 자유 도시들을 지원한 것입니다.

그러나 자신의 의도와는 달리 도시가 성장하면서 새로 성장한 도시의 신흥 계급이 서서히 권력을 나누어 줄 것을 요구했고, 결국 교황과 대립하게 되었습니다. 교황의 세력은 점점 약해졌고, 교황이 전가의 보도처럼 휘두른 막강한 무기였던 파문이라는 것도 서서히 녹슬어 가고 있었습니다. 그러다 프리드리히 2세의 죽음과 함께 신성로마제국 자체가 사실상 종말을 고했습니다. 이후 프랑스와 영국에서는 국왕의 권력과 지위가 점차 강화되었고, 그들은 독일이 통일되기 훨씬 전에 강국으로 성장했습니다. 프리드리히 2세가 죽은 뒤 독일은 혼란에 빠져 23년 동안이나 황제를 선출하지 못했고, 황제가 선출된 이후에도 큰 힘을 발휘하지 못했습니다. 프랑스와 영국에서는 오랜 동안에 걸쳐 귀족과 국왕 사이에 잦은 싸움이 일어났는데, 독일에 비하면 그나마 국왕이 귀족을 쉽게 무찌를 수 있었습니다. 따라서 영국과 프랑스는 줄곧 통일을 유지했고, 통일은 국력 증강에 큰 도움이 되었습니다.

이 무렵 영국에서 중요한 사건 하나가 발생했습니다. 1215년에 영국 왕 존John이 마그나카르타Magna Carta에 서명하는 사건이었습니다. 이 헌장을 통해 국왕은 어떤 시민이든 그 사람과 동일한 신분을 가진 계층의 동의가 없는 한 그의 자유와 재산에 간섭할 수 없게 되었습니다. 또한 이 규정에 따라 같은 신분층에 속한 자를 심판하는 배심이 시작되었고, 이리하여 영국에서는 국왕의 권력이 제한되기 시작했습니다. 이 '대헌장' 서명은 영국민이 정치적 자유를 획득하기 위해 장기간에 걸쳐 투쟁한 성과였습니다. 마그나카르타 이후 국민평의회The National Council라는 것이 만들어져 각 지방과 도시의 기사와 시민들이 거기에 참여했습니다. 이것이 곧 영국 의회의 출발입니다. 강력해진 의회는 마침내 국왕과 대립하게 되었고, 결국 국왕은 처형당하고 의회가 결정적인 우위를 차지하게 되었습니다. 영국 민주주의의 시초가 여기에 있습니다. 프랑스 역시 이와 비슷한 삼신분회The Council of Three Estates라는 정치 기관이 있었습니다. 삼신분이란 귀족, 성직자, 평민을 말합니다. 이 회의는 국왕이 필요하다고 생각될 때 소집되는 것이었는데, 실제로는 거의 소집되지 않았습니다. 결국 프랑스에서도 국왕의 목이 떨어져 나가고서야 그 권력이 무너졌습니다.

동방에서는 그리스의 동로마 제국이 여전히 존재했습니다. 건국될 때부터 여러 이민족들이 쳐들어왔지만 잘 버티다가 가장 치명적이고 타격이 큰 십자군의 공격을 받았습니다. 동로마 제국은 십자군에게 받은 치명상에서 끝내 회복할 수 없었습니다. 동로마 제국은 서유럽 세계와 많은 점에서 달랐습니다. 가장 결정적인 차이점은 동로마 제국에서는 교회와 황제 사이에 알력이 없었으니 황제는 완전히 전제적 존재였다는 것입니다. 동로마 제국은 유럽의 문을 지키는 파수병처럼 아시아의 침입으로부터 유럽을 지키고 있었습니다. 셀주크 투르크인들도 끝내 제국을 점령하지는 못했습니다. 그러다가 1453년 수도 콘스탄티노플이 오스만 투르크인에게 함락되자 동로마 제국이 끝을 보게 된 겁니다.

십자군 원정 시대에 유럽은 신앙과 열망과 신념으로 가득 찬 시대였습니다. 과학이나 학문은 아직 없었고, 로마 교회는 신자들 위에 군림하며 착취하기에 바빴습니다. 교황은 누구든 자기에게 불복하는 사람이나 집단에 대해 십자군 원정을 선포했습니다. 그들은 신앙심을 미끼로 '특사증'과 '면죄부'를 발행해 팔았습니다. '특사증'이라는 것은 교회의 법규나 관습을 어겨도 좋다는 특별 사면증이었으며, '면죄부'는 돈을 내면 천당과 지옥 사이에 있는 연옥 행을 면제받고 곧장 천국으로 가게 된다는 증표의 일종이었습니다. 이렇게 교회는 사람들의 신앙을 이용해 착취를 일삼았습니다.

그러나 이러한 부정적인 측면만 있었던 것은 아닙니다. 눈에 보이는 창조적 양상 역시 존재한 것이 사실입니다. 그 창조적인 양상은 주로 예술 쪽에서 나타납니다. 11~12세기는 위대한 건축의 시대로 서유럽 도처에 대성당이 출현했습니다. 종전에 유럽에서 볼 수 없던 새로운 건축 양식이 나났는데, 이것이 바로 고딕 양식입니다. 고딕 양식 건축은 뾰족한 아치와 하늘을 찌를 듯이 솟은 첨탑이 특징입니다. 또한 착색 유리 창문도 함께 등장하여 엄숙하고 장엄한 효과를 더해 줍니다. 모두 이 시대가 신앙의 시대임을 나타내는 것들입니다.

그러나 신앙의 시대가 쇠퇴하자 교회나 성당 건축도 함께 시들해졌습니다. 사람들의 관심은 사업과 상업 그리고 일상생활로 쏠리게 되었습니다. 건축 면에서도 대성당보다는 도시의 공회당을 더 많이 건립했습니다. 로마의 문화와 질서가 붕괴한 이후 오랫동안 유럽은 활기를 띠지 못했지만 이 시기에 들어와 도시가 부활하고, 새로운 도시들은 시간이 갈수록 더욱 흥성했습니다. 이에 따라 전 유럽에 일대 변화가 나타나면서 도처에 도시 생활이 확대되었습니다. 이와 함께 상인계급과 중간계급인 부르주아가 성장합니다.

이탈리아의 베네치아, 제노바, 피렌체, 그리고 프랑스의 파리 등 여러 신흥 도시들이 이 시기에 크게 성장했습니다. 이 도시들은 인구와 재력이 증가함에 따라 점차 대담해져 귀족들과의 싸움을 주저하지 않았고, 스스로를 방어하기 위해 연맹이나 연합을 형성했습니다. 이런 신흥 도시들은 이전의 제국 도시들과는 분명히 달랐습니다. 가장 다른 점은 이 도시들이 황제나 국왕에게 의존하지 않았으며, 도시의 권력을 귀족계급이 아닌 상인계급이 쥐고 있었다는 사실입니다. 도시는 상인들의 도시였고, 도시의 발흥은 곧 부르주아의 발흥을 의미했습니다. 이러한 유럽 도시의 역사적 발전을 네루는 매우 높이 평가했습니다. 종교의 자리를 합리주의적 근대성이 차지한 유럽에서 인류 문명의 발전을 본 것입니다.

네루가 이 시대 도시의 발전에 역사적으로 어떤 의미를 부여했는지, 좀 더 구체적으로 살펴보겠습니다. 네루는 도시란 대체로 문명과 함께 발전하기 때문에 도시가 성장하면 학문이 성장하고 자유로운 정신 역시 함께 성장한다고 보았습니다. 자유로운 정신은 봉건 귀족이 가진 정치적 권위와 교회가 가진 정신적 권위에 저항하면서 발전했습니다. 그러면서 신앙의 시대는 기울고, 종교에 대한 회의와 부정이 고개를 쳐들었으니 그러한 분위기에서 12세기 이후 문예 부흥이 지속된 것으로 본 겁니다. 네루는 특히 이 시기에 과학 정신이 태동하기 시작한 것에 큰 의미를 부여합니다. 전형적인 근대주의자로서의 역사관을 보인 것입니다. 네루는 중세 유럽에서는 교회가 허용하지 않았기 때문에 개방적인 탐구 자세와 실험 정신이 존재하기 어려웠는데, 점차 자유로운 정신이 성장하면서 교회의 탄압에도 불구하고 과학 정신이 모습을 드러내기 시작했다고 했습니다. 새로운 시대의 바람은 자유와 함께 오는데 그것은 신앙이 가면서 온 것입니다.

❸
중세의 변화

델리 술탄과 남인도의 팽창

중세 유럽이 봉건제도에 시달리며 혼란과 무정부 상태에 놓여있을 때, 그리고 기독교와 이슬람교가 싸움을 벌이던 십자군 시대에 인도에는 어떤 일이 벌어지고 있었을까요? 우선 지금의 아프가니스탄에 자리를 잡은 술탄 마흐무드Mahmud가 11세기가 시작되면서 북인도로 공격해 들어와 약탈과 파괴를 자행했습니다. 어떤 학자는 그의 침략이 인도에서 무슬림의 시대를 열었다고 하지만, 그것은 사실이 아닙니다. 마흐무드의 공격은 인도에 폭넓고 지속적인 변화를 가져다 준 것은 아니었습니다. 그의 지배하에 들어간 곳은 고작 신드와 펀자브 지역 일부였을 뿐이고, 마흐무드 침략 이후 150년 동안 무슬림 정복자나 이슬람교는 인도에서 아무런 성과를 거두지 못했습니다.

새로운 정복의 파도는 12세기 말엽에 닥쳐왔습니다. 새로운 아프가니스탄 세력이 마흐무드의 가즈나 제국을 멸망시킨 후 북인도로 쳐들어와 많은 족장과 싸워 승리를 거두었고, 그 결과 인도에 무슬림의 세력 기반이 확립되었습니다. 그로부터 150년 동안 무슬림은 남부 지역까지 광범위하게 세력을 미쳤으나 남부에서는 차츰 쇠퇴해 갔습니다. 그러다가 다시 영토를 확장해 인도 전체를 휩쓴 것은 16세기 중엽 아크바르가 쳐들어왔을 때였습니다.

무슬림의 인도 침략은 많은 토착민의 저항을 불러일으켰습니다. 그들은 높은 교양과 문화를 지닌 무슬림이 아니었습니다. 문명이라는 측면에서 볼 때 아프간인들은 인도인보다 뒤떨어져 있었지만 당시 인도가 지나치게 틀에 박혀 낡은 관습에 사로잡혀 있던 반면 아프간인은 생기가 넘치고 활발했습니다. 결국 노쇠한 인도는 무슬림 침략자 앞에 굴복하고 말았습니다. 많은 경우 종교 문제가 전면에 내세워져 갈등이 일어나기도 했지만, 진정한 원인은 정치·사회적인 것에 있습니다. 그러나 시간이 가면서 정복자와 피정복자 간의 갈등이 점차 완화되었습니다.

이제 인도의 남부 역사를 이야기해 볼까 합니다. 기원전 3세기 아쇼카가 남부의 최남단 일부를 제외하고 전 인도와 아프가니스탄 및 중앙아시아의 일부를 지배한 적이 있다고 했지요? 그가 죽은 뒤 남부에서는 데칸고원에서 일어난 안드라가 고원 너머까지 세력을 확장해 400년 동안 존속했다는 것도 기억할 겁니다. 안드라 왕국이 멸망하자 타밀 지역의 팔라바 왕국이 인도의 동쪽 해안과 남부에서 오랫동안 세력을 떨쳤습니다. 이들은 600년에 걸친 지배를 끝내고 촐라 왕국에게 패권을 넘겼습니다. 9세기 경부터 세력을 키운 촐라 왕국은 멀리 갠지스 강 유역까지 정복했는데, 특히 해상을 장악해 동남아시아 지역에 큰 영향력을 끼쳤고 남부 인도를 300년 정도 지배한 후 판디아 왕국에게 패권을 넘겼습니다. 촐라 제국은 도처에 훌륭한 석조 사원을 많이 남겼고, '우주 춤의 제왕'이라는 별명의 힌두 최고의 신 시바의 뛰어난 청동 신상을 많이 남겼습니다.

네루는 촐라 제국의 흥미로운 사실 하나에 의미를 부여합니다. 그들의 선거제인 촌락 판차야트 제도입니다. 판차야트는 각종 사업을 감독하는 여러 분과위원회를 주민들이 직접 선출하는 상향식 선거제로, 고대 북부 인도 정치의 요체가 남부로 내려와 꽃을 피운 것입니다. 이런 제도 위에서 남부의 여러 나라들에는 내면적인 강인함이 있었고, 그 때문에 유럽의 여러 나라에 비해 수준 높은 안정과 평화를 누릴 수 있었습니다. 그러나 그것도 잠시, 14세기 초 무슬림 군대가 남쪽으로 내려오자 이곳은 힘없이 그들에게 정복되어 버렸습니다.

이번에는 델리에 도읍을 정한 마믈룩Mameluk 조朝에 대해 살펴보겠습니다. 마믈룩이란 정복자가 피정복지에서 인재가 될 만한 남자를 골라 그들의 나라로 데려가 키운 뒤 그에게 정복지를 다스리게 한 군주 술탄을 말합니다. 그래서 엄밀하게는 왕조가 아니라 술탄 조지요. 이 마믈룩 술탄 조는 아프가니스탄의 고르Ghor에 기반을 두고 인도를 침략한 샤합웃딘이 힌두왕 프리트위라즈Pritviraj를 쓰러뜨린 후 그 뒤를 이어 쿠틉 웃딘 아이박Qutb Uddin Aibak이 델에 도읍을 정하고 통치를 하면서 시작되었습니다. 마믈룩 술탄은 난폭해서 정복과 파괴, 살상을 자행했지만, 한편으로는 건축을 좋아하기도 했습니다. 당시의 건축가들은 모두 인도인이었지만, 무슬림이 전파한 건축 양식에 크게 영향을 받았습니다. 그 시기에 인도를 침략한 자는 반드시 인도의 직공이나 목수를 끌고 갔는데, 그 때문에 인도 건축의 영향은 중앙아시아까지 널리 퍼지게 되었습니다. 마믈룩 술탄 조 시기에 칭기즈 칸이 이끄는 몽골족이 인도를 침략했습니다. 그들은 인더스 강까지는 곧장 내려왔지만 그 후로는 상당한 저항을 받아 더 이상 내려오지 못했고, 인도는 큰 화를 면했습니다. 그러다 마믈룩 술탄 조는 1290년에 막을 내렸습니다. 그로부터 얼마 지나지 않아 알라우딘 칼지Alauddin Khalji가 실권을 장악했습니다.

이슬람교는 인도에 진보적 요소를 주기도 했습니다만, 아프간 출신 무슬림은 야만적 요소를 가져왔습니다. 이 두 가지는 반드시 구별되어야 합니다. 알라우딘은 배타적인 군주였지만, 효율적인 정치제도를 수립하려는 시도를 했습니다. 나라 안의 힌두교도는 조금씩 무슬림으로 개종해갔습니다. 여기에는 여러 가지 이유가 있었지만, 인두세人頭稅인 지즈야jizya를 부과했기 때문이었습니다. 즉, 종교보다는 경제적인 이유 때문에 개종이 이루어진 것입니다. 무슬림은 지즈야를 납부하지 않아도 됐기 때문입니다.

14, 15세기에 접어들면서 델리의 술탄은 미미한 존재로 전락했습니다.

이슬람교는 이제 인도인의 생활에 깊이 뿌리를 내렸습니다. 이제 둘 사이에는 정복자와 피정복자, 통치자와 피통치자라는 따위의 감정은 찾아보기 어렵게 되었습니다. 사람들은 종교는 달라져도 여전히 옛 관습을 굳게 지키고 있었습니다. 카스트를 기반으로 하는 인도 문화 전통 안에서 서로 다른 종교가 융합되어 있었던 겁니다. 촌락 판차야트의 권력은 옛날에 비할 바는 아니었지만 여전히 유지되었고, 촌락 생활의 중심이자 근본의 자리를 차지하고 있었습니다.

힌두 사회는 이 시기 이후로 엄격한 보수주의 경향을 보이기 시작했습니다. 카스트는 한층 더 융통성이 없어지고 배타적이 되었습니다. 여성의 얼굴을 가리는 파르다Pardah 풍습이 널리 시행되는 등 사회생활로부터 여성의 격리가 한층 일반화되었습니다. 따라서 이것들을 고치기 위해 여러 가지 개혁이 시도되었습니다. 그렇지만 큰 성공을 거두지 못한 채 인도는 낡은 전통에만 머물러 있었습니다. 새로운 형태의 대학이 많이 나타나긴 했지만, 그곳에서는 낡은 산스크리트 학문을 고수하며 과거에 집착하면서 반동적인 정신을 배양했습니다. 건축 방면에서도 새로운 양식이 전개되어 여러 가지 건축물이 세워졌습니다. 종교와 문화의 융합 문제는 오랜 세월동안 유지되어 왔습니다. 하지만 인도가 융합에 너무 열중한 나머지 비판과 개혁은 사라지고, 결국 정치·사회적 자유를 소홀히 하여 진보와 발전이 멈추고 말았습니다. 한때 우수한 기술로 외국 시장을 지배했던 인도는 이제 그 지배력을 서서히 잃어가고 있었습니다.

ⸯ 델리 술탄 제국에서는 무함마드 빈 투글라크Muhammad Bin Tuglaq가 강제적으로 수도를 델리에서 데칸 쪽으로 옮기려다 실패한 일이 있었습니다. 그 일로 좌절한 국민들이 반란을 계속 일으켰는데, 결국 그의 조카인 피루즈 샤Firuz Shah가 군주로 등극했습니다. 그는 행정상 여러 가지 개혁을 단행했습니다. 그는 제국의 분열이 진행되는 것을 막고, 많은 건축물을 개축했습니다. 피루즈 샤는 라즈푸트 족의 피를 이어받았는데, 이후 무슬림 국왕 중

에 라즈푸트 족의 여자를 아내로 맞는 사람들이 많아졌으며, 그것이 공통된 민족 감정 형성에 도움이 되기도 했습니다. 피루즈 샤가 죽은 뒤 델리 술탄 제국은 무너져 버렸습니다. 그러면서 도처에 작은 군주들이 통치하는 나라들이 많이 나타났습니다. 당시 인도 남쪽의 여러 지역에서는 델리 술탄 제국에서 벗어난 새로운 국가가 나타났습니다. 남부 인도에는 14세기 초에 바흐마니 왕국과 비자야나가르 왕국이라는 두 개의 왕국이 일어났는데 이들은 16세기 초가 되면서 남인도의 패권을 둘러싸고 끊임없이 싸웠습니다. 비자야나가르를 방문한 여러 외국인이 비자야나가르에 대해 남긴 기록들을 보면 비자야나가르가 크게 번영하고 부유했으며 매우 아름다웠음을 알 수 있습니다. 이 도시에는 1400년쯤에 이미 거대한 수도 시설이 있었다고 합니다. 비자야나가르와 함께 데칸에 터를 잡은 이슬람 세력인 바흐마니 왕국도 모두 외래 세력에 복속됩니다. 그 외래 세력은 투르크 출신의 바바르Babar에 의해 세워진 무굴 제국으로, 다시 수도를 델리에 두었습니다.

몽골의 세계 지배와 항로의 발견

이 시기에는 놀라운 일이 아시아의 한 변방에서 일어납니다. 몽골이 아시아 전체를 휩쓸고 나아가 유럽의 절반까지 그 세력을 미친 것입니다. 갑자기 전 세계를 놀라게 한 이 민족은 대체 누구일까요? 원래 그들은 몽골에 있던 여러 종족 가운데 한 작은 부족이었습니다. 북부 중국을 정복한 금에 종속되어 있었는데, 순식간에 권력을 장악하게 됩니다. 분산되어 있던 여러 부족이 하나로 뭉쳐 단일한 지휘자 대大칸khan을 옹립했습니다. 그 중 가장 유명한 사람이 바로 칭기즈 칸입니다. 그는 한발 한발 기반을 다져나간 후 몽골족의 전체 집회에서 황제로 선출되었습니다.

　몽골족은 고유의 생활 방식과 세분화된 조직을 유지하고 있었습니다. 그들은 숫자는 많지 않았지만 훈련이 잘 되어 있고, 체계가 잘 갖추어진 조직이 있었습니다. 그리고 무엇보다도 칭기즈 칸의 탁월한 전투 지휘에 힘입어 싸움터마다 승리를 거두었습니다. 칭기즈 칸이 한창 아시아와 유럽을 휩쓸 때 중국은 이미 분열되어 남부에는 남송이, 북부에는 여진족의 금나라가 중도(현재의 베이징)를 수도로 자리 잡고 있었습니다. 인도에서는 마믈룩 술탄이 델리를 도읍으로 하여 군림하고 있었고, 바그다드 주변은 셀주크인의 칼리프가 지배하고 있었습니다. 유럽은 십자군전쟁이 막바지에 이른 시기였습니다. 그리고 비잔틴 제국은 콘스탄티노플의 주변에서 여전히 세력을 유지하고 있었습니다.

칭기즈 칸은 우선 중국 북부와 만주의 금나라를 쳐서 그들을 다시는 일어설 수 없도록 만들었습니다. 이어 중도를 점령했고 고려와 탕구트족 역시 굴복시켰습니다. 그리고 진군을 시작(1219년)한 지 얼마 되지 않아 서아시아와 유럽의 일부를 공포로 몰아넣었습니다. 이로 인해 유라시아 대부분의 대도시는 잿더미가 되었고, 그곳의 문명 생활이 크게 파괴되었습니다. 칭기즈 칸은 글을 모르는 사람이었습니다. 그래서 그 넓은 제국에서 일어난 모든 일이 입을 통해 전달되었습니다. 매우 놀라운 일입니다. 반드시 글을 배운 사람만이 유능한 것은 아니라는 사실을 보여준 좋은 증거가 됩니다. 그런데 그가 문자라는 것이 있다는 걸 알게 된 후로는 문자를 중요시하여 몽골족의 전통적인 관습과 자신의 말을 문자로 기록하도록 했다고 합니다. 그는 종교와 문화에 매우 관대한 사람이었습니다. 그래서 그가 정복한 곳에서 문화 충돌이 일어나 사회적으로 갈등이 생긴 적은 거의 없습니다.

칭기즈 칸이 죽자 그의 아들 오고타이가 대칸이 되었습니다. 그는 아버지의 뒤를 이어 정복 사업을 계속 진척시켰습니다. 남송, 고려 등을 공략했고, 러시아를 거쳐 헝가리, 폴란드 등 동부 유럽을 공략했습니다. 이제 유럽도 운명을 고할 때가 온 것 같았습니다. 그런데 오고타이가 죽은 후 왕위 계승을 둘러싸고 분쟁이 일어났습니다. 그 후 몽골 군대는 싸움을 중지하고 본국으로 돌아가야 했습니다. 이리하여 유럽은 가까스로 화를 면할 수 있었습니다.

서아시아에서는 1258년 몽골족에 의해 바그다드가 파괴됨으로써 압바스 제국이 종말을 맞았습니다. 그 후 아라비아는 급속도로 중요성을 상실해 그 뒤로는 역사에서 큰 역할을 맡지 못하고 뒷날 오스만 투르크 제국에 편입됩니다. 칼리프는 2년간 공석인 채로 방치되어 정치 권력이 없는 정신적 지도자에 그쳤습니다. 대칸의 자리에 오른 쿠빌라이는 중국 정복을 완수한 후 국호를 원元이라 하여 정통 중국의 왕조를 이어나갔습니다. 그러면서 그는 상대적으로 중국에 더 많은 관심을 기울였고, 그로 인해 전체 제국에 소홀하여 각지의 총독들이 독립하기 시작했습니다.

대몽골 제국은 아시아와 유럽의 양 대륙에 걸쳐 길게 뻗어 있었습니다. 역사상 일찍이 몽골족의 정복에 비견할 만한 것이 없었고, 이토록 광대한 제국이 있었던 적도 없습니다. 그러나 시간이 흐르면서 몽골족의 엄청난 에너지는 약해졌고, 정복 욕망도 사라졌습니다. 여기에 그렇게 광대한 몽골 제국을 행정적으로 다스린다는 것 자체가 매우 어려운 일이었습니다. 쿠빌라이 칸이 죽은 뒤 대칸이란 지위는 없어졌고, 제국은 다섯 개의 큰 영역으로 분할되었습니다. 대몽골 제국이 분열되었음에도 불구하고 이 다섯 개의 분국 하나하나가 각기 강대한 제국을 이루고 있었습니다.

광대한 몽골 제국은 그런대로 안정과 질서가 유지되었고, 대륙을 횡단하는 교역로는 오가는 사람들로 북적였습니다. 이 때문에 아시아와 유럽은 예전보다 한층 더 긴밀한 관계를 맺게 되었습니다. 몽골족들은 외국 각지에서 오는 방문객들을 환영했습니다. 원 세조 쿠빌라이는 중국의 황제가 된 후 외국인의 내방을 크게 환영했습니다. 당시 원 세조를 방문한 젊은이가 바로 위대한 여행가 마르코 폴로입니다. 마르코 폴로는 중국과 그곳에서의 여러 차례의 여행 그리고 태국·자바·수마트라 등 여러 나라에서 보고 들은 것을 기록한《동방견문록》을 완성했습니다. 네루는 이 책의 중요성에 대해 말합니다. 이 책이 작은 지역에서 서로 물어뜯으면서 살아온 유럽 사람들로 하여금 새로운 시야를 터주었고, 미지의 대륙으로 진출하고자 하는 욕망을 불러일으켰다고 판단한 겁니다. 이로써 그들은 한층 바다에 가까워졌고, 그 후 유럽은 바야흐로 크게 발전할 가능성을 보게 되었습니다. 바다에 대한 충동과 모험에 대한 매력이 뒷날 유럽인을 아메리카로 가게 하고 또 희망봉을 돌아 태평양으로, 인도로, 중국으로, 그리고 일본으로 향하게 했던 것입니다. 바다가 세계의 교통로가 되면서 대륙을 횡단하는 교역로는 그 가치를 상실했습니다.

1292년 쿠빌라이 칸이 죽은 지 얼마 지나지 않아 외래 민족인 몽골에 대항하는 중화 민족주의 물결이 일어나면서 원 왕조는 쇠퇴하기 시작했고, 결국 1368년에 망하고 말았습니다. 몽골족은 만리장성 밖으로 쫓겨나고 주원장이라는 중국인이 황제로 즉위하여 명 왕조가 등장했습니다. 해로가 그리 개발되지 않은 상태에서 몽골 제국의 붕괴는 중국과 유럽의 교류를 단절하는 결과를 낳았습니다.

이 시기 유럽은 중세가 몰락하고 새로운 질서가 등장하는 국면이었습니다. 봉건 체제와 종교 제도 때문에 착취당하던 계급들은 모두 불만을 품고 있었는데, 실제로 마찰을 일으킨 것은 낡은 봉건 계급과 신흥 중간계급이었습니다. 봉건 체제 아래에서는 토지가 부富 그 자체였지만, 이제는 제조업이나 상업을 통해 새로운 형태의 부가 창출되었습니다. 따라서 부르주아의 세력이 커졌는데, 이는 서유럽에서부터 시작되었습니다. 부르주아 세력이 점차 강해짐으로써 두 대립 세력의 상대적 지위에 변화가 생기기 시작했습니다. 인간 정신이란 과거의 구속으로부터 벗어날 때 더욱 확대되기 마련이므로 이 시기에 과학·예술을 비롯한 여러 가지 부분이 진보했습니다. 반면 교회의 지배력은 약해졌습니다.

유럽이 새로운 에너지로 가득 차면서 아시아로부터 황금의 유혹이 닥쳐왔습니다. 유럽인들은 황금의 아시아에 이르는 새로운 길을 발견하려고 안

간힘을 썼습니다. 그 과정에서 스페인과 포르투갈이 항해의 선두에 나섰습니다. 대항해 최초의 큰 성과는 1445년 포르투갈인에 의한 베르데Verde 곶의 발견이었습니다. 1486년에는 포르투갈인 디아즈가 아프리카의 남단인 희망봉을 돌았고, 그 후 얼마 지나지 않아 바스코 다 가마가 희망봉을 거쳐 인도로 가는데 성공했습니다. 그리고 1492년에는 콜럼버스가 아메리카 대륙에 도착했습니다. 인도로 가는 새 항로의 발견은 유럽 전체에 엄청난 관심을 불러일으켰습니다. 그 후 포르투갈과 스페인이 가장 큰 성과를 올렸는데, 특히 스페인으로 금과 은이 끊임없이 흘러들어왔고, 이에 스페인이 유럽 제일의 대국으로 올라서게 되었습니다. 이 시기의 대항해와 교역을 두고 네루는 닫혀 있던 세계가 신비의 베일을 벗은 찬란한 시대라고 평가했습니다.

로마 교회의 변질과 권위주의에 대한 저항

봉건 체제가 흔들리고 중세 유럽이 끝나갈 무렵 유럽에서는 정치적 혼란과 함께 로마 교회의 측면에서는 종교적 혼란이라고 할 수 있는 일이 벌어지고 있었습니다. 사람들은 종교에 대해 의심을 품기 시작했고, 십자군전쟁은 점점 힘을 잃어갔습니다. 교회는 화형이나 몽둥이질 같은 폭력을 써서 사람들의 정신을 계속 지배하려 했으나 실패했습니다. 그런 것은 아무 힘도 발휘할 수 없는 단순한 무기에 지나지 않았으니까요. 교황은 조급해진 나머지 성직자를 비판하거나 조금이라도 다른 의견이 있는 종파에 대해 모조리 이단이라는 낙인을 찍었습니다. 교황은 1233년에 종교 재판을 시작했고, 대규모의 폭력을 통한 종교 지배를 더욱 강화하고 나섰습니다. 교황은 모든 교인이 밀고자가 될 것을 권장하는 '신앙의 칙령'을 발표했습니다. 교황의 공포 정치가 시행되는 동안 황제에 대해 교황이 예전에 가졌던 지배적 지위는 사라졌습니다.

그 당시 교황은 한 명이 아니었습니다. 북부 유럽 대다수 나라가 승인한 교황이 한 사람 있었고, 프랑스 국왕과 그 동맹 나라들이 지지하며 반反교황이라 일컬어진 또 하나의 교황이 있었습니다. 교황과 반교황은 반목하면서 싸움을 벌였습니다. 이 싸움은 교황의 종교적 권위에 대한 사람들의 맹목적인 복종이 흔들리는 결정적인 계기가 됩니다. 이제 존 위클리프와 같은 많은 사람이 교회를 비판하고 나섰습니다. 당시에는 많은 여성이 마녀로 고발되어 화형을 당하는 이른바 마녀사냥이 판을 쳤습니다. 억울한 죽음은 반란의 불을 지폈습니다. 압제와 독선의 종교에 대한 반란과 봉기가 전 유럽에 꼬리를 물고 일어나면서 결국 유럽은 서로 대립하는 두 개의 진영으로 갈라졌습니다. 그러면서 드디어 기독교는 가톨릭과 프로테스탄트로 분리됩니다.

네루는 이러한 유럽의 종교 분쟁이 근대 유럽의 발전 배경을 이해하는 중요한 단서가 된다고 평가합니다. 자신의 모국인 인도와 비교하면서 유럽을 분석하는 네루의 탁월한 식견을 정리해서 살펴보겠습니다.

종교 자유를 위한 투쟁과 이어서 일어나는 정치적 자유를 위한 투쟁은 실로 동전의 양면과 같습니다. 그것은 권위와 권위주의에 대한 투쟁인 것입니다. 네루는 신성로마제국과 교황의 통치는 둘 다 절대 권위를 대표하는 것으로 인간 정신을 질식시키려 했기 때문에 양심의 자유를 위한 투쟁이 유럽에서 끊이지 않았다고 했습니다. 대중은 기나긴 저항 끝에 어느 정도 성공을 거둘 수 있었지만, 얼마 지나지 않아 경제적 자유가 없고 빈곤이 지속하는 한 참다운 자유는 없다는 새로운 사실을 깨달았습니다. 이 대목에서 네루는 이를 인도와 비교합니다. 인도에서는 오래 전부터 양심의 자유에 대한 권리가 인정되고 있었기 때문에 유럽에서와 같은 저항은 없었으나 애석하게도 역사의 결과가 유럽에 비해 좋지 않게 흘러갔습니다. 이론상의 자유가 보장되어 있었기 때문에 사람들은 오히려 경계심을 갖지 못했고, 그러면서 점차 타락한 종교의 의례와 형식에 이중 삼중으로 얽매이게 된 것이지요. 그들은 스스로를 퇴보시켰고, 결국 종교 권위의 노예로 전락했습니다.

그것은 교황이나 개인의 권위가 아니라 성전聖典과 관습의 권위였던 것입니다. 네루는 자신의 딸에게 정신을 결박하는 관념과 편견의 사슬은 육체를 결박하는 사슬보다 훨씬 무거운 것이라고 강조합니다. 아울러 인도가 유럽에 뒤진 것은 바로 이런 측면에서 유럽이 많은 투쟁을 거친 뒤 앞서나가게 되었기 때문이라고 가르칩니다.

13세기에서 14세기까지의 유럽은 큰 혼란 상태였습니다. 몽골족이 유럽에 화약을 전해 주었고, 화포가 전쟁에 사용되었습니다. 귀족들은 여러 소규모 전쟁에 휘말렸고, 그러면서 그 힘이 자연스럽게 약화되었습니다. 그런데 그 힘이 귀족의 손에서 인민의 손으로 오지 않고, 국왕의 손으로 갔습니다. 봉건 영주가 점차 국왕의 통제 아래 들어가게 된 것입니다. 국왕은 점차 세력을 강화했고, 그 위세가 점차 커지더니 마침내는 전지전능한 전제군주가 되어버렸습니다.

1348년 흑사병이 유럽을 습격해 떼죽음을 불렀고, 결국 인구가 급격히 감소했습니다. 그 결과 토지의 경작이 불가능할 만큼 사람이 부족하게 되었습니다. 때문에 농업 노동자의 임금은 예전의 비참한 수준에서 상승하는 경향이 나타나곤 했는데, 지주계급이 임금 인상을 요구하지 못하게 하는 법률을 만들어 강제해 버렸습니다. 그러자 농민과 빈민들이 반란을 일으켰고, 지주들은 농민 반란을 잔인하게 진압했습니다. 그러나 진압되면 될수록 그들 사이에서는 평등이라는 새로운 관념이 싹트기 시작했습니다. 그때까지 당연시되던 많은 것에 의문이 제기되면서 봉건 체제의 기초를 이루던 권위에 대한 무조건적 복종이라는 오랜 관념이 허물어져 갔습니다.

14세기 초부터 15세기 중엽까지 영국과 프랑스 사이에는 백년전쟁이 계속되고 있었습니다. 프랑스 동쪽에 부르고뉴라는 가신국이 있었는데, 이 나라가 영국과 공모해 프랑스와 전쟁을 벌인 것입니다. 처음에는 영국이 우세했으나 프랑스에 잔 다르크라는 소녀가 출현한 후로 프랑스 국민들이 전의를 회복하여 영국을 내쫓는 데 성공했습니다. 그러나 부르고뉴 군이 잔

다르크를 사로잡아 영국군에 넘겨주었고, 영국군은 그녀를 마녀로 규정해 화형시켰습니다.

당시 사람들은 봉건적 관념에 사로잡혀서 민족주의로 생각이 커 나가지 못했으나 잔 다르크 시대에 프랑스에선 서서히 민족주의가 나타날 조짐이 있었습니다. 영국인을 프랑스에서 축출한 뒤 프랑스 왕은 강력한 대군주로 군림하게 되었습니다. 프랑스가 강대한 중앙 집권 군주국이었음에 비해 독일은 여러 개의 군소 국가로 분열되어 있었습니다. 영국은 그 당시 스코틀랜드 정복을 꾀하고 있었습니다. 사실 이보다 앞서 12세기쯤 영국은 아일랜드 정복을 시도하기 시작했는데, 이 분쟁은 아일랜드 영토 내에 전쟁과 반란과 공포를 자주 가져왔습니다.

그러면 당시 유럽 동쪽의 콘스탄티노플에서는 어떤 사건이 일어나고 있었을까요? 1204년에 라틴 십자군이 이 도시를 그리스인으로부터 빼앗아 점령했습니다. 얼마 후에는 이들이 그리스인에게 쫓겨나 그 자리에 다시 동로마 제국이 세워졌습니다. 그러다 몽골족이 아시아를 횡단해 진격해오자 1353년 동로마 제국은 그들을 두려워해 유럽 쪽으로 도망쳤습니다. 그런데 몽골족이 콘스탄티노플을 공격하지 않고 유럽 쪽으로 가 불가리아와 세르비아를 점령했습니다. 콘스탄티노플은 결국 1453년에 오스만 투르크에 함락되었습니다. 콘스탄티노플의 함락은 유럽을 경악시킨 일대 대사건이었습니다. 그것은 1천 년에 걸친 그리스인의 동로마 제국이 종말을 거둔 것이며, 이슬람 제국이 유럽을 다시 침략했음을 의미합니다. 그런데 오스만의 술탄들은 콘스탄티노플을 점령한 뒤 비잔틴 황제의 전철을 밟아 사치와 뇌물의 악습에 빠졌습니다. 그들은 타락한 제국 체제를 몽땅 그대로 답습했고, 그것이 그들의 생명력을 소진시켰습니다.

콘스탄티노플이 함락된 날은 한 시대의 종막인 동시에 다음 시대의 개막을 알리는 역사상으로 매우 중요한 날입니다. 이로써 중세가 지나가고 유럽에 새로운 생명과 에너지가 태동하는 시기, 즉 르네상스가 온 것입니다. 다시 고대 그리스의 미에 대한 사랑이 재현되고 유럽의 문화는 회화나 조각·건축 등의 아름다운 작품을 통해 일시에 꽃이 만발하듯 했습니다. 물론 이러한 모든 현상이 콘스탄티노플 함락과 함께 갑자기 일어난 것은 아닙니다. 투르크인의 콘스탄티노플 점령은 어느 정도 변화의 속도를 촉진한 데 불과합니다. 르네상스는 처음 이탈리아에서 시작되었고, 점차 여러 나라에서도 꽃을 피웠습니다. 그것은 단순히 그리스의 사상·문학 등을 재발견한 것만은 아닙니다. 그것은 오랫동안 유럽의 밑바탕에 면면히 흘러온 어떤 기운이 외부로 표출된 것입니다. 르네상스는 그 흐름의 한 형태일 뿐입니다.

중국의 태평성대와 일본의 변화

몽골 제국의 해체 이후 우리의 주목을 끄는 것은 제2의 칭기즈 칸이 되려 했던 티무르입니다. 네루는 투르크인 티무르가 위대한 지휘관이긴 했지만 매우 야만적이라고 평가했습니다. 티무르가 인도를 침략해 부(富)를 약탈했기 때문에 그런 평가를 내린 것으로 보입니다. 북인도는 당시 무슬림이 지배하고 있었으나 그 세력은 아주 약했습니다. 티무르는 델리를 습격한 후 다시 서쪽으로 눈을 돌려 페르시아와 메소포타미아도 폐허로 만들었습니다. 그는 투르크군을 격파하고 해협을 건너 유럽으로 가려 했으나 성공하지 못했습니다. 그는 얼마 지나지 않아 진군 도중 죽게 되는데, 그의 죽음과 함께 서아시아의 거의 전부를 지배하던 그의 제국도 무너져 버렸습니다. 네루는 티무르의 재능은 오로지 전투 지휘에만 국한되어 있었으며 제국은 그와 함께 쓰러져 학살과 황폐의 기억만을 남겼다고 했지만, 사실은 다릅니다. 티무르는 학자와 문인을 보호하고 산업을 장려하기도 했습니다. 네루가 티무르를 비판한 것은 다분히 민족주의적인 시각에 갇혀 있기 때문일 것입니다.

이제 원 왕조 이후의 중국에 대해 살펴보겠습니다. 원 왕조가 쓰러지고 몽골족이 만리장성 밖으로 쫓겨난 이후 1368년에 홍무가 제1대 황제에 올라 명 왕조가 시작되었습니다. 이 시대의 중국은 명明이라는 왕조의 이름처럼 '빛나는' 시대였는데, 중국 역대 왕조 중에 가장 전형적인 중국의 면모가 드러난 시대였습니다. 명 왕조 때는 국내외적으로도 평화의 시대였으며, 호전적인 대외 정책이나 제국주의적 행동은 없었습니다. 일본까지 중국의 종주권이 인정되었으며, 한국과 동남아시아의 여러 나라들이 조공을 바쳤습니다. 영락제 치세 중 1405년에는 제독 정화가 이끄는 함대가 동방 해상을 항해하기 시작했는데 약 30년 동안 멀리 페르시아 만과 동아프리카까지 이르렀습니다. 그것은 언뜻 보면 여러 나라를 복속시키려는 제국주의적 시도로 보이겠지만 사실은 그렇지 않습니다. 그 원정은 정복이나 전리품을 목표로 한 것이 아니었습니다. 원정군은 지금의 인도네시아 지역에 섰던 마자파히트Majapahit와 태국의 시암Siam 왕국을 제압했는데, 이는 새로운 무슬림 국가 말라카Malacca의 진출을 촉진하는 결과를 가져왔습니다. 그리고 중국 문화를 인도네시아와 동방 일대에 전파했습니다. 명은 이웃나라와 평화를 유지했습니다. 왕은 선정을 베풀었고, 농민들의 조세 부담은 줄어들었습니다. 더욱 주목을 끄는 것은 그 시대의 문화사인데, 명 왕조 때 훌륭한 건축물이 세워지고 위대한 회화가 그려졌으며 여러 우아한 도자기들이 널리 알려졌습니다.

이처럼 15세기 말 중국은 경제·산업·문화에서 유럽을 훨씬 능가했습니다. 포르투갈도 그 시기에 처음으로 중국에 왔습니다. 포르투갈인과 함께 기독교 선교사가 건너왔으나 기독교 포교는 중국에서 환영받지 않았습니다. 그렇지만 훌륭한 유학자이자 과학자로도 명성을 떨쳤던 마테오 리치Matteo Ricci라는 예수회 성직자 덕분에 기독교가 중국에서 좋은 위치를 얻게 된 것은 사실입니다. 명 왕조는 17세기 중엽에 몰락합니다. 그 무렵 금金과 친연 관계에 있는 새 부족이 만주 지역에서 세력을 키웠습니다. 스스로를 만주족이라고 일컫은 그들이 최종적으로 명을 격파했습니다. 외부 침략은 어느 곳이든 그 나라 자체에 약점이 있고 국민 내부에 분쟁이 일어나고 있을 때 가능한 법입니다. 당시 중국도 마찬가지로 전국에서 분쟁이 그치지 않았습니다. 명 왕조 말기의 황제들은 부패하고 무능했으며 경제면에서도 궁핍한 상태였습니다. 명 왕조는 점차 혼란에 빠졌고 1650년 광둥이 만주족의 손에 들어감으로써 만주족의 중국 정복은 완료되었습니다.

만주족이 쉽사리 중국을 정복할 수 있었던 데에는 회유 정책도 한몫을 했습니다. 그들은 한족 관리의 협력을 얻고자 온갖 노력을 다했습니다. 같은 사람이 명 왕조 시대에 있던 부서에 그대로 계속 있도록 하여 한족은 여전히 고관의 지위에 있었습니다. 제도는 옛날과 크게 다름없이 유지되었고, 다만 그 꼭대기만 교체되었을 뿐입니다. 그러나 만주족의 군대가 국내의 요충지에 주둔했던 사실과 변발을 기르는 만주족의 풍속이 한족에게 강요된 사실은 한족이 외래 민족의 지배 아래 있었다는 것을 보여주는 중요한 사실입니다. 중국에서 빛나는 명의 시대는 이렇게 해서 끝났습니다. 그런데 한 가지 이상한 것은 중국이 매우 높은 문화를 가지고 있었음에도 과학상의 발견과 발명에선 전 시대보다 진보를 이루지 못했다는 점입니다. 네루는 이 이유를 중국인들이 평온한 생활을 즐기고 자신들의 고전이나 예술에 몰두한 나머지 새로운 위험에 맞서거나 옛날부터 내려오는 관습을 타파하려 하지 않았기 때문일 것이라고 했습니다.

그러면 당시 한국과 일본의 상태는 어땠을까요? 몽골족들은 한국을 복속시키고 내친 김에 일본도 정벌하려 했지만 실패했습니다. 몽골족이 중국에서 쫓겨난 지 얼마 지나지 않아 한국에서는 혁명이 일어나 고려 왕조가 무너지고 이성계가 새로운 군주가 되어 조선 왕조를 열었습니다. 이 나라는 독립국의 형태를 유지해 왔지만 중국의 영향 아래에서 조공을 계속 바쳤습니다. 일본에서는 12세기 말 쇼군이 통치의 실권자가 되었습니다. 가마쿠라 막부라는 첫 쇼군의 정치는 150년 가까이 지속되었으며, 그 시기 내내 평화가 유지되었습니다. 그러나 얼마 지나지 않아 막부가 쇠퇴했고, 혼란과 압제의 시대가 도래합니다.

그 당시 일본은 중국과 매우 우호적인 관계였으며 중국 문화에 대한 관심이 크게 일어났습니다. 16세기가 끝날 무렵 나라가 다시 통일되자 일본은 그 큰 군대를 통솔하기가 어려워졌습니다. 그래서 그 배출구로 한국을 침략했습니다. 한국은 제해권을 장악하여 일본을 격파했으며, 결국 일본의 침략은 수포로 돌아갔습니다. 1603년 도쿠가와 이에야스가 쇼군이 되어 마지막 막부인 도쿠가와 막부가 시작되었습니다. 그 사이 일본은 포르투갈인과 무역을 계속했으나 쇼군 도쿠가와 이에야스가 죽고 나서는 기독교에 대한 박해가 시작되었습니다. 그리하여 일본에서 쇄국 정책이 계속되었습니다. 200년 이상이나 쇄국으로 문을 닫은 것은 유사 이래 이곳에서 처음 생긴 일입니다. 1853년 다시 문호를 개방했을 때 일본은 잃었던 시간을 보충하고 유럽 열강을 맹추격한 끝에 거의 그들 수준까지 따라붙는 기적을 이뤘습니다.

유럽의 중세는 과연 암흑기인가?

네루는 유럽에서의 고대 문명이 어느 시점에 종언을 고하고 새로운 근대 문명이 시작되었다고 했지만, 인도와 중국에서는 그러한 단절 없이 고도의 문화와 문명이 변함 없이 지속됐다고 말합니다. 유럽의 중세는 암흑기라는 의미입니다. 과연 그럴까요? 르네상스는 '다시 태어난다'는 뜻입니다. 소위 중세가 끝나고 르네상스가 나타났으니 그 직전의 중세는 죽음의 시기가 될 것입니다. 과연 그런지 한번 생각해 볼 필요가 있습니다.

'중세'라는 말, 즉 어느 한 시기와 또 다른 시기의 중간에 낀 시기라는 의미의 어휘를 처음 사용한 사람들은 14세기 유럽의 인문주의자들이었습니다. 그들은 자신들이 사는 그 시대와 자신들이 숭모했던 그리스 · 로마 시대 사이에 커다란 문화적 단절이 있다고 생각했습니다. 그들은 인간의 문화는 고대 세계에서 정점에 도달한 후 기독교와 야만주의의 도래로 붕괴했다가 자기들 시대에 와서 부활한다고 주장했습니다. 이것은 객관적이거나 보편적인 인식이 아닙니다. 14세기 일부 인문주의자들의 인식에 불과했지만, 후대에 전해지면서 마치 보편적인 것처럼 통용되고 있을 뿐입니다.

가톨릭 교회의 교의 강요와 이단 탄압은 용납할 수 없는 만행이며, 농노에 대한 봉건 영주의 경제외적 강제와 인식적 착취는 야만이 분명합니다. 하지만 중세는 분명한 자기 정체성을 가진 시대였습니다. 고대의 노예가 사라진 시기는 중세 때입니다. 물론 농노가 완전한 자유인이 되진 못했지만, 분명 고대의 노예와는 비교할 수 없을 정도로 자유로운 신분이었습니다. 대학도 중세 때 만들어졌습니다. 대학은 원래 길드로 시작되었고, 선생이나 학생은 군주의 특별한 허가 없이도 대학을 세울 수 있었습니다. 그래서 곳곳에 많은 대학이 세워졌고, 그곳은 지식인이 서재에서 나와 바깥의 청

중과 함께 토론하고 논쟁을 벌이는 열린 공간이었습니다.

　중세가 만든 최고의 산물에는 의회도 있습니다. 오리엔트, 인도, 중국, 그리스, 로마 등 고대 문명 어느 곳에서도 대의제를 발전시킨 나라는 없었습니다. 물론 고대 그리스와 인도에 직접 민주주의를 실행하는 공화정이 존재했습니다. 직접 민주주의인 공화정이 대의제보다 열등한 제도라는 의미는 아닙니다만, 그들이 중세 유럽에서와 같이 대의제를 발전시킨 것은 아니었습니다. 중세의 군주들은 다양한 목적으로 대의제를 소집했는데 어떤 이는 자신의 종주권을 인정받고 일련의 법률을 제정하기 위해, 또 어떤 이는 교회 정책에 대한 지지 여론을 불러일으키기 위해, 또 어떤 이는 과세에 대한 동의를 구하려 했습니다. 그 시대 사회의 권위가 사회 전체를 대표하는 대의체를 거느린 군주에게 있다면 대의체야말로 큰 의미를 갖는 것입니다. 중세 도시의 시민은 의회를 구성하고 시장을 선출하는 등 자치를 했고, 그래서 중세 도시는 봉건적인 사회 안에서 섬처럼 존재한 비非봉건적 공간이 될 수 있었습니다. 물론 중세 유럽의 도시가 계급으로부터 완전히 자유로운 곳은 아니었습니다.

　중세 유럽을 제대로 보려면 다른 사람들이 만들어 놓은 편견에서 벗어나 자신의 눈으로 보아야 합니다. 이 점에서 여러분은 역사란 만들어지는 것이라는 말을 항시 되새겨야 합니다. 지금 내가 보고 해석하는 것이 과연 합리적 근거에서 나온 것인지, 혹시 누군가가 만들어 놓은 이미지를 나도 모르게 그냥 따라가는 것은 아닌지 의심해 봐야 합니다. 그것이 균형 잡힌 역사 의식을 갖추는 데 가장 필요한 일입니다.

3부

근대의 발전과 유럽의 세계 지배

**유럽, 근대화를 발판으로
아시아를 침략하다**

근대 세계는 유럽의 아시아·아프리카·남아메리카로의 진출과 밀접한 관련이 있습니다. 이 과정은 포르투갈이 동남아시아의 향료 무역에 관심을 기울인 때부터 시작합니다. 유럽은 르네상스와 종교개혁을 거치면서 상인 세력이 크게 성장해 부르주아계급으로 자리 잡고, 절대 왕정 시대에 초기 자본주의가 성장하며 근대 문화의 토대를 구축했습니다. 이후 영국에서 17세기에 두 번의 혁명을 거치면서 절대주의가 무너지고 입헌정치가 수립되는 등 유럽 곳곳에서 부르주아계급의 정치혁명이 일어납니다.

유럽이 르네상스를 거쳐 가는 동안 아시아는 서아시아의 오스만 투르크, 인도의 무굴, 중국의 명과 청의 제국 시대였습니다. 유럽에서 경제적인 위기 때문에 구 봉건 계급이 밀려나고 새로운 계급이 형성되어 근대화로 향할 때 인도나 중국의 봉건 계급도 약화되고 있었지만, 완전히 붕괴되지는 않았습니다. 전제정치는 인민을 질식 상태로 내몰았고, 사회에 새로운 바람을 불러일으킬 중간계급은 나타나지 않았기 때문에 혼란과 갈등이 일어났습니다. 반면, 유럽에서는 한 시대의 종말과 다음 시대의 시작을 의미하는 역사적인 사건이 일어납니다. 프랑스혁명입니다. 프랑스혁명으로 프랑스인은 모두 시민이 되었고, '자유·평등·박애'는 새로운 공화국의 표어가 되었습니다. 그리고 영국에선 산업혁명이 일어나 농업 사회가 급격히 산업사회로 전환됩니다. 이 둘은 19세기부터 오늘에 이르는 동안 유럽 역사 발전의 출발점이 되었습니다. 나폴레옹의 등장과 몰락을 겪은 후 점진적인 개혁을 통해 자유주의와 민주주의가 발전했습니다.

19세기는 기계가 발전한 시대였습니다. 유럽의 기계공업은 빠른 속도로 제품을 대량생산했습니다. 그리고 그 제품을 생산하기 위한 원료와 그것을 팔 시장이 필요했습니다. 아시아와 아프리카는 그 좋은 대상이 되었고, 유럽의 값싼 물품이 아시아로 흘러 들어왔습니다. 결국 기계혁명에 따라 자본주의 문명은 전 세계로 퍼져 나갔고, 유럽은 모든 곳을 지배하면서 자본주의가 제국주의로 나아가게 되었습니다. 유럽의 여러 나라들은 동인도회사를 설립하고 국가로부터 받은 위임장으로 아시아의 여러 나라를 침략해 식민지로 삼습니다. 이탈리아가 통일을 이루고, 유럽 각지에 민족국가들이 세워지고, 중남미 여러 나라가 독립하고, 미국이 남북전쟁을 겪은 후 자본주의를 꽃피운 것도 모두 이 시기의 일입니다.

페르시아, 인도, 중국을 비롯한 아시아의 여러 나라들은 근대화 운동을 추진하거나 외세의 침입에 저항하는 민족운동을 벌입니다. 인도에서는 1857년 대봉기가 일어나 외세 지배에 항거했고, 중국인들은 태평천국의 난과 의화단 봉기를 일으켜 제국주의에 항거했습니다. 반면, 일본은 메이지 유신을 거치면서 제국주의 국가로 성장하고, 이웃 나라인 한국과 중국 등을 식민화했습니다.

19세기의 놀라운 발전은 과학 위에서 이루어집니다. 찰스 다윈의《종의 기원》은 유럽 각지에서 과학의 발달과 사회의 진보에 큰 영향을 끼쳤습니다. 자유와 평등의 민주주의 사상과 함께 노동자계급 운동과 사회주의 운동이 활발하게 전개됩니다. 이 가운데 마르크스는 빈곤과 착취에 대한 저항으로 모든 노동자의 단결을 호소했습니다. 그리하여 노동자 인터내셔널이 조직되었습니다.

15세기	이탈리아 르네상스 꽃 피움
1492	콜럼버스, 아메리카 대륙 발견
1520	오스만 투르크 술탄 술라이만 영토 확장
16세기 초	유럽 종교 개혁
1526	인도 무굴 제국 시작
1648	독일, 30년전쟁 끝내고 베스트팔렌 조약 체결
1628	영국, 권리 청원서 제출
1642	영국 청교도 혁명
1661	중국, 청 강희제 치세 시작
1689	청과 러시아, 네르친스크 조약
1757	인도 플라시 전투, 영국의 인도 침략 시작
1765	제임스 와트, 증기기관 발명
1776	미국, 독립선언
1789	프랑스혁명 발발, 인권선언
1798	네덜란드 정부 필리핀 직접 통치
1804	나폴레옹, 황제 즉위
1842	아편전쟁 발발, 난징조약 체결
1848	칼 마르크스, 《공산당선언》 발표
1861	미국, 남북전쟁 발발
1867	일본 메이지유신 단행
1869	수에즈운하 개통
1871	파리 코뮌 건설
1902	신 페인주의자 주도 아일랜드 민족운동 흥기
1904	러일전쟁 발발
1911	중국 신해혁명

소용돌이치는 세계

유럽이 동남아시아를 점령하기 시작하다

역사에 관심이 많은 사람들이 묻는 대표적인 의문 중 하나는 중국이나 인도처럼 서양보다 더 잘살고 강했던 동양이 왜 서양의 식민지가 되었을까 하는 것입니다. 이에 관한 역사학자들의 대답엔 조금씩 차이가 있습니다. 그러면 네루는 이를 어떻게 생각했을까요? 지금부터 네루의 근대사가 시작되니 이 점에 집중해 근대 역사의 흐름을 보면 흥미로울 겁니다.

동남아시아부터 이야기를 시작해 보겠습니다. 1300년 경 인도차이나에는 거대한 캄보디아 제국이 세워져 있었습니다. 그리고 바다 저쪽의 수마트라 섬에도 스리비자야라는 또 하나의 대국이 있었습니다. 스리비자야 제국은 캄보디아 제국보다도 더 오래 지속되었습니다. 스리비자야는 300년 동안 번성했는데, 주변의 섬 대부분을 지배하고 인도·실론·중국에까지 그 근거지를 확대해 나갔습니다. 무역은 이 제국의 가장 주요한 기능이었습니다. 그 뒤 이웃에 있는 동부 자바에 또 하나의 상업 제국이 대두했습니다. 이 동부 자바 국가는 많은 석조 사원을 건축했는데, 그 중 보로부두르 사원군이 가장 유명합니다. 13세기 말 쯤에는 마자파히트라는 도시가 건설되었고, 그 곳이 신흥 자바 국가의 수도가 되었습니다. 마자파히트 제국과 스리비자야 제국은 시장을 찾아 바다를 누비고 다니는 과정에서 가끔 싸움을 일으켰습니다.

마자파히트 제국은 잘 정비된 조직과 기구를 갖춘 나라였습니다. 이 제국엔 만트리라는 장관이 있었는데, 만트리는 고대 인도의 행정 기구에서 따온 말입니다. 이는 기원 초기 남부 인도 사람들이 처음으로 이곳에 정착한 이래 1300년이 지난 이때까지도 인도의 문화가 여러 섬에서 유지되고 있었다는 사실을 보여주는 좋은 예입니다. 상호 간 무역을 통한 접촉이 지속되었기에 인도의 문화가 유지되었을 겁니다. 마자파히트는 숙적 스리비자야가 멸망한 지 얼마 되지 않아 멸망하고 말았습니다. 이렇게 캄보디아, 스리비자야 및 마자파히트는 각각 몇 백 년 동안 존속했습니다. 그들은 인도 문화 전통을 계승했는데, 그 위에 중국의 여러 문화 요소를 조화시켰습니다

이후에는 아랍인들이 새로운 영향력을 행사하기 시작했습니다. 아랍 상인들은 100년이 넘도록 그곳에 정착하고 있었으나 장사에만 전념할 뿐, 다른 목적으로 정부와 접촉한 적은 없었습니다. 이 무렵 중국은 위력을 과시하기 위해 정화 제독을 필두로 함대를 파견합니다. 그는 불교도였음에도 마자파히트와 시암을 누르기 위해 계획적으로 이슬람교를 후원했습니다. 정화의 동기는 철저히 정치적이었습니다. 결국 말라카 제국은 반反마자파히트 세력의 선두에 서게 되었고, 그 후 이슬람교는 궁정 및 도시의 종교가 되었습니다. 그러다가 1511년에 말라카가 포르투갈인의 손안에 들어가게 됩니다. 이것이 역사상 최초로 유럽 세력이 동방 해역을 공격해 지배하는 위치에 서게 된 사건입니다.

왜 포르투갈 사람들이 이곳 동남아시아에 눈독을 들이게 되었을까요? 네루는 그 답을 향료에서 찾습니다. 적도 부근 더운 기후의 나라들에서 생산되는 향료는 유럽에선 전혀 생산되지 않습니다. 오늘날 인도네시아를 구성하는 동남아시아의 여러 섬은 '향료의 섬'이라고 불릴 정도로 향료를 많이 생산하는 곳이었습니다. 사실 오랫동안 향료 무역은 인도인이 장악하고 있었으나, 12세기경부터는 아랍인이 주도권을 차지했습니다. 그 무렵엔 말라카 제국이 향료를 비롯한 여러 무역의 지배권을 쥐고 있었습니다. 포르투갈

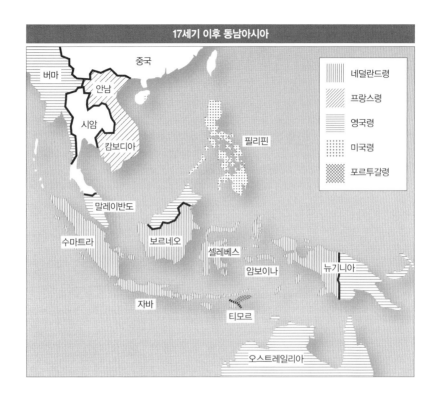

17세기 이후 동남아시아

인들은 1511년 이후 유럽의 동방 무역을 좌지우지했습니다. 이후 스페인이 필리핀 제도를 점령하면서 유럽의 강국이 두 번째로 동방 해상에 나타나게 됩니다.

스페인과 포르투갈이 성공하자 이를 본 유럽의 다른 나라들이 자극을 받아 서로 갈등을 빚었습니다. 네덜란드에서는 스페인의 통치에 대한 반란이 일어났고, 영국과 스페인 사이에 전쟁이 벌어졌으며, 영국이 스페인을 물리치고 동방 제국으로 진출하게 되었습니다. 영국이 진출하자 스페인은 점차 동방 식민지를 상실해갔습니다. 포르투갈과 스페인의 역할이 축소되면서 동방 무역의 지배는 바야흐로 네덜란드와 영국의 손으로 넘어갔습니다. 이에 따라 영국에서는 엘리자베스 여왕이 동인도회사에 특허장을 주었고, 2년 뒤에는 네덜란드 동인도회사가 창립되었습니다. 시간이 지나면서 네덜란드와 영국은 사이가 나빠졌고, 결국 영국은 동방의 여러 섬에서 손을 떼는 한편 인도에 더욱 주력하게 되었습니다.

르네상스, 프로테스탄트의 반란 그리고 농민 전쟁

당시 아시아로 진출하던 유럽 여러 나라의 상황은 어땠을까요? 세계 역사의 큰 축을 흔드는 중요한 사건이 전개되는 시기이니 관심을 잘 기울여 봅시다. 16세기는 유럽이 잠에서 깨어나 활동을 시작한 시기라 할 수 있습니다. 유럽은 엄청난 양의 재물을 아메리카와 아시아 – 아프리카에서 빨아들였고, 그것으로 유럽 자체 내의 변화를 촉진시켰습니다. 그들은 이제 세계적 차원에서 생각하기 시작했습니다. 그러면서 봉건제도는 구시대의 유물로 전락하기 시작했고, 부르주아 세력이 힘을 쌓아 나갔습니다. 결국 봉건제도는 유럽 각지에서 사라졌고, 그 자리에 중간계급, 즉 부르주아 국가를 낳은 경제 혁명이 뒤따랐습니다. 또한 유럽 도처에서 내전이 계속되었는데, 이는 프로테스탄트와 가톨릭 사이의 종교전쟁이자 국왕의 절대 권력에 대한 부르주아의 반항이기도 했습니다.

우리는 이러한 유럽의 변화에서 몇 가지 대목에 주목해야 합니다. 첫째로 농민의 고통과 곤궁이 심했다는 것, 둘째로 부르주아가 대두하고 생산력이 발전했다는 것, 마지막으로 교회가 최대의 지주를 겸하고 있었다는 사실입니다. 그 가운데 특히 교회가 하나의 방대한 특권계급이며, 봉건제도의 존속으로 커다란 이익을 취하고 있었다는 사실이 매우 중요합니다. 그들은 부와 재산을 박탈당할 수 있는 어떠한 경제적 변화도 바라지 않았습니다. 이 때문에 종교적 반역이 일어났을 때 그것이 경제 혁명과 보조를 같이하게 된 것입니다.

보통 이 시대의 가장 큰 세 가지 운동으로 르네상스, 종교개혁 그리고 정치혁명을 듭니다. 이 셋의 변화와 운동은 모두 서로 밀접하게 연관되어 있습니다. 우선, 종교개혁이란 로마 교회에 대한 반역입니다. 종교개혁은 교회의 부패에 대한 인민의 반항이자 교황의 지배권 주장에 대한 유럽 왕가의 반항이며, 교회 내부로부터의 개혁 시도라고도 할 수 있습니다. 그리고 정치혁명이라는 것은 왕을 견제해 그들의 권력을 제한하려는 부르주아의 정치 투쟁입니다.

이와 같은 변화 뒤에는 또 한가지 다른 요인이 있었습니다. 그것은 바로 인쇄술의 발달입니다. 인쇄술이 발달하기 전에 책은 일일이 손으로 베껴야 했습니다. 그래서 아주 소수의 사람들만 책을 소유할 수 있었습니다. 그러나 종이와 인쇄의 도입을 통해 여러 종류의 책이 나타나고, 읽고 쓸 줄 아는 사람이 많아지면서 생각하는 사람들이 늘어났습니다. 이제 사람들은 현상을 직시하고 비판할 수 있게 되었습니다. 그것이 결국 질서에 대한 도전을 낳았습니다. 가장 먼저 인쇄된 책 중에 기독교의《성경》이 있는데《성경》을 해독하게 된 사람들은 점차 비판적인 자세를 취하게 되었고, 성직자들의 독선에 정면으로 도전하기도 했습니다. 인쇄는 또한 유럽 각국의 언어가 비약적으로 발전하는 계기가 되기도 했습니다.

그 시대의 가장 대표적인 세 가지 운동 중 르네상스를 먼저 살펴봅시다. 르네상스는 곧 문예 부흥입니다. 고대 그리스에서 아름다움에 대한 사랑과 인식을 물려받은 것입니다. 르네상스는 인간 육체에서 아름다움을 찾으면서 정신적인 면에서도 아름다움을 추구했습니다. 이는 처음 북이탈리아 도시들에서 발생한 후 점차 유럽 전역으로 퍼졌습니다. 이탈리아 발생지 가운데 특히 피렌체는 위대한 시인들과 화가들을 낳은 곳으로 유명합니다. 대표적인 세 인물이 바로 레오나르도 다빈치와 미켈란젤로 그리고 라파엘로입니다. 그중 가장 놀랄 만한 사람은 레오나르도 다빈치입니다. 그는 걸출한 화가이자 조각가였으며 또한 사상가이자 과학자이기도 했습니다.

16세기 말에 이르러 이탈리아에서 예술상의 르네상스가 쇠퇴한 반면, 다른 유럽의 국가들에선 예술의 르네상스가 성장했습니다. 벨라스케스나 렘브란트와 같은 위대한 화가들도 이 시기에 탄생했습니다. 또한 15세기와 16세기에는 과학도 상당히 발전했습니다. 그러나 교회가 인민에게 사고와 실험을 허용하지 않았기 때문에 교회와 과학은 충돌할 수밖에 없었습니다. 과학과 관련된 주장이 교회의 눈과 맞지 않을 경우에는 종교 재판을 받아야 했습니다. 그러나 그런 심한 탄압 속에서도 과학은 끊임없이 발전했습니다. 이 시대의 대표적 과학자인 코페르니쿠스는 우주에 관한 근대적 관념의 기초를 확립한 것으로 유명합니다.

문학 또한 이 시대에 두드러진 진전을 이루었습니다. 르네상스 시기 사상가 중 우리가 주목해야 할 사람이 있습니다. 이탈리아 피렌체 사람 마키아벨리입니다. 그는 흔한 정치가 중 한 명이었으나 《군주론》을 펴내면서 사람들에게 널리 알려졌습니다. 《군주론》에서 그는 정부에 절대적으로 필요한 것으로 종교를 들었습니다. 종교란 국민에게 정의를 알게 하기 위한 것이 아니라 무지몽매한 국민을 통치하기 위한 것이라고 했습니다. 또한 악할수록 좋은 군주라는 주장을 펴기도 했습니다. 하지만 우리가 마키아벨리를 통해 알아야 하는 것은 마키아벨리가 악한 군주를 지지한 것이 아니라 군주는 악하니 그에게 속지 말고 경계하여 공화정을 이루어야 한다고 시민을 가르친 사실입니다. 구태여 옛날로 거슬러 올라가지 않아도 오늘날 제국주의 국가에서 우리는 마키아벨리가 주장한 군주의 모습을 그대로 찾아볼 수 있습니다. 덕망으로 위장한 그들 속에는 탐욕과 잔학무도함이 있으며, 문명이라는 장갑 속에는 야수의 손톱이 날을 세우고 있는 것입니다.

이제는 종교개혁에 대해 살펴보겠습니다. 르네상스 시대 이전부터 로마 교회의 내부에선 변화의 기운이 일고 있었습니다. 사람들은 교회에 압박을 느끼면서 의혹을 품기 시작했습니다. 교회는 이에 격노해 이러한 변화가 이단의 행위라면서 사람들을 억눌렀습니다. 종교 재판정이 설치되어 많은 사람이 억울하게 화형을 당했습니다. 이에 대한 반항은 꺾이지 않았고, 점차 확대되었습니다. 그 가운데 무엇보다도 대지주로서의 교회에 대한 농민들의 반감이 거세게 일어났습니다. 드디어 16세기 초 로마 교회에 대한 반란의 대지도자가 된 마르틴 루터Martin Luther가 나타납니다. 그리고 프로테스탄트의 싸움이 시작되었습니다.

루터가 지도한 종교적 항쟁은 로마 교회를 둘로 나누고, 다시 서구를 종교적 측면과 정치적 측면에서 두 개의 진영으로 나누었습니다. 이때를 기점으로 서구의 기독교는 로마 가톨릭과 프로테스탄트의 두 종파로 나뉘었습니다. 이 반反로마 가톨릭의 교회 운동을 종교개혁이라고 합니다. 종교개혁은 교회의 부패 및 권위주의에 대한 인민의 봉기였습니다. 군주들 또한 그들을 지배하려 드는 교회 세력을 꺾어 버리고자 운동을 일으켰으니, 이는 신실한 교인이 교회의 부패를 내부로부터 도려낸 수술이기도 합니다.

여러분은 로마 교회 내의 두 교단, 프란체스코회와 도미니크회를 들어본 적이 있습니까? 16세기에 이그나티우스 로욜라라는 사람이 교회나 교황을 위한 봉사를 목표로 '예수회'라는 교단을 만들었습니다. 그들은 선교와 봉사를 위해 유럽 바깥 지역으로 멀리 떠났을 뿐만 아니라 유럽 내에서도 교회의 수준을 높이는 데 전념했습니다. 이렇게 교회 내부의 재건 시도를 통해, 그리고 대부분의 프로테스탄트 반발을 통해 로마의 부패는 현저히 줄어들었습니다. 이처럼 종교개혁은 교회를 양분시킨 동시에 그 내부로부터의 개혁에 상당히 기여했습니다.

프로테스탄트 반란이 진전되면서 유럽의 군주들은 종교적 동기와는 거의 무관한 정치적 이해타산에 따라 두 파로 갈렸습니다. 한 나라 안에서 로마파와 루터파가 대립하는 경우도 많았습니다. 영국에서는 헨리 8세가 교황에 반대했는데, 이는 프로테스탄트보다는 자기 자신의 이익을 위해서였습니다. 루터나 프로테스탄트는 인민 대중의 지지를 크게 확보했습니다. 농민들은 비참한 상태였기 때문에 자주 폭동을 일으켰습니다. 처음에는 소규모던 폭동이 시간이 지나면서 농민 전쟁으로까지 비화되는 경우가 잦았습니다. 그들은 자신들을 억누르고 있는 나쁜 제도에 저항하고 지극히 평범하고 합당한 권리를 요구했는데, 농노제 철폐, 어로와 수렵 권리 보장 등이 대표적입니다. 그러나 군주들은 농민들의 요구를 여지없이 거절했고, 그들을 더욱 탄압했습니다. 그런데 인민 대중의 지지에 큰 힘을 얻었던 루터마저도 농민들을 무시하면서 탄압했습니다. 루터는 위대한 프로테스탄트로서 로마의 권위에 반항했지만, 그도 교황처럼 배타적이기는 마찬가지였습니다. 그런 까닭에 종교개혁도 유럽에 종교적 자유를 가져오지는 못했고, 오히려 청교도나 칼뱅파와 같은 또 다른 새로운 형태의 열렬 신도들을 길러내게 됩니다.

이러한 역사를 보면서 네루는 딸에게 중요한 인생의 가르침을 전합니다. 루터의 역사를 통해 자유니 자율이니 하는 것들은 모두 상류계급에게만 해

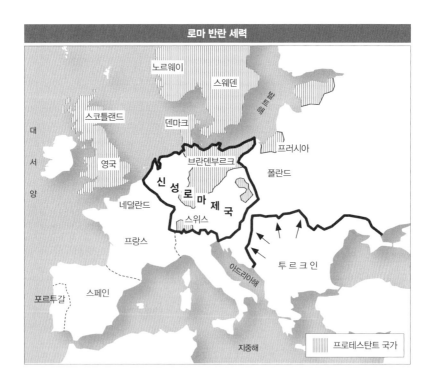

당되는 것이었지 일반 대중을 위한 것은 아니었음을 알 수 있다고 했습니다. 로마 교회에 대한 프로테스탄트의 반란은 주로 인민의 심한 궁핍 때문에 야기되었는데, 프로테스탄트들은 이것을 이용해 먹기만 했던 것이지요. 농노들이 농노제로부터 해방될 조짐이 보이자 프로테스탄트 지도자들이 군주들과 힘을 합쳐 농노 세력의 제거를 꾀했을 정도였습니다. 바야흐로 시작되고 있었던 것은 대중의 시대가 아니라 중간계급, 즉 부르주아의 시대였습니다.

부르주아의 힘이 강했던 곳에서는 프로테스탄트, 즉 신교가 득세했습니다. 그리고 다른 나라들, 특히 독일이나 스위스·네덜란드에서는 칼뱅파가 우세했는데, 이는 칼뱅파의 설교가 로마의 교의와는 반대 입장이었고 특히 세속의 일로서 당시 발달해 가던 상공업에 아주 적합했기 때문입니다. 그들은 업무상의 이윤을 축복하고 신용을 장려했습니다. 이렇게 신흥 부르주아는 낡은 신앙을 새롭게 해석했고, 봉건 귀족에 대한 자기들의 투쟁에 대중을 이용한 후 결국 그들 위에 군림했습니다. 그러나 부르주아의 앞에는 국왕이 아직 길을 가로막고 있었습니다. 국왕은 귀족과의 싸움에서 도시민, 즉 중간계급들과 손을 잡았는데, 귀족이 무력해지자 상대적으로 국왕은 훨씬 강해졌습니다. 그러면서 국왕과 중간계급의 알력이 점차 노출되기 시작합니다.

인도 무굴 제국의 흥망성쇠

16~17세기 유럽은 종교개혁 운동을 비롯해 사회가 폭발적으로 변화하면서 무질서한 상태에 있었습니다. 그렇지만 유럽은 어지러움 속에서도 밝은 면을 지니고 있었습니다. 근대 과학이 진보의 걸음마를 시작하고, 인민이 자유를 자각하면서 국왕들의 권좌를 위협하기 시작한 것입니다. 특히 서유

럽 및 북유럽에서 상공업이 발달하면서 서구 곳곳에 길드인 직공들의 동업 조합이 생겼으며 이들이 부르주아, 즉 신흥 중간계급을 형성했습니다. 이 계급은 세력을 확대하고 있었지만 여러 가지 정치·사회·종교적인 장애에 부딪혔습니다. 봉건제도의 잔재들이 상공업의 발달에 방해가 된 것입니다. 따라서 국왕과 부르주아는 공동전선을 펴 봉건 영주들의 실권을 빼앗았으며, 그 결과 국왕은 더욱 강대해지고 전제적이 되었습니다. 종교 자체가 여러 가지 점에서 봉건제도와 통했으며, 교회는 최대의 봉건 영주였기 때문에 신흥 부르주아는 종교개혁 운동을 더욱 강력하게 전개했습니다.

이때 인도에서도 마찬가지로 길드가 있었고, 유럽을 능가하는 산업의 발달도 있었습니다. 하지만 유럽에서와 같은 과학의 성장도, 인민의 자유에 대한 욕구도 찾아볼 수 없었습니다. 인도에는 종교적 자유와 지역의 정치적 자유라는 전통이 오랫동안 유지되었고 안정적인 사회조직이 갖추어져 있었기 때문입니다. 그런데 이러한 사회제도들의 안정과 엄격성이 인도의 발전을 방해한 원인이 되었습니다. 네루는 이러한 안정된 상태가 인민으로 하여금 위정자에게 굴종하는 노예근성에 젖게 만든다고 질타했습니다. 사회가 안정적이라고 해서 항상 좋은 것은 아니라는 사실을 강조한 것입니다. 역사의 발전은 갈등을 일으키면서 새로운 것을 만들어내는 과정에서 이루어집니다.

무굴 제국에 대해 살펴보겠습니다. 이미 극도로 쇠약해진 델리의 술탄을 1526년에 아프가니스탄에서 들어온 바바르가 격퇴함으로써 인도에 무굴 제국이 들어섭니다. 중간에 잠깐 중단되기는 했으나 무굴 제국은 1526년부터 1707년까지 181년 동안 존속했으며, 6명의 대군주가 왕위에 오른 다음 멸망했습니다. 그리고 그들 뒤를 이어 들어온 영국이 중앙 권력의 붕괴와 농촌의 혼란을 틈타 점점 지배를 확고히 해 나갑니다.

바바르는 뛰어난 용병술로 북인도의 대부분을 정복했습니다. 바바르가 죽은 뒤 모든 권력이 아들인 후마윤Humayun에게 인계되었고, 후마윤의 뒤를 이은 군주가 그 유명한 아크바르^{Akbar}황제입니다. 무굴의 3대 황제인 아크바르는 1556년 초부터 1605년 말까지 50년 가까이 인도를 통치했습니다. 아크바르 시기에 무굴 제국은 외관상 완전히 인도적인 모습으로 확립되었습니다. 무굴 제국이라는 이름이 유럽에서 쓰이게 된 것도 그의 시대였습니다. 아크바르는 매우 전제적인 군주로 실로 무제한의 권력을 가지고 있었습니다. 하지만 다행히도 그는 현명한 전제군주였습니다. 그는 민족이 단결을 이루지 못하고 종교가 분열의 요인이 되고 있을 때 인도 민족을 단합하는 공통의 이상을 높이 쳐들었습니다. 그는 비非무슬림들에게 부과되는 주민세인 지즈야와 힌두교도들이 성지순례를 할 때마다 납부해 온 세금을 철폐했으며 차별 없는 결혼을 장려해 힌두교도의 호의를 얻는 데 성공했고, 그리하여 대중 사이에서 많은 지지를 얻습니다. 아크바르가 어떤 목적을 가지고 있었는지는 정확히 알 수 없지만, 여러 종교를 하나로 통합해 딘 일라히^{Din-Ilahi}라는 새로운 종교를 만들기도 했습니다. 정복자로서 북인도를 석권한 아크바르의 위세는 남쪽에까지 미쳐 구자라트 · 카슈미르 · 벵갈 및 신드를 자신의 제국에 포함시키고 그곳들로부터 공물을 징수했습니다. 또한 아크바르는 대제국의 정복과 통일은 물론 학문과 진리의 탐구에도 큰 욕망을 나타냈습니다. 특히 아크바르는 과학에 커다란 매력을 느꼈던 것 같습니다.

하지만 불행하게도 아크바르는 당시 유럽 사람들이 고민하던 새로운 관념들에까지는 미치지 못했습니다. 교육 또한 극히 제한적이었습니다. 아크바르는 인민의 생활을 상당히 안정시키고 농민의 조세 부담을 경감시키기는 했지만, 교육이나 훈련을 통해 대중의 일반적 수준을 향상시키는 데까지는 그 생각이 미치지 못했습니다. 아크바르는 일부 힌두교도들이 행하는 관습인 남편이 죽으면 아내를 산 채로 같이 화장하는 사티^{sati}를 금지했습니다. 전쟁 포로를 노예로 삼는 것도 금지했습니다. 아크바르는 다른 전제군주와 비교하면 찬연한 존재로 무굴 제국을 실질적으로 세운 군주라 할 수 있습니다. 아크바르가 남긴 위대한 업적 덕분에 제국은 그가 죽은 뒤에도 100년 이상 존속했습니다.

아크바르 시대의 종교적 관용의 기풍은 아들인 자항기르Jahangir 시대에도 전해졌지만 시간이 지나면서 차차 자취를 감추고, 기독교나 힌두교도에 대한 박해가 가해지기 시작했습니다. 자항기르 다음에 왕위에 오른 샤 자한Shah Jahan 시대에는 무굴 제국의 영화가 절정에 이르렀습니다. 하지만 동시에 쇠퇴의 징조도 나타났습니다. 타지마할Taj Mahal은 이때 세워진 건축물입니다. 샤 자한은 아크바르와 달리 종교에 대해 관용을 보이지 않았습니다. 타지마할을 비롯해 그가 남긴 여러 거대한 건축물은 인민의 빈곤이나 궁핍을 생각해볼 때 아름다움을 넘은 지나친 사치스러움으로 혐오감을 일으키기도 합니다. 샤 자한 이후 무굴은 혼란기에 접어듭니다. 무굴 제국의 마지막 황제로 왕좌에 오른 사람은 아우랑제브였습니다. 그는 완고하기 짝이 없는 일종의 광신자로, 힌두교도를 탄압하는 정책을 펼쳤습니다. 힌두교도를 심하게 박해했고, 주민세인 지즈야를 부활시켰으며, 힌두교도를 모든 관직에서 추방했습니다. 그는 아크바르의 통일과 통합의 정책을 뜯어 고쳐 종래 제국을 받치고 있던 기반을 완전히 무너뜨려 버렸습니다. 그리하여 제국은 분열되고, 귀족들이 뿌리째 부패하기 시작했으며, 시간이 흐르면서 국력은 크게 약해지고 그에 따라 사방팔방에서 농민 세력이 봉기를 일으켰습니다.

무굴 제국은 역사상 거의 모든 제국이 그랬던 것처럼 내부의 약점 때문에 쓰러졌습니다. 그 과정은 아우랑제브의 정책으로 힌두교도 사이에 표면화한 반항 의식으로 촉진되었습니다. 그러나 이때까지는 후대에 나타나게 되는 무슬림과 힌두 사이의 종교적 반목이 구체적으로 일어나지 않았습니다. 무굴 제국이 쓰러진 주요 이유 가운데 하나가 해군력의 약화라는 사실에 주목할 필요가 있습니다. 바야흐로 바다를 지배하는 국가가 세계를 지배하는 시대가 다가오고 있었는데, 무굴은 그에 대한 대비를 하지 못한 겁니다. 무굴 제국이 쇠퇴하던 시기에 영국이라는 별은 서서히 지평선 위로 반

짝이면서 떠오르기 시작했고, 포르투갈은 서쪽으로 지고 있었습니다. 포르투갈은 무굴 제국을 획득하기 위한 경쟁에서 탈락했습니다. 이 무렵 프랑스가 인도에 모습을 나타냈습니다. 아우랑제브가 죽은 뒤 유럽 열강들은 인도를 차지하기 위한 싸움 준비를 끝냈습니다.

모든 동요와 혼란과 전환은 밑바닥에서 진행되는 혁명의 외면적 징후에 지나지 않습니다. 낡은 경제 질서는 파탄 나고 봉건제도는 나이를 먹어 죽어 가고 있었습니다. 이 시기 인도의 정세는 유럽의 여러 나라와 비슷한 점이 있었지만, 유럽에서 전적으로 경제적인 파탄 위에서 봉건 계급이 밀려난 것과는 달리 인도의 봉건 계급은 완전히 붕괴되지 않았습니다. 무굴 제국은 경제적 변화 때문에 쓰러졌지만, 인도에선 이 경제적 파탄을 이용해 권력을 장악할 준비를 하던 중간계급이 존재하지 않았고 계급을 대표하는 조직이나 평의회 등이 나타나지 않았습니다. 극단적인 전제정치는 인민을 노예 상태에 가깝게 만들었고 자유에 대한 관념은 잊혔습니다.

무굴 제국에 대한 직접적인 위협은 남서부 지역의 신흥 세력인 마라타 동맹으로부터 발생했습니다. 마라타Maratha 세력은 무굴 왕조에 저항해 일어섰지만 힌두교를 기초로 한 민족주의라고 볼 수는 없습니다. 아우랑제브 이후 제국이 약해지면서 마라타족은 강해졌고, 그 군대가 1737년 델리에 육박하면서 마라타 세력이 인도를 통치할 운명을 지닌 것처럼 보였습니다. 그러나 결국 내부 분열로 실패했습니다. 또 하나의 주요 세력으로 펀자브 지역에 뿌리를 내린 시크교 세력이 있습니다. 시크교는 힌두교와 이슬람교에서 몇 가지 교리를 따와 새로이 만든 종교입니다. 처음에는 평화를 추구하는 종교였습니다. 그러나 자항기르 황제가 시크교 수장이던 아르잔 데브 Arjan Dev를 고문으로 죽이자 그들은 자신들의 종교 조직을 전투적으로 만들었고 지배 권력과 충돌했습니다. 마지막 황제인 아우랑제브가 죽자 곧 시크교 반란이 일어났습니다. 이 반란은 진압되었지만 그들은 여전히 세력을 확대해 펀자브에 뿌리내렸습니다. 아우랑제브 황제가 죽은 후 경제적 파탄으로 인민의 삶이 극도로 궁핍해지면서 무굴 제국은 사라지기 시작했습니다. 이때 각 지역의 태수가 중앙정부로부터 독립했습니다. 아우랑제브가 죽은 지 17년이 지나지 않아 제국은 거의 흔적을 찾아볼 수 없게 되었습니다. 영국과 프랑스가 인도에 들어온 것은 이 무렵이었습니다. 하지만 이때 무굴은 완전히 멸망하지는 않았고, 형식적으로 그 명맥이 유지되고 있었습니다.

위대한 만주 제국

당시 중국은 어땠을까요? 얼마 전에 명 왕조 시대에 대해 이야기한 바 있지요? 명 왕조는 말기에 부패와 분열이 일어났는데, 그때 만주족이 남하해 명 왕조를 정복했습니다. 그 후 만주족은 중국 대륙에서 견고한 위치를 쌓아올렸습니다. 그들은 국내에서는 될 수 있는 대로 한족의 간섭을 삼가고, 다만 그들의 에너지를 제국 확대에 쏟아 부었습니다. 2대 황제 강희 재위 61년 동안 이 나라는 전 세계의 어떤 나라보다 영토가 광대하고, 인구도 제일 많았습니다. 명 왕조 시대의 문화도 그대로 보존·계승했고, 어떤 점에서는 더 발전했으며, 산업·문예·교육에서도 눈부신 성과가 있었습니다. 강희제가 문예 방면에서 보여준 활동 중 다음 세 가지 사업은 모두 그가 창안한 것으로, 그의 열성과 학식의 풍부함을 보여줍니다. 첫 번째로 그는 중국어 대사전인《강희대사전》을 만들게 했습니다. 이 방대한 사전은 오늘날에도 필적할 만한 것이 없을 정도로 뛰어납니다. 두 번째는 강희제의 백과사전인《흠정고금도서집성欽定古今圖書集成》입니다. 이는 몇 백 권이나 되는 역작입니다. 만주족 위정자의 정치적 기량과 성공 비결은 그들이 완전히 중국 문화에 동화된 점에 있습니다. 한족에 동화되었지만, 그들은 자신들만의 생동감과 활동력을 잃지 않았습니다.

강희제는 열성적인 유교도였지만 다른 종교에도 관용적인 태도를 취했으며 기독교와 그 선교사들에게 호의적이었습니다. 그는 외국 무역을 장려했고 이를 위해 중국의 모든 항구를 개방했습니다. 그러나 얼마 지나지 않아 전도사들이 본국 정부와 결탁해 청나라 정부 전복을 획책하고 있다는 의심을 품으면서 무역에 제한을 두기 시작했습니다. 그래서 그는 외국 무역 및 포교 활동을 엄중히 제한하는 천자의 명을 반포합니다.

만주족 제국은 공격적인 제국이었습니다. 비슷한 시기 이웃에선 러시아인이 몽골족을 쫓아 낸 후 역시 강력한 통일 제국으로 성장했습니다. 그러면서 이 두 제국은 시베리아에서 만나게 됩니다. 14세기 몽골 제국이 붕괴된 뒤 아시아의 횡단로는 200년 동안 닫혀 있었습니다. 16세기 후반 러시아인이 육로로 중국에 사절을 보내 명 왕조와 외교 관계를 맺으려 했지만 목적을 이루지 못했습니다. 이후 러시아인은 동쪽으로 계속 진출했고, 그로부터 50년 정도가 지난 후에 태평양 연안에 도달했습니다. 그리고 그곳에서 중국인과 싸움을 벌였는데, 러시아가 패해 1689년 양국 간 네르친스크 조약이 체결되고 이에 따라 국경이 확정되었습니다. 이 조약은 중국이 유럽 나라와 맺은 최초의 조약입니다. 이 조약으로 러시아의 전진은 억제되었습니다. 그 무렵 러시아의 차르인 표트르 황제는 중국과의 긴밀한 교류에 힘을 기울여 외교사절을 파견하기도 했습니다.

청나라 강희제의 손자는 황제 건륭입니다. 그 역시 매우 오랜 기간에 걸쳐 재위했습니다. 그는 문화적 활동과 제국의 팽창에 관심을 가졌습니다. 그는 보존할 가치가 있는 모든 문헌을 조사했습니다. 이 무렵 중국의 장편·단편소설과 희곡도 높은 수준에 도달했습니다. 특히 제1대 만주족 황제 시대부터 시작된 차茶 무역이 흥미를 끕니다. 처음에 영국으로 수출된 차는 놀라울 만큼 발달해 수출 규모가 어마어마했다고 합니다. 한편, 온갖 억제 수단을 썼는데도 외국 무역은 증대 일로에 있었습니다. 영국의 동인도회사는 이 무역의 가장 큰 부분을 쥐고 있었습니다. 이 시기에 영국에선 산업혁명이 시작되었는데, 생산이 크게 늘면서 제품의 잉여분을 팔아야 했기에 시장

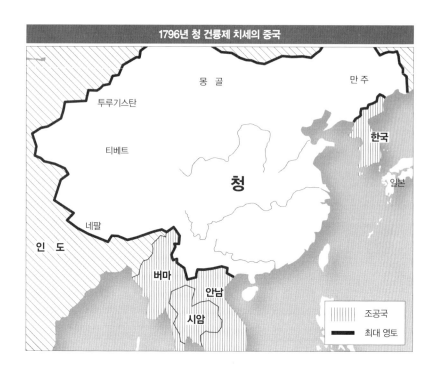

1796년 청 건륭제 치세의 중국

몽골

만주

투루기스탄

티베트

한국

청

일본

네팔

인 도

버마

안남

시암

|||||| 조공국

▬ 최대 영토

이 필요했습니다. 영국에선 사절단을 베이징에 파견했지만 황제는 기존의 외국 무역에 대한 방침을 고수했습니다. 건륭 치하의 만주 정부는 강력했지만 그 뿌리는 이미 경제적인 여러 조건의 변화로 썩어가고 있었습니다. 이에 반해 서양은 새 질서를 높이 세우며 급속히 전진하고 나날이 강력해져갔습니다.

❷
유럽의 위대한 변화

유럽의 전제정치와 투쟁 그리고 격변 전야

16~17세기 유럽은 중세의 종말을 맞이하면서 큰 혼란과 변동에 휩쓸렸습니다. 우선 16세기 유럽에서는 왕들이 가톨릭과 프로테스탄트 두 파로 갈려 있었습니다. 이 시기에는 유럽의 거의 모든 나라에서 국왕이 군림하고 있었는데, 왕들은 자신들의 권력이 무너질까 두려워 종교개혁을 지지하는 것과 같은 양다리를 걸쳤습니다. 그 결과 종교개혁이 일어난 뒤에도 유럽의 국왕은 여전히 전제정치를 할 수 있었습니다. 그러나 얼마 가지 않아 중간계급이 국왕의 여러 일에 시비를 걸기 시작했습니다. 그들은 특히 무거운 세금 부과, 신앙 간섭 그리고 국왕의 상업 활동 간섭에 대해 강력하게 저항했습니다. 드디어 네덜란드에서 인민과 신앙의 자유를 위한 투쟁이 일어났습니다. 네덜란드에서의 투쟁은 승리했고, 그 뒤를 이어 영국에서도 인민의 자유를 위한 투쟁이 일어나 국왕의 목이 잘리고 의회에 승리가 돌아갔습니다. 이후 양국은 모두 강력한 해군을 창설해 먼 나라에까지 무역의 손을 뻗쳤습니다. 그 결과 아시아 식민지 확보의 기초를 다지게 되었습니다.

16세기를 통틀어 보면 거의 모든 나라에서 국토는 국왕의 사유재산이었습니다. 특히 프랑스가 대표적입니다. 프랑스에선 17세기 중엽에 프롱드의 난이라는 내란이 일어났습니다. 이로 인해 귀족은 실권을 잃었으나, 국왕은 귀족을 자기편으로 끌어들이기 위해 그들에게 많은 특권을 주었습니다. 귀족과 성직자의 세금은 면제되었고, 결국 세금의 무거운 짐은 모두 평민, 그중에서도 농민에게 부과되었습니다. 이러한 무책임한 절대군주제의 상징이 베르사유 궁전입니다. 상류층은 영화를 누렸으나, 그 영화는 인민의 빈곤과 궁핍 위에 세워진 겁니다.

네덜란드는 홀란드와 벨기에를 합해서 만들어졌습니다. 네덜란드는 강력한 해양 국민을 양성했는데 그중 많은 사람이 무역에 종사하며 양털을 비롯한 물품을 다른 나라에 공급하고, 아시아에서 향료 등을 수입했습니다. 상인계급의 규모는 엄청났으며, 그들이 시市정부를 장악했습니다. 이것이 종교개혁을 뒷받침해주는 새로운 사상의 온실이 되었습니다. 스페인은 네덜란드보다 훨씬 큰 나라였지만 좀처럼 네덜란드를 제압할 수 없었습니다. 스페인은 오늘날 벨기에에 해당하는 부분을 영토로 만드는 데까지는 성공했지만 홀란드만은 끝내 차지하지 못했습니다. 홀란드인들은 끝까지 스페인의 펠리페 2세를 받아들이지 않고 자신들의 지도자 윌리엄에게 왕관을 바쳤습니다. 하지만 그가 끝내 승낙하지 않자 어쩔 수 없이 공화국을 탄생시키게 됩니다.

독일에서는 1618년부터 1648년에 걸쳐 30년전쟁이라는 무서운 내란이 계속되었습니다. 그 결과 독일은 황폐해졌지만, 1648년 베스트팔렌조약(★ 독일의 30년전쟁을 종식시키기 위해 체결된 평화조약으로, 신성로마제국을 붕괴시키고 더불어 로마 가톨릭 교회의 세력도 무너뜨림으로써 세속화된 주권 국가들이 세워지는 계기가 되었다. 이로써 근대 유럽의 정치 구조가 나타나기 시작했다.)을 통해 내전이 막을 내립니다. 이를 통해 신성로마제국 황제는 사실상 실권이 없는 그림자 같은 존재가 되어 버렸습니다. 베스트팔렌의 강화조약은 스위스와 네덜란드 공화국을 최종적으로 승인했습니다.

영국에서는 주로 의회가 발달했다는 점에 큰 관심을 가질 만합니다. 처음에는 귀족이 왕권 제한을 기도해 1215년에 마그나카르타가 성립되었고,

이후 오래지 않아 의회의 맹아가 싹트기 시작했습니다. 의회는 대귀족이나 주교들이 상원을 구성하고 마지막에는 기사와 중소 지주 그리고 향시鄕市 대표자들로 이루어진 평의회가 한층 더 큰 세력을 형성하는데, 이 선거제 평의회가 발달해서 오늘날 의회의 하원이 됐습니다. 처음에 하원은 거의 권력이 없었지만 국왕에 대해 청원하고 탄원하는 단계를 거치면서 점차 과세 제도에 간섭하게 되었습니다. 의회, 특히 하원이 힘을 확장함에 따라 국왕과 하원은 시시때때로 충돌했습니다. 국왕과 의회의 충돌의 역사를 되짚어 보려면 엘리자베스 시대부터 훑어보아야 합니다. 영국 엘리자베스 시대는 역사상 가장 융성한 시대로 손꼽힙니다. 셰익스피어를 비롯한 위대한 시인과 극작가들은 이 시대의 산물입니다.

엘리자베스가 죽고 나서 제임스 1세가 뒤를 이었습니다. 제임스 1세는 왕권신수설의 신봉자로서 전제정치를 했기 때문에 당연히 의회를 싫어했습니다. 그래서 그가 즉위한 지 얼마 되지 않아 의회와 분쟁이 발생했습니다. 프로테스탄트가 메이플라워호를 타고 아메리카로 건너간 것도 이때의 일입니다. 그들은 제임스 1세의 전제정치에 반대했고 영국 교회에 불만을 느끼고 있었습니다. 그 뒤에도 많은 개척자가 줄지어 건너가 아메리카 식민지는 13곳을 헤아리게 되었습니다.

제임스 1세의 아들은 찰스 1세였는데, 1628년 의회가 영국사에서 그 유명한 문서인 '권리청원서'를 왕에게 제출합니다. 이 문서에는 국왕이 불법으로 인민에게 과세하거나 인민을 투옥해서는 안 되며, 칙령을 내려 이를 근거로 인민을 체포해서도 안 된다는 사항 등이 포함되어 있습니다. 찰스 1세는 격노해 의회를 해산하고 얼마 동안 의회 없이 통치했습니다. 그러다 1642년에 결국 내전이 일어나 국왕과 의회가 맞서 싸우게 되었습니다. 의회 측의 지도자는 올리버 크롬웰Oliver Cromwell이었는데 그는 '철기대'라는 새로운 군대를 조직했습니다. 의회군인 청교도파와 찰스의 왕당파의 싸움은 크롬웰의 승리로 막을 내렸습니다. 그리하여 의회군은 1649년, 통치권에 신성을 내세운 과거 자신들의 국왕을 런던의 화이트홀에서 참수했습니다.

이 사건으로 유럽의 국왕·황제·제후·소영주 등은 커다란 충격을 받았습니다. 영국은 역사상 처음으로 공화국이 되었고, 크롬웰과 그 군대가 나라를 지키게 되었습니다. 그는 사실상 독재자였으나 그의 엄격한 통치 아래 영국은 비로소 유럽 제일의 해군국으로 군림하게 됩니다. 그러나 영국의 공화제는 생명이 무척 짧았습니다. 크롬웰이 죽자 찰스 1세의 아들이 영국으로 돌아와 찰스 2세가 되었습니다. 그 뒤 찰스의 동생 제임스 2세가 다시 왕좌에 올랐고 곧 의회와 또 분쟁이 일어났습니다. 열성파 가톨릭 신자인 제임스가 영국에 다시 교황의 지배를 받아들이려 하자 국민과 의회가 반발했기 때문입니다. 결국 그는 프랑스로 망명했습니다.

그 후 국내에는 국왕이 없었지만 영국은 다시 공화국을 세우려 하지는 않았습니다. 의회는 새로운 국왕을 물색한 끝에 오렌지 가⁑에서 적임자를 발견했습니다. 오렌지 가 출신이라 해서 오렌지공 윌리엄이라 불리는 이 사람은 영국 왕가의 메리와 결혼한 사이였습니다. 1688년 윌리엄과 메리는 공동 통치자가 되었고 의회는 최고의 지위를 누리게 되었습니다. 의회로 대표되는 인민에게 권리를 넘겨주려 한 영국 혁명은 이로써 완성되었습니다. 이날부터 감히 의회의 권위에 도전하려는 사람은 없었습니다.

그러나 당시 의회가 영국 전체를 대표하고 있었다고 속단해서는 안 됩니다. 의회는 소수를 대표한 것에 지나지 않았기 때문입니다. 상원은 대지주와 성직자를 대표할 뿐이고, 하원조차도 지주와 상인의 집합체였습니다. 인민의 대다수는 투표권을 갖지 못했습니다. 이렇게 보면 국왕에 대한 의회의 승리는 극소수 부유한 사람들의 승리에 지나지 않습니다. 윌리엄과 메리에 이어 메리의 여동생 앤이 영국 여왕이 되었고, 그녀가 죽자 의회는 하노버라는 독일인을 데려다 영국 국왕 조지 1세로 추대했습니다. 이렇게 해서 영국에 하노버 왕조의 기반이 잡혔고 그것이 지금껏 계승되고 있습니다. 국왕은 존재하되 군림하지 않고 의회가 실제적인 통치를 하는 체제입니다. 이러한 역사를 거치면서 지금의 강력한 영국 의회가 만들어진 것입니다.

결국 1688년 영국 혁명은 의회의 승리로 끝났지만 의회는 주로 지주로 이루어진 극소수의 인민 대표체에 불과했습니다. 정치권력은 토지를 소유한 계층의 손에 있었습니다. 따라서 정치권력 자체가 하나의 세습적 특권이 되고 말았습니다. 대중은 의회 내에서의 투표권은 물론 의회에 보낼 의원을 선출할 권리조차 없었습니다. 게다가 경제 상황까지 악화되었습니다. 이 모든 것이 대중의 고통을 증가시켰고, 이에 더 많은 자유에 대한 요구가 표출되었습니다.

영국에서는 국왕이 정치권력의 무대에서 밀려났지만, 다른 나라들의 경우 여전히 절대군주들이 통치권을 장악했습니다. 그들은 나라의 모든 권력과 부를 자신들의 것으로 간주하면서 나라가 마치 자신의 개인 재산인 양 착각했습니다. 이렇게 유럽의 군주들은 강력한 중앙집권 국가를 발전시켰습니다. 봉건제의 관념들이 사라지고 민족국가라는 관념이 국가 단위로서, 그리고 정치적 실체로서 자리 잡은 것입니다.

유럽에서 합리주의의 발전은 서서히 전개되었습니다. 18세기에 접어들면서 새로운 사상들이 좀 더 명확해지고 일반화되면서 여러 책들이 등장했습니다. 대표적인 저자가 볼테르와 장 자크 루소 등입니다. 특히 루소의 가장 잘 알려진 책인 《사회계약론》에 나오는 정치 이론은 프랑스인의 대혁명 준비에 커다란 역할을 했습니다. 그리하여 프랑스에서는 종교적 독선과 정치·사회적 특권들에 대항하는 강한 여론이 형성되었습니다. 그러나 영국에서는 프랑스에서와 같은 정치사상이 발전하지 못했습니다. 영국인의 관심이 새로운 경제 현상들과 무역 그리고 아메리카와 인도에서의 분쟁에만 쏠렸기 때문입니다.

프랑스에서는 루이 14세가 1715년에 죽어 국왕의 자리가 바뀌었습니다. 그 뒤 왕위에 오른 루이 15세는 부패한 정치인이었습니다. 그는 사치스러운 자였는데, 궁정의 사치로 발생하는 비용이 대중의 부담을 점점 무겁게 했습니다. 한때 그는 유럽의 정치를 장악하는 듯했으나 다른 여러 나라 국왕들 그리고 인민과 분쟁을 일으키고 패배를 겪어야 했습니다.

1648년 체결된 베스트팔렌조약은 프로이센을 유럽의 강대국 지위에 올려놓습니다. 프로이센은 46년 동안 프리드리히 2세가 통치했습니다. 프로이센의 동쪽에는 러시아가 있었는데 17세기 말쯤 러시아는 표트르 대제라는 강력한 통치자를 떠받들고 있었습니다. 그는 러시아를 서구화하고자 오랜 전통의 모스크바를 버리고 페테르부르크라는 새로운 수도를 건설했습니다. 페테르부르크는 서구화의 상징이 되었고, 러시아는 서서히 유럽의 정치 무대에서 큰 영향력을 미치기 시작했습니다.

18세기에는 아메리카와 아시아에서 식민지 쟁탈전이 치열하게 벌어지고 있었습니다. 유럽의 강대국들이 여기에 끼어들었지만 결국 프랑스와 영국으로 압축되었습니다. 결국 이 두 강대국과 다른 나라 사이에서 '7년전쟁'이 일어났습니다. 이 7년전쟁의 결과로 영국은 급속하게 부유해졌고, 정치적 중요성 또한 커졌습니다. 18세기 후반 유럽은 비교적 평온한 시기에 접어들었지만 그것은 표면적인 현상에 불과했습니다.

얼마 지나지 않아 18세기에 매우 중요한 세 가지의 혁명이 일어납니다. 세 가지 혁명은 정치혁명, 산업혁명, 사회혁명을 말합니다. 정치혁명은 아메리카에서 영국의 식민지들이 일으킨 반란입니다. 그 결과 미합중국이라는 독립 공화국이 만들어집니다. 산업혁명은 영국에서 시작되어 서유럽 국가들로 번지면서 다른 지역으로 확대되었습니다. 이 혁명의 결과로 공업화를 비롯한 많은 일이 나타나게 되었습니다. 실로 전 세계 인류의 삶에 커다란 영향을 미친 사건이지요. 사회혁명은 프랑스 대혁명을 말합니다. 이는 프랑스의 군주제를 끝냈을 뿐만 아니라 수많은 특권을 쓸어버리면서 새로운 사회 계급들을 출현시킨 일대 사건입니다.

우리는 이 커다란 격변 전야에 군주제가 유럽을 지배하고 있었다는 사실을 보았습니다. 의회는 귀족 계급과 부자들이 장악했고, 법은 그들의 특권을 보호하기 위해 만들어졌으며 교육 또한 그들만을 위한 것이었습니다. 이 시대 최대 문제인 빈민 문제는 그대로이거나 더욱 심화했습니다. 18세기 내내 유럽 여러 나라는 잔인한 노예무역을 유지하고 있었습니다. 스페인과 포르투갈은 아프리카 해안 지역에서 흑인들을 사로잡아 미국의 농장에 넘김으로써 노예무역을 시작했습니다. 네루는 이 사실이 매우 특기할 만한 역사적 사건이라고 했습니다. 무엇 때문에 아프리카 노예무역이 역사적으로 중요한 의미를 지니는지 잘 관찰해 보기 바랍니다.

산업혁명과 영국 그리고 아메리카의 독립

네루는 이 세 가지 혁명 가운데 산업혁명에 특히 관심을 보입니다. 그것이 근대 세계의 삶과 문화를 획기적으로 바꾸어 놓은 가장 결정적인 역할을 했다고 생각했기 때문입니다. 게다가 자신의 조국, 식민지로서의 인도의 운명이 산업혁명과 밀접하게 관련되어 있어서 그랬을 것으로 보입니다. 18세기 중반에 시작한 산업혁명은 100년도 되지 않아 기계화를 통해 생활양식을 획기적으로 바꾸어 놓은 일대 사건입니다. 기계의 도움으로 인간은 물건을 더욱 쉽게 생산할 수 있게 되었습니다. 그래서 인간은 더욱 많은 여가를 갖게 되었고, 예술과 문명을 꽃피웠으며, 사상과 과학이 진일보했습니다. 기계가 문명의 발달을 촉진했지만 동시에 전쟁과 파괴의 무기를 생산하는 야만성을 촉진한 사실도 알아야 합니다. 기계는 많은 물자를 생산했지만 그 물자를 소수 사람들이 차지하면서 부유한 자와 가난한 자의 차이가 종래보다 훨씬 두드러지게 되었다는 사실도 중요합니다. 하지만 네루는 그렇다고 기계를 책망하는 것은 잘못되었다고 분명히 말합니다. 네루의 생각으로는 죄는 그것을 남용한 인간과 그것을 적절히 이용하지 않았던 사회에 있는 것이지요. 산업화가 가져온 부를 활용해야 하며, 부를 생산하는 사람들 사이에 부가 골고루 분배되도록 해야 한다고 생각한 것입니다.

산업혁명은 상층부의 왕과 지배자들을 갈아치우는 정치혁명을 일으켰을 뿐만 아니라 모든 사회 계급과 개인의 생활에까지 영향을 미쳤습니다. 또 하나 중요한 의미는 기계와 산업화의 승리가 곧 기계를 지배하는 계급의 승리였다는 데서 찾을 수 있습니다. 생산수단을 관리하는 계급이 바로 지배 계급입니다. 따라서 거대한 기계가 등장하자 자연히 이것을 장악한 계급이 사회를 지배하게 되었습니다. 네루는 산업혁명의 가장 중요한 의미를 바로 이 기계 관리자, 즉 자본가가 엄청난 권력을 장악하게 되었다는 사실에 둡니다. 이는 곧 노동자가 너무나 많은 권력을 빼앗겼다는 의미도 되지요. 깊이 생각해 봐야 할 문제입니다.

18세기 영국의 국내 산업은 외국 직인들이 이민해 들어온 덕에 상당한 발전을 이룹니다. 특히 스페인이 네덜란드의 반란을 진압할 때, 많은 수의 네덜란드 직인이 영국에 정착했는데, 이것이 영국의 면직물 산업 확립에 크게 기여했습니다. 얼마 지나지 않아 영국산 면직물이 네덜란드로 역류하기 시작했고 그 양도 점점 늘어났습니다. 이렇게 함으로써 후진국이던 영국은 급격하게 부가 커지고 국위가 신장되었습니다. 이때 영국에서 발달한 공업을 이른바 가내공업이라고 부릅니다. 이후 기계는 사람이 하는 일을 대신했고 훨씬 적은 노력으로 더 많은 물건을 만들어냈습니다. 이 가내공업은 영국뿐만 아니라 전 세계에 걸쳐 비약적 발전을 이루게 됩니다. 네루는 공업의 발달이 결국 아시아 식민지화의 원인이라고 생각했습니다. 그래서 당시 인도가 영국으로부터 독립하려면 우선 영국의 공장에서 찍어 낸 상품으로부터 독립해야 한다고 생각했습니다. 때문에 네루는 간디가 주도한 물레 사용 운동을 찬성하기도 했습니다.

영국 최초의 발명 기계로 '플라잉 셔틀'이라는 것이 있습니다. 이것은 옷감을 짜는 데 사용되는 북을 아주 빠르게 동작하도록 만든 기계로, 동력으로 수력이 이용되다가 나중에는 증기력이 동원되었습니다. 이러한 모든 발명품은 면직 공업에 응용되었습니다. 한편 1765년 제임스 와트가 증기기관을 발명해 공장에서 증기를 동력으로 사용하기 시작했습니다. 이렇게 되자 공장의 석탄 수요가 생겼고, 그에 따라 석탄 산업이 발달했으며, 철의 제련에 새로운 방법을 제공해 제철 공업도 급속히 발달하게 되었습니다. 결국 영국의 3대 공업 즉, 섬유 공업, 제철 공업 그리고 석탄 공업이 크게 성장해 여러 지역에 공장이 생겨납니다.

그런데 새로 생긴 공장들은 가내공업과 개별 노동자들을 삼켜버렸습니다. 신흥 공장은 곧 가내 기구와는 비교도 안될 만큼 싼값으로 제품을 만들어 팔았습니다. 그러자 가내공업 직인들은 공장의 문을 닫아야 했고, 새 공장으로 들어가 일하게 되었습니다. 이에 대해 고용주 측에서는 일체의 양보나 합당한 대우를 해주지 않았습니다. 이들은 공장에서 피땀을 쏟아야 했고, 실업자는 계속 늘어만 갔습니다. 결국 많은 사람이 기계를 증오하게 되었고, 유럽 전역에서 노동자들이 폭동을 일으켰습니다.

기존 사회의 모든 구조가 뒤집히면 새로운 계급이 전면에 나서서 정치권력을 장악하는 법입니다. 인간의 신념은 자신의 이해관계나 계급 감정에 따라 자신들의 이익을 보호하는 법을 만듭니다. 18세기 이후 영국의 고용주들은 이른바 자유방임주의라는 새로운 철학을 계발했는데, 그것은 자기들의 사업에 관해서 어떠한 간섭도 받지 않고 돈을 벌 수 있는 모든 자유를 원하는 철학입니다. 자유방임주의는 사람들에게 노력만 하면 기회가 제공된다는 하나의 신성한 이론이 되었습니다. 그 사상은 누구든지 두각을 나타내기 위해서는 남과 싸워 이겨야 하며, 싸움에서 낙오되는 것은 자신이 책임져야 할 문제라고 봅니다. 이러한 자유방임주의는 신흥 자본주의와 함께 정글의 법칙을 사회에 도입했습니다. 자본주의는 축적된 돈으로 산업을 운영하는 것을 뜻합니다. 이 체제에서는 자본의 소유주인 자본가가 공장을 장악하고 이윤을 챙깁니다. 산업의 기계화는 훨씬 커다란 생산력을 가져왔고 더 많은 부를 생산했습니다. 그러나 이 새로운 부는 새로운 산업의 소유주에게만 주어졌고, 노동자는 여전히 가난한 상태에 머물렀습니다. 이렇듯 산업혁명과 자본주의는 생산의 문제는 해결했지만 생산된 새로운 부의 분배 문제를 해결하지는 못했습니다.

산업혁명으로 공장들이 건설되자 이번에는 원료가 부족했고, 자연스럽게 새로운 시장이 필요했습니다. 그러면서 영국에서 또 다시 인도가 부상합니다. 인도의 영국인들은 모든 수단과 방법을 동원해 인도의 산업을 파괴하고 영국산 면직을 강제로 팔아넘겼습니다. 영국의 산업혁명은 인도를 점령하고 인도 산업을 종속시킴으로써 큰 도움을 받았습니다. 공업화는 19세기 내내 세계 전역에 퍼져 나갔으며 자본주의는 필연적으로 새로운 제국주의를 낳았습니다. 모든 곳에서 공업에 필요한 원료와 제품을 판매할 시장이 필요했기 때문입니다. 이를 획득할 수 있는 가장 손쉬운 방법이 다른 나라를 점령하는 것이었고 그리하여 강대국 사이에서 새로운 영토를 둘러싼 치열한 쟁탈전이 벌어지게 되었습니다.

이제 18세기의 두 번째 혁명인 영국에 대한 아메리카 식민지의 봉기를 살펴보겠습니다. 1620년 영국에서 아메리카로 신교도들을 싣고 간 메이플라워호부터 이야기하겠습니다. 이 사람들은 대서양 건너 낯선 새 땅으로 건너가 더 많은 자유를 누릴 수 있는 식민지를 건설하고자 했습니다. 그들은 여전히 영국 왕과 의회를 자신들의 정치적 대표제로 인정하고 있었고, 이들 중 많은 사람은 영국으로부터 분리 독립할 생각을 갖지 못했습니다. 아메리카, 특히 큰 농장들이 발달한 남부는 많은 노동력을 필요로 했습니다. 그래서 아프리카의 흑인들을 대서양 건너 아메리카로 끌고 와 집단 노동을 강요했습니다. 반면, 북부에서는 농장 규모가 작아서 그렇게 많은 노동력이 필요하지 않았고, 모든 사람은 스스로 농장을 경영해 주인이 되는 경향이 있었습니다. 따라서 그들 사이에는 남부에서와는 달리 평등사상이 발전했습니다.

그러나 영국의 왕과 대지주들은 특히 남부 식민지에 커다란 이해관계를 가지고 있었고 그 결과 대지주들에게 장악된 영국 의회는 식민지의 착취에 혈안이 되어 왕의 식민지 정책을 지지했습니다. 그에 따라 세금이 부과되고 무역은 규제되었습니다. 식민지 아메리카는 이러한 규제와 과세 신설에 반대했습니다. 1773년 영국 정부가 그들에게 동인도회사의 차茶를 구매할 것을 강요하자 결국 불만이 터져버렸습니다. 식민지 주민들은 1773년 12월 보스턴 항에 하역하려는 동인도회사의 차를 배 밖으로 던져버렸습니다. 이를 '보스턴 차 파티'라고 합니다. 이 사건은 영국과의 전쟁을 일으키는 도화선이 되었습니다. 그러면서 1775년 영국과 아메리카 식민지 사이에 전쟁이 시작되었습니다.

그들은 영국 정부의 지나친 세금 부과와 무역 규제를 반대했고, 자치 정부 수립을 요구했습니다. 미국은 전쟁 개시 2년만인 1776년에 승리를 거두고 그 유명한 독립선언서를 발표합니다. 그리고 13개 식민지는 미합중국이라는 독립 공화국이 되었습니다. 네루는 이 나라를 현대 세계에 생긴 최초의 공화국이라고 평가합니다. 봉건제의 자취는 없고 부르주아, 즉 중간계급이 성장하는 데 장애가 될 만한 것도 거의 없었으므로 빠르게 성장할 수 있었다고 봅니다. 1776년의 독립 선언은 "모든 사람은 태어나면서부터 평등하다"고 말합니다. 이처럼 식민지 주민들은 유럽의 중세적 불평등을 제거하기를 원했습니다. 이러한 권리를 갖지 못한 흑인 노예들이 있었지만 몇 년이 지난 뒤 남부와 북부 사이에 내전이 벌어지고 그 결과 노예제도는 폐지됩니다.

프랑스혁명과 나폴레옹

이제 세 번째 혁명, 즉 프랑스혁명에 관해 이야기할 순서입니다. 세 혁명 가운데 가장 큰 변동을 불러일으킨 것은 프랑스혁명입니다. 혁명은 아무런 까닭이나 어떤 과정 없이 어느 날 갑자기 폭발하는 것이 아닙니다. 어리석은 정부 당국자들은 혁명이 선동가에 의해 일어나는 것이라고 믿지만, 혁명은 사상과 경제의 조건이 결합해 만들어지며 사회적 불평과 불만이 터진 결과입니다. 이제까지의 농민 봉기와 같은 행동들은 대개 자신들의 행동이 어떤 목표를 가지고 있는지 명확한 관념을 갖지 못했습니다. 그들의 싸움이 실패로 돌아간 것은 그 근저에 깔린 사상이 모호하고 이데올로기가 부족했기 때문입니다. 사상과 경제적 원인이 결합된 곳에서 혁명이 성공할 수 있습니다. 프랑스혁명은 경제적 궁핍과 이데올로기의 형성이 서로 작용과 반작용을 해 나갔습니다. 프랑스 철학자들의 사상과 이론은 혁명에 강력한 영향을 미쳤고, 자각한 대중, 더 나아가 의식적으로 지도된 대중 봉기가 나타난 것입니다.

당시 프랑스는 루이 16세의 지배 아래 있었습니다. 그는 무능했으며, 그의 왕비 마리 앙투아네트는 왕권신수설을 신봉한데다 매우 사치스럽기까지 했습니다. 군사적으로 쌓은 업적이 독재와 군주제의 버팀목이 되는 법인데, 프랑스의 경우 군사적으로 업적이 없었습니다. 버팀목으로 삼을 만한 게 아무것도 없었는데도 그들은 허영과 사치를 일삼았습니다. 농민들은 식량도 없고 농사 지을 땅도 없는 그야말로 빈곤 상태에 있었습니다. 그런데도 왕과 왕비는 그들의 빈곤에 아무런 신경을 쓰지 않았습니다.

국고가 바닥나자 루이 16세는 온갖 궁리 끝에 1789년 5월 삼신분회를 소집했습니다. 삼신분회는 영국 의회와 그다지 다르지 않았으나 그때까지 소집된 적이 거의 없었습니다. 세 계급이 한 자리에 소집된 삼신분회에서 평민이자 중간계급인 제3신분이 자기들 동의 없이 조세를 부과해서는 안 된다고 주장했습니다. 그러자 루이 16세는 그들을 의사당 밖으로 몰아내버렸습니다. 그러자 이번에는 그들이 근처의 테니스 코트에 모여 헌법을 획득하는 날까지 절대 해산하지 않기로 선서하면서 행동에 들어갔습니다. 이것을 보통 '테니스 코트의 선서'라고 합니다.

인민들은 1789년 7월 14일 파리에서 봉기하여 바스티유 감옥을 점령하고 죄수들을 석방했습니다. 이 바스티유 감옥의 함락이 혁명의 발단이자 전국적인 인민 봉기의 신호탄이 되었습니다. 이는 봉건제도와 군주제 그리고 특권의 종말을 의미했습니다. 이후 삼신분회는 '국민의회'로 바뀌었고 국왕은 입헌군주 또는 제한 군주로 규정되었으니, 이제 그는 의회의 지시에 따라 행동해야 하는 존재가 되었습니다. 바스티유 함락이 있었던 1789년부터 1794년까지 운명의 5년 동안 굶주린 인민이 행동에 나섭니다. 군주제를 철폐하고 봉건제도와 교회의 특권을 없앤 것은 바로 이들이었습니다. 혁명에서 정치는 이미 국왕이나 직업 정치가의 놀이가 아니었으며, 그것은 현실과 직접 부딪치는 것이었습니다.

혁명 초기에는 왕당파, 온건 자유주의파, 공화주의파 등 숱한 당파와 그룹이 주도권을 잡으려고 서로 싸웠습니다. 그리고 외국에서는 혁명을 피해 도망친 프랑스 귀족들이 반혁명 공작을 계속하고 있었고, 유럽 열강은 모두 혁명 프랑스에 대해 전열을 가다듬고 있었습니다. 국민의회 초기에 큰 세력을 차지한 것은 영국과 미국에 뒤이어 헌법의 확립을 주장한 온건 자유주의파였습니다. 혁명 프랑스의 국민의회는 농노제, 여러 특권들, 봉건 법정, 그리고 귀족·성직자의 조세 면제, 그들의 칭호 등을 잇달아 폐지해 나갔습니다. 국민의회는 이어서 '인권선언'을 통과시켰습니다.

인권선언은 이후 유럽의 자유주의자와 민주주의자의 헌장이 되었습니다. 그러나 법 앞의 평등과 투표권을 갖는다고 진정한 자유·평등 나아가 행복이 보장되는 것은 아닙니다. 변함없이 권력을 쥔 무리가 인민을 착취하는 온갖 수단을 가진다는 사실을 깨닫기까지는 여전히 많은 시간이 필요했습니다. 국민의회는 이 밖에도 좋은 개혁을 많이 실시했습니다. 그러나 국민의회에는 농민이나 도시의 서민을 대표할 자가 전혀 없었고 그래서 중간계급에게 좌지우지되었습니다. 평민들에게 자유는 여전히 멀리 있는 것처럼 보였고, 국민의회는 거의 옛날 영주와 다름없는 방법으로 그들을 압박하고 있었습니다.

시민들은 국민의회에 배신당하자 다른 돌파구를 찾아냈습니다. 이것이 파리 코뮌이었습니다. 파리 시市 정부인 코뮌은 대중과 직접 접촉하는 하나의 살아있는 조직으로서 국민의회에 대항했습니다. 그러다 1791년 6월 21일 혁명의 운명을 결정하는 사건이 일어납니다. 국왕 루이와 마리 앙투아네트가 변장을 하고 탈출을 시도한 사건입니다. 그들은 붙잡혀 파리로 송환되었습니다. 그러면서 공화국의 이념이 급속히 커져갔습니다. 1791년 9월이 되자 국민의회는 문을 닫고 '입법의회'에 그 지위를 넘겨주었습니다. 그러나 이 역시 상층계급의 대표 기관에 불과해 자코뱅당의 세력을 확대시켜 주었을 뿐입니다.

그러면서 파리의 혁명 코뮌은 위기 극복을 지도하는 위치에 올랐습니다. 그들은 왕궁을 공격했고, 결국 인민이 승리했습니다. 코뮌은 의회를 누르고 국왕을 폐위시켜 감옥에 가두었습니다. 그리하여 1792년 9월 21일에 '국민공회'가 소집되었습니다. 이것은 입법의회를 대신한 새로운 회의체였습니다. 이때 루이 16세에 대한 재판이 열렸고 그에게 사형 선고가 내려졌습니다. 이로써 프랑스 인민은 유럽의 국왕과 황제에 도전하는 마지막 한 발걸음마저 내디뎌 스스로 퇴로를 끊어버렸습니다.

공화국 프랑스는 나머지 왕정 유럽의 공세 앞에 배수진을 쳤으며 유럽의 여러 인민을 향해 격문을 띄워 지배자에 대한 궐기를 촉구하고 스스로 모든 인민의 벗, 모든 왕정의 적임을 자처했습니다. 모진 궁핍이 뒤따르고 훈련도 제대로 안된 채 날림으로 만든 혁명군이었지만, 모든 외국 군대를 프랑스 땅에서 몰아냈습니다. 전쟁은 확대되었는데, 강력한 해군을 보유한 강적 영국은 프랑스의 항만을 봉쇄하기 시작했습니다. 외국과의 전쟁이란 모든 부분에 영향을 끼쳐 국민의 에너지가 모조리 거기에 쏟아 부어집니다. 그리고 외적과 전투하느라 사회문제를 소홀히 하면 전쟁열과 혁명열이 뒤바뀌게 되어 그 결과 혁명의 참다운 목적을 상실하게 됩니다. 결국 프랑스 국내에서 농민 폭동이 일어나고 내전과 반혁명 봉기가 일어나는 등 문제가 생기기 시작했습니다.

그동안 파리에서는 새로운 선거로 이루어진 코뮌과 각 지구 자치단이 여전히 시를 장악하고 있었습니다. 또 국민공회 내부에는 여러 당파 간에 싸움이 벌어졌습니다. 지롱드당, 즉 온건 공화주의자와 자코뱅당, 즉 급진 공화주의자의 싸움이었습니다. 자코뱅당이 승리했고 공회는 봉건적 권리를 박탈하는 마지막 조치로 봉건 영주에게 속한 토지를 지방자치 정부로 회수해 공유 재산으로 만들었습니다. 자코뱅당은 공익위원회와 공안위원회를 두고 그들에게 광범한 권한을 부여해 공포의 대상이 되게 했습니다. 이들은 사사건건 국민공회를 몰아세웠습니다. 또 많은 지롱드당 의원이 혁명 재판소에서 재판을 받고 바로 사형에 처해졌습니다.

이렇게 공포정치가 시작되었는데, 공회는 공익위원회와 공안위원회를 통해 좌우되었습니다. 그들은 자기들 의견에 동의하지 않는 모든 자와 충돌했습니다. 양 위원회는 혁명 당시 지구 자치단과 함께 혁명 세력의 중추를 이루었던 코뮌을 괴멸시켰습니다. 파리 곳곳에 결성된 지구 자치단은 상층 관리와 대중을 결합하는 관절이며, 혁명에 힘과 생명을 주는 혈관이었습니다. 이는 참된 혁명 시대의 종말이 다가옴을 뜻했습니다.

파리 지구 정부와 코뮌이 괴멸된 뒤 사태는 급진전됐습니다. 파벌이 권력을 장악했는데, 그들은 공포정치를 강화해 자신들의 지위를 유지하는 데 급급했습니다. 그러다 사실상 공회의 독재자였던 로베스피에르^{Robespierre}에게 공회가 마침내 공격의 칼날을 들이댐으로써 그의 독재가 끝이 나고 곧 반혁명이 닥쳐왔습니다. 1795년 10월에 공회는 해산되고 '총재정부'가 정권을 잡았습니다. 이는 부르주아 정부였는데, 인민을 크게 억압했습니다. 그 기간이 4년 이상이었습니다. 이제 혁명은 좌절되었고, 이상주의자들의 빛나는 꿈과 빈민의 희망은 함께 사라졌습니다. 하지만 혁명은 당초에 목표했던 많은 것을 확보해 서민의 지위는 크게 개선되었습니다. 또한 혁명의 이념과 '인권선언'에 나타난 여러 원칙 역시 유럽 구석구석에 골고루 퍼져 나갔습니다.

많은 역사학자가 세계사에서 가장 위대한 사건으로 손꼽는 프랑스혁명은 식민 지배를 받는 나라의 민족운동가인 네루에게 큰 영향을 끼칩니다. 그는 프랑스혁명을 어떻게 평가했을까요? 네루는 프랑스혁명을 한 시대의 종말과 다음 시대의 시작을 의미하는 역사적인 사건으로 가치를 매깁니다. 프랑스혁명으로 프랑스인은 모두 남녀 시민이 되었으며, '자유·평등·박애'는 세계를 향해 외친 새로운 공화국의 표어가 되었다고 평가했습니다. 하지만 사실 이런 평가에는 과장이 있습니다. 프랑스혁명이 봉건적 지배계급을 일소하지도 않았고, 혁명이 가져온 근대적 요소들도 장기적인 과정의 일부일 뿐입니다. 무엇보다도 프랑스는 전 세계에 자유와 평화를 가져오기는커녕 알제리나 베트남 같은 식민지에서 그 나라 사람들을 억압하고 노예화했습니다. 네루는 프랑스혁명에 나타난 공포정치의 커다란 그림자가 혁명의 시대를 뒤엎었고, 당시 나타난 탄압과 테러리즘의 잔혹성은 곧 정부가 느끼는 공포심을 잘 드러내는 척도였음도 잊지 않고 지적합니다. 반동 정부는 소수 특권층을 대신해 대중에 테러를 저지르고, 혁명 정부는 대중을 대신해 소수 특권층에 항거한 것입니다. 반동 정부는 자유를 구호로 내세우지만 그 자유란 자기 좋을 대로 함부로 행동하는 자유이고, 정의를 구호로 내세우지만 그 정의란 남을 희생시켜 자기 배를 채우는 것을 보장하는 사회질서의 영구화를 의미하는 데 지나지 않았습니다. 네루는 설령 사회혁명이 엄청난 희생을 가져온다 할지라도, 반드시 없애야 할 나쁜 제도를 없애지 못하고 그 아래에서 살다가 불가피한 전쟁이 일어났을 때 이것이 가져올 희생보다는 크지 않다고 말했습니다. 네루는 혁명을 옹호한 겁니다.

나폴레옹은 프랑스혁명이 한창 진행되는 가운데 등장했습니다. 나폴레옹은 모든 인간이 그렇듯 선과 악이 기묘하게 섞인 인물이었습니다. 그는 용기와 자심감, 상상력, 놀랄 만한 정력과 무한한 야망을 두루 갖추고 있었으며, 혁명의 아들이면서도 광대한 제국을 꿈꾼 사람이었습니다. 나폴레옹은 1769년 코르시카 섬에서 태어났고 혁명 기간 중에는 자코뱅당 당원이었습니다. 그는 24세의 나이에 장군이 되었습니다. 프랑스에 '총재정부'가 들어서자 나폴레옹은 잔혹한 반혁명의 지도자로 우뚝 섰습니다. 나폴레옹은 10년이 채 지나기도 전에 공화국을 끝장내고 프랑스의 황제가 되었습니다.

1796년 나폴레옹은 이탈리아 방면 군사령관이 되어 북부 이탈리아에서 전과를 올림으로써 유럽을 놀라게 했습니다. 그는 혁명적 언사와 약탈의 약속을 묘하게 결합시켰고, 그것이 승리를 일구는데 큰 기여를 했습니다. 승리를 거듭하면서 그의 위세와 신망은 높아지고 명성은 널리 퍼졌습니다. 나폴레옹은 북부 이탈리아 전역을 석권하고 이탈리아에 있던 오스트리아군을 격파해 베네치아의 오랜 공화국을 무너뜨린 뒤 그들과 가혹한 제국주의적 강화를 맺고 나서 개선 장군으로 파리에 돌아왔습니다. 그는 파리로 돌아온 뒤 얼마 지나지 않아 다시 알렉산드리아로 출정했습니다. 귀국한 나폴레옹은 공회를 강제 해산하고 헌법을 사실상 폐기했습니다. 이 같은 강제력을 사용하는 정치 행동을 쿠데타라고 하는데, 그가 이렇게 할 수 있었던 것은 인민에게 인기가 있었고 인민이 그를 신뢰했기 때문입니다. 혁명은 이미 오래 전에 파산했고 민주주의마저 그 자취를 감추려 하고 있었습니다.

그 위에서 세 명의 집정관을 두는 신헌법이 제정됩니다. 신헌법은 국민투표를 통해 거의 반대 없이 채택되었습니다. 이렇게 국민들은 스스로 모든 권력을 나폴레옹에게 맡겼습니다. 이후 나폴레옹은 종신 집정관으로 임명됨으로써 권세를 키웠고, 1804년 다시 국민투표를 하여 마침내 스스로 황제라고 칭했습니다. 그러나 그는 구식 전제군주와는 크게 달랐습니다. 나폴레옹 황제는 출중한 능력과 인민 특히 농민 사이에 퍼진 인기에 권력의 기초를 두었습니다. 그러나 농민들도 계속되는 전쟁으로 피폐해졌고 그에 따라 지지가 시들해지자 나폴레옹의 위치도 흔들리기 시작합니다. 나폴레옹

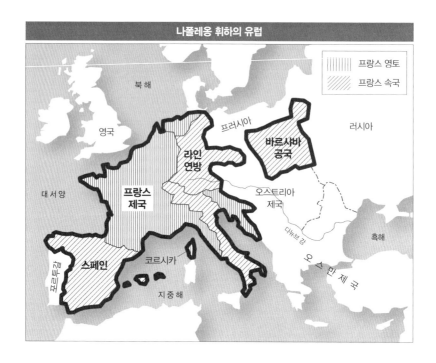

나폴레옹 휘하의 유럽

범례:
- 프랑스 영토
- 프랑스 속국

북해
영국
프러시아
라인 연방
바르샤바 공국
러시아
대서양
프랑스 제국
오스트리아 제국
다뉴브 강
흑해
포르투갈
스페인
코르시카
오스만 제국
지중해

은 10년간 황제 자리에 앉아 있으면서 유럽 대륙의 모든 방면에 타격을 주고 괄목할 만한 승리를 거두었습니다. 다만, 해군이 강했던 영국만이 재앙을 면했을 뿐입니다.

나폴레옹은 어딜 가든지 프랑스혁명의 성과를 전파했습니다. 그가 정복한 여러 나라의 인민은 낡은 반봉건적 지배자들에 넌더리가 나 있었기 때문에 그의 침공에 반감을 품지만은 않았습니다. 그래서 봉건제도는 그가 진군하면서 쓰러졌습니다. 그러나 나폴레옹이 불러일으킨 민족주의는 역으로 그를 공격하는 무기가 되었습니다. 그는 황제가 되고 싶다는 욕망에 사로잡혀 있었기 때문에 왕조의 기초를 다지기 위해 많은 노력을 기울였습니다. 어떤 점에서 시대를 능가했던 사나이가 기존 왕실의 낡은 관념인 허식에 얽매여 있었다는 것입니다. 네루는 그가 이 양자 사이에 끼어 있었기 때문에 몰락했다고 평가합니다.

나폴레옹의 군사적 업적은 비극적인 종말을 향해 천천히 가고 있었습니다. 국내에서 불만이 들끓었고, 부하 대신과 장군들이 배신하여 반기를 들었습니다. 그러자 그의 독재 정치는 압제로 변했습니다. 권세는 그를 타락시켰고, 갈수록 그의 군대는 해이해졌습니다. 그러던 중 1812년 나폴레옹이 러시아 침입을 기도했으나 혹심한 추위와 기아 때문에 원정에 실패합니다. 그리고 이 원정은 결정적인 타격이 되었습니다. 적은 사방에서 그를 에워쌌고 지칠 대로 지친 나폴레옹은 1814년 4월 황제 자리에서 물러났습니다.

유럽의 지도를 다시 만들기 위해 유럽 각 나라가 참여하는 대회의가 빈에서 개최되었습니다. 그들은 나폴레옹을 섬 엘바로 유배시켰습니다. 프랑스에서는 부르봉 왕가가 다시 부활하여 루이 18세가 왕위에 오르고, 그와 동시에 여러 가지 압제가 부활했습니다. 그러던 중 나폴레옹은 극적으로 섬을 탈출하여 1815년 리비에라의 칸에 상륙합니다. 이 소식에 유럽의 다른 수도는 놀라움에 휩싸였고, 공포에 떤 모든 국왕들과 대신들은 서로의 갈등을 잊고 오로지 나폴레옹 타도를 위해 다시 단결했습니다. 전 유럽은 그를 향해 진군을 개시했습니다. 그는 상륙한 지 100일 만에 참패했고, 그 결과 다시 세인트헬레나 섬에 유배당해 5년 뒤 그곳에서 초라하게 죽었습니다.

나폴레옹은 훌륭한 착상과 풍부한 상상력을 갖고 있었지만 이상적 가치나 이타적 동기에는 전혀 관심이 없었습니다. 그는 신앙이 없었지만 종교를 후원했습니다. 당시의 종교가 가난한 자와 불행한 사람들에게 자기의 운명을 감수케 하기 위한 수단에 불과했음에도 그가 종교를 후원한 것은 종교가 기성 사회질서를 지켜주는 중요한 역할을 한다고 보았기 때문입니다. 그는 오직 권력의 제단에만 기도를 올렸습니다. 네루는 개인이건 민족이건 권력만을 추구하는 자는 몰락과 붕괴에 직면할 수밖에 없다며 나폴레옹의 권력욕을 나무랐습니다.

제1차 세계대전 전까지의 세계 정세

나폴레옹의 몰락은 전쟁에 지쳐 있던 유럽 인민에게 큰 구원이었습니다. 무엇보다도 나폴레옹을 두려워하던 유럽의 군주들에게는 더 기쁜 소식이었습니다. 나폴레옹 전쟁의 상처를 치유하기 위해 유럽에선 옛 국왕들과 대신들이 빈 회의에 참석했습니다. 프랑스에는 부르봉 왕가의 루이 18세가 복귀했고, 스페인에서는 종교재판까지 부활했습니다. 빈 회의에 모인 군주들은 당연히 공화국을 싫어했고, 그래서 1814년부터 1815년에 걸쳐 열린 이 회의에서 자신들을 절대로 안전하게 보호하는 일에 모든 관심을 집중했습니다. 그들은 새로운 혁명 사상을 막는 것이 가능하다고 생각했습니다. 결국 유럽 전체에서 모든 자유사상이 탄압받기 시작합니다. 그 뒤 1830년 유럽에서 두 가지 변화가 나타났는데, 하나는 프랑스에서 부르봉 왕가의 전제와 압박에 넌더리가 난 인민이 다시 그들을 내쫓고 루이 필립이라는 또 다른 국왕을 선택한 것이고, 다른 한 가지는 벨기에에서 반란이 일어나 벨기에와 홀란드가 분리된 것입니다. 또한 1830년은 유럽 다른 나라들의 '반란의 해'라고 할 만큼 반란이 많이 일어났습니다.

이때 대서양 저편에선 미합중국이 서부를 향해 영토를 계속 확장하고 있었습니다. 남아메리카는 스페인으로부터의 독립을 목표로 싸우고 있었습니다. 미국 대통령 먼로는 유럽 열강이 남북 아메리카의 어느 지역이든 간섭한다면 즉시 미합중국과 전쟁을 해야 할 것이라고 강력하게 경고하고 나섰고, 그 결과 유럽의 간섭에서 벗어나게 되었습니다. 이 경고를 먼로주의라고 합니다. 먼로주의 덕분에 남아메리카의 새로운 공화국은 유럽의 손아귀에서 벗어나 성장해 갈 수 있었습니다. 그러나 남아메리카의 수많은 공화국은 오늘날 완전히 미국의 영향 아래 놓여 있습니다. 역사의 모순으로 보이지 않습니까?

유럽에서 나폴레옹 전쟁이 벌어지고 있는 동안 영국인은 자바까지 점령했고, 영국이 인도에서 세력을 확장하고 있는 동안 유럽의 또 하나의 강대국 러시아는 중앙아시아로 그 세력을 넓히며 이미 태평양과 중국에까지 접하고 있었습니다. 만주족의 지배 아래 있던 중국은 외국인들의 불법 무역을 통한 아편 반입을 금지했으나, 영국에 의해 아편전쟁으로 비화되어 곤경에 빠집니다. 일본은 19세기 초에도 모든 외국인에 대한 문호를 막아 놓은 상태였습니다. 동남아시아에서는 유럽 열강이 끊임없이 영토를 잠식하고 있었습니다.

그 당시를 보면 정치적 변화가 모든 것을 지배한 것처럼 보이지만, 사실은 산업혁명과 함께 시작된 생산·분배 그리고 교통의 대혁명이 정치적 변화보다 훨씬 중요합니다. 이 산업혁명은 무수한 사람들의 사고방식과 계급 관계를 바꿔 나갔고, 이에 하나의 새로운 세계가 형성되려 하고 있었습니다. 유럽은 더욱 능률적이고 효율적이 되면서 동시에 탐욕스러워져 제국주의를 향해 갔습니다. 그러나 제국주의를 타도할 여러 이념도 계속 성장하고 있었다는 사실을 함께 기억해야 합니다.

19세기는 상상을 초월할 정도로 기계가 발전한 시대였습니다. 유럽의 기계공업은 종래의 농가 수공업에 비해 훨씬 빠르게 제품을 대량생산해냈습니다. 제품을 생산하기 위해서는 원료도 필요했지만 이제 제품을 팔 시장이 더욱 필요했습니다. 이때 아시아와 아프리카는 좋은 대상이 되었습니다. 처음에는 베틀로 짠 직물을 비롯해 아시아의 여러 생산물이 유럽으로 들어갔지만, 기계가 발달한 이후부터는 이 관계가 역전되어 유럽의 싼 물품이 아시아로 흘러 들어왔습니다.

인도에서 영국의 동인도회사는 영국 물품의 판로를 확대하기 위해 인도의 가내수공업을 계획적으로 말살했습니다. 당시 동남아시아는 유럽 강대국에 점령당했으며, 중국 역시 침식당해 잇달아 조계租界(★아편전쟁 이후 1845년에 영국이 외국인의 거주와 장사를 위해 상하이를 필두로 천진, 한구, 광주廣州 등 여러 개항장에 설치한 거류지. 청일전쟁 이후에는 그 수가 대거 늘어 영국·프랑스·독일·일본 등

8개국의 조계가 무려 28곳이나 되었다. 조계 내의 행정권은 치외법권이 인정되어 실질적으로 제국주의 국가의 침략 기지가 되었다.)를 빼앗겼습니다. 다만 일본만이 아시아에서 대등한 지위로 유럽에 대항했습니다. 아프리카는 유럽에 전혀 저항할수 없었으며, 그 약점을 노리는 유럽 열강은 미친 듯이 앞다투어 쳐들어가이 거대한 대륙을 여럿으로 쪼개 버렸습니다.

기계혁명에 따라 자본주의 문명은 전 세계로 퍼져 나갔고, 유럽은 모든곳을 지배하면서 자본주의가 제국주의로 나아갈 길을 터 놓았습니다. 따라서 이 세기는 제국주의의 시대라 해도 과언이 아닙니다. 이 시대의 제국주의는 구식 제국주의와는 그 성격이 매우 다릅니다. 이 시기의 제국주의는원료와 시장에 굶주린 새로 등장한 공업 문화의 자식이었습니다. 종교도 과학도 조국애도 모두 부유함이라는 하나의 목적을 위해 자기보다 힘이 약하고 산업이 뒤떨어진 민족을 어떻게 착취할까 골몰했습니다.

한편, 자본주의는 민족주의를 앙양시키기도 했습니다. 그래서 이 세기를민족주의 세기라고 부를 수도 있을 겁니다. 민족주의는 여러 나라 사이에마찰을 야기했고, 제국주의와 첨예하게 대립했습니다. 또한 빈 회의에서 결정된 유럽의 지도로 인해 일부 민족이 강제로 다른 국민의 지배 아래에 놓이면서 또 다른 분쟁의 요인을 안고 있었습니다. 서로 더 많은 영토를 병합하려 으르렁거리는 강대국들의 정치적 긴장이 온 세계를 휘감았습니다. 세기말이 되자 사태는 정점에 이르렀습니다. 각국은 군대와 군함을 강화하고확대했으며, 다른 나라와 싸우기 위한 동맹이 여러 나라 사이에 체결되어마침내 두 개의 동맹 체제가 유럽을 양분하며 대립했습니다. 이리하여 맹목적인 민족주의가 유럽을 지배하게 되었고, 민족과 민족, 계급과 계급, 그리고 인간과 인간 사이의 분쟁을 부추기는 성질을 가진 산업자본주의가 사회의 모든 구조를 지배하게 되었습니다.

민족주의는 아시아에서도 발달했는데, 처음에는 종교적인 사고와 결합했지만, 시간이 가면서 종교적인 색채는 점차 퇴색하고 서유럽형 민족주의가 발달했습니다. 유럽에서 이루어진 과학과 기계 발달 덕분에 유럽의 군대는 당시 아시아 여러 나라의 그 어떤 무기로도 당해 낼 수 없는 위력을 갖게 되었습니다. 서양의 제국주의가 점차 침략적으로 되어 가자 이에 대항해 싸우려는 아시아의 민족주의도 점점 고조되었습니다. 인도에서는 비로소 인도국민회의가 그 모습을 나타냈습니다. 아시아의 반격이 시작된 것입니다.

네루는 자본주의를 비판했지만, 그렇다고 무작정 자본주의를 폄하하지도 않았습니다. 그는 이러한 모순에도 자본주의적 문명은 조직, 협력, 능률 그리고 정확성을 가르쳤다고 했습니다. 그 밖에 적어도 생산 문제가 이론상 해결되었으니 미미하나마 가난한 계급의 생활수준이 향상되었다고도 했습니다. 사실 부와 생활수준의 향상도 인민의 희생 위에 가능했으며, 이는 얼마 동안 자본주의의 모순을 감춰 주었으나 역시 빈부 격차가 확대된 것은 분명한 사실입니다.

새로운 산업은 노동자계급이 부상하게 했습니다. 농업은 계절과 강우에 의존하는 경향이 크기 때문에 농사를 짓는 사람은 자신의 빈궁과 고생이 초자연적인 원인에 따른 것이라고 믿는 편입니다. 반면 공장 노동자들은 기계를 다루면서 일하기 때문에 환경은 사람이 만든다고 믿는 경향이 강합니다. 따라서 그들은 자신의 빈곤을 신의 탓으로 돌리지 않고 사회와 사회제도, 특히 자기 노동의 태반을 제 주머니에 챙기는 공장 소유주인 자본가의 책임으로 돌립니다. 얼마 안가서 노동자들은 단결하면 힘을 발휘할 수 있다는 것을 알게 됩니다. 그 결과 노동조합이 생깁니다. 비로소 노동자들이 노동조합을 통해 자신들을 보호하고 권리를 위해 싸우는 시대가 온 것입니다.

이 시기엔 혁명을 통해 민주주의와 정치적 자유의 관념이 널리 보급되었습니다. 민주주의의 이상은 국가는 그 어떤 특권도 인정하지 말아야 하며, 모든 사람을 평등한 사회·정치적 가치가 있는 존재로 인정해야 한다는 것입니다. 이제 19세기는 '민주주의의 세기'라 불러도 좋을 정도로 민주주의가 세기의 큰 이상이 되었습니다. 민주주의는 마침내 승리했지만 사람들은 점점 민주주의에 대한 신념을 상실하기도 했습니다.

민주주의는 전제정치나 그 밖의 압제에 대한 반작용으로 출발했습니다. 그래서 민주주의는 자유의 여러 면 가운데 특히 정치적인 면을 말하는 경우가 대부분입니다. 그러나 그것은 새로 제기된 산업의 문제, 빈곤, 계급투쟁 등을 전혀 해결하지 못했습니다. 한쪽에서는 노동하는 자들의 지위 저하와 궁핍이 일어나고, 다른 한쪽에서는 생산과정에 들어가지 않으면서 산업에 기생하는 계급이 생깁니다. 이것은 노동 성과의 불공정한 분배입니다. 그리하여 자본주의를 대체할 운명을 지닌 사회주의라는 사상이 생겨난 겁니다. 마침내 19세기 중엽에 사회주의의 예언자요, 사회주의의 한 종류인 공산주의의 아버지가 될 인물이 나타났는데, 그가 칼 마르크스Karl Marx입니다. 그는 과학적 방법을 정치·경제 문제에 적용함으로써 세계의 질병을 치유하려 했습니다. 그는 사회주의의 발전에 지대한 영향을 끼쳤습니다.

이 세기의 중반에 다윈의 《종의 기원》이 발간되었습니다. 그는 하나의 종種이 자연의 도태 과정을 거쳐 다른 종으로 이행하며, 단순한 형태가 점차 복잡한 형태로 변화한다고 설명했습니다. 이러한 과학적 해명은 세계와 인간과 동물의 창조에 관한 종교적 교리와 정면으로 대립하는 점이 있었습니다. 그리하여 진화론을 주장하는 과학자와 교리를 믿는 신자들 사이에 논쟁이 벌어지게 됩니다. 그 싸움에서 과학 정신이 고루한 종교적 태도에 대해 승리를 거둡니다. 승리한 과학은 인간의 지식을 늘릴 뿐 아니라 자연에 대한 인간의 지배력을 증대시키는 것으로 인식되었습니다.

19세기는 비로소 유럽 문명이 꽃을 피운 유럽의 세기였습니다. 이 문명은 산업자본주의에 의해 태어나고 이를 지배한 부르주아들의 문명이었습니다. 이에 따라 유럽 곳곳에 풍부한 생활과 생명력과 창조성이 나타났습니다. 그러나 이러한 문화는 대체로 유럽의 상층계급에 국한되었으며, 수많은 인민의 착취에 기초한 것이었습니다.

❸
식민주의와 민족주의

인도의 몰락과 영국의 지배권 확립

자본주의에 기초한 유럽의 아시아 침략은 영국의 인도 식민지화로부터 시작합니다. 사람들은 보통 1757년 인도 벵갈 지역에서 벌어진 플라시Plassy 전투가 영국의 인도 지배의 시작이라고 합니다. 플라시 전투에서 승리한 영국이 벵갈 태수를 제멋대로 갈아치워 버린 후 벵갈 및 비하르에 대한 영국의 지배가 기정사실이 되었습니다. 이후 영국은 인도 상업을 강압적으로 경영했고, 그 때문에 인도의 제조업 및 상업이 큰 타격을 받았습니다. 영국 지배는 동인도회사에 의해 이루어졌는데, 그것은 동인도회사 주주들인 영국 상인들이 의회와 정부를 움직인 결과였습니다.

일개 무역회사인 동인도회사가 인도를 통치했다는 것은 인도의 운명이 상인 투기꾼 손에 장악되었음을 의미합니다. 그들에게 통치란 무역이었으며, 무역이란 주로 약탈이었습니다. 당시 영국인은 우수한 장비를 갖춘 군대와 뛰어난 조직력을 가지고 있었을 뿐만 아니라 다른 어떤 경쟁 세력보다 모든 면에서 유리한 위치를 차지하고 있었습니다. 영국은 벵갈을 지배하여 인도에서 프랑스 세력을 누른 후, 데칸 지역에 위치한 마이소르의 하이데르 알리와 두 차례에 걸쳐 전쟁을 벌였습니다. 그 후 마라타족과도 여러 차례 전쟁을 일으켰고, 1814년부터 1816년까지는 네팔과도 전쟁을 치렀습니다.

동부에서는 미얀마와도 충돌해 미얀마를 송두리째 영국에 병합시키기도 했습니다. 잇따른 정치적 불안, 강우량의 부족, 영국인의 수탈 정책, 이런 것들이 모두 하나가 되어 1770년에는 벵갈과 비하르에서 대기근의 참상이 나타납니다.

18세기 초 북부 인도의 정세를 살펴보면, 당시 펀자브에는 란지트 싱이 다스리는 시크 왕국이 있었습니다. 그러나 그가 죽자 시크 왕국은 곧 분열하면서 쇠퇴했습니다. 영국인과 시크 왕국 사이에 두 차례의 전쟁이 일어났고, 영국이 완승을 거두고 펀자브를 병합했습니다. 펀자브 너머 서북쪽에는 아프가니스탄이 있었는데, 영국은 1839년에 특별한 이유도 없이 아프가니스탄에 전쟁을 걸었습니다. 영국군은 카불과 그 밖의 많은 지점을 점령했지만, 도처에서 봉기가 일어나 치명적인 타격을 받고 쫓겨났습니다.

인도의 낡은 경제 질서는 영국인이 나타났을 때 이미 파산해 있었고, 봉건제도는 위기에 봉착했습니다. 영국인들은 이와 같은 상황에서 인도 봉건제도의 종말을 앞당기려 했고, 결국 그 목적을 달성했습니다. 그런데 흥미로운 점은 그들이 실제로는 봉건제도를 유지하려 애썼다는 것입니다. 그것은 봉건제도의 유지를 통해 인도가 새로운 질서로 나아가는 것을 방해하려 했기 때문입니다. 영국은 명목적으로는 봉건적 인도를 근대 양식의 공업화한 자본주의 국가로 변화시키는 과정의 대행자가 되었습니다.

그러나 인도인들은 스스로 이를 깨닫지 못했습니다. 영국인이 진출하고 있을 무렵 인도의 봉건 체제는 그 세력을 일으켜 외국인을 몰아내기 위해 다시 한번 안간힘을 썼습니다. 1857년엔 세포이 항쟁으로 알려진 봉기가 일어납니다. 1857년의 봉기는 비밀리에 대규모로 조직되었습니다. 그것은 단순한 군사적 봉기가 아니라 반反영제국 인민 봉기였습니다. 네루는 이 봉기가 인도 독립 전쟁으로 발전했다고 했으나 이것은 민족주의에 바탕을 둔 과도한 생각입니다. 영국의 지배에 반대한 것은 사실이지만, 그렇다고 영국 세력을 몰아내고 독립하자는 주장은 누구도 하지 않았습니다. 여전히 영국이 사회의 근대화에 필요하다는 생각이 많았던 것입니다. 이 봉기는 일반 인민의 독립이 아닌, 황제를 옹립하려는 구식 봉건형의 투쟁이었습니다. 이 봉기는 외부의 여러 불리한 조건은 물론이고 이미 내부에 실패의 씨앗을 품고 있었습니다. 봉건 질서라는 이미 사라진 목표를 위해 싸웠다는 것이 바로 실패의 씨앗입니다.

1857~1858년의 봉기는 봉건 인도의 마지막 남은 빛이었으며, 그것이 꺼지자 많은 것이 함께 소멸되었습니다. 영국은 우선 무굴 제국을 종식시켰고 동인도회사의 통치를 폐지했습니다. 이제는 동인도회사 대신 영국 정부가 중요한 일을 직접 관장하게 되었고, 영국 총독은 그 지위가 격상되었습니다.

100년 가까이 지속된 전쟁은 인도를 매우 빈곤하게 만들었습니다. 게다가 영국인은 인도를 정복하는 데 든 비용을 인도인에게 부담시키는 정책을 성공적으로 추진했습니다. 결국 인도가 빈곤해졌는데도 금과 은은 계속 동인도회사로 흘러 들어갔고, 그 이익은 주주들에게 거액의 배당금으로 지급되었습니다. 이렇게 동인도회사와 그 앞잡이들은 인도에 축적된 거액의 부를 일방적으로 영국으로 실어 날랐습니다. 덕분에 영국은 중요한 전환기를 성공적으로 넘겼고, 인도는 수탈에 신음하는 식민지로 전락했습니다.

19세기는 인도가 영국 산업의 원료 공급지이자 영국 제품을 팔아주는 시장 역할을 한 영국 통치 제2기에 해당됩니다. 이는 인도의 진보와 경제 발전을 희생시키고 그 위에서 이루어진 것입니다. 처음에 유럽 상인은 인도의 원료가 아닌 제품에 끌려 인도 땅으로 들어 왔습니다. 당시 인도는 이미 농업·촌락 단계를 넘어 도시 생활수준이 상당했는데 특히 섬유산업이 고도로 발달해 있었습니다. 이 시기는 공업국이 되어가는 전환점이었고, 부르주아계급이 성장해 봉건 계급을 대체할 즈음이었습니다. 그런데 때마침 영국인이 밀고 들어와 인도 산업에 치명적인 타격을 입힌 것입니다.

인도와 무역을 하던 처음 얼마 동안 동인도회사는 인도의 산업 덕분에 돈을 벌었습니다. 처음 동인도회사가 인도와 무역을 시작하던 18세기에는 그들이 인도의 산업을 장려하였으나 차츰 인도 산업의 경쟁력을 약화시키고 영국 산업을 보호하기 위해 갖은 방법을 다 썼습니다. 19세기 초까지만 해도 인도 제품 가운데 어떤 것은 영국 제품보다 훨씬 싼 값으로 영국 시장에 수출하고 있었습니다. 그러나 얼마 지나지 않아 동인도회사가 정부를 사주해 영국에 수입되는 인도 제품에 세금을 높게 매겨 인도 상품이 영국에 진출하지 못하게 만들었습니다. 그리고 대규모의 기계공업화를 통해 인도의 가내수공업을 말살했습니다. 그러자 결국 인도는 산업국의 지위를 잃고 영국 제품의 소비자로 격하됩니다. 그리하여 인도 제품을 싣고 외국에 나가 금과 은을 싣고 돌아오던 무역의 조류가 역류하기 시작해 반대로 외국 제품이 인도로 흘러들어 오고 금과 은이 인도에서 흘러 나가게 되었습니다.

처음 얼마 동안은 외국 상품이 유통되는 범위가 항구 도시나 그 부근 지역에 국한되어 있었습니다. 하지만 도시와 철도가 건설되면서 외국 상품은 산간 깊숙한 곳까지 침투해 시골의 수공업자들을 몰아내고 말았습니다. 인도가 근대 공업국이 되는 것을 원치 않던 영국은 산업화를 지원하지 않았고, 그 때문에 기술자들은 직업을 잃고 쫓겨났습니다. 이들은 대부분 도시에 살던 사람들로 직업이 없어지자 농촌으로 밀려나게 되었고, 이제 도시 인구는 감소하고 농촌 인구가 증가하게 되었습니다.

주요 산업이 몰락하면서 그 보조 산업 또한 소멸하는데 이것은 곧 농민이 부업을 통해 확보할 수 있는 수입원을 잃었다는 것을 뜻합니다. 유럽에서는 기존 질서가 사라지면서 새로운 질서가 탄생하는 변화가 자연적으로 진행되었지만, 인도에서는 기존 질서의 소멸이 외부의 힘에 의해 이루어졌고, 자국의 이익을 우선한 영국이 새로운 질서를 탄생하지 못하도록 강제했습니다. 인도는 전진하기는커녕 영국의 정책을 통해 도리어 후퇴하여 전보다 더 비참한 농업국이 되었습니다. 이것이 인도 빈곤 문제의 기초이자 근본입니다.

동인도회사는 오랫동안 이익 추구에만 전념했기 때문에 좀처럼 도로 건설에는 비용을 들이지 않았습니다. 그러나 얼마 후 영국인이 원료 구입과 영국제 기계를 판매하는 일에 몰두하면서 새로운 교통정책이 강구되었습니다. 그 상태에서 신흥 도시들이 건설되어 외국 무역의 발달을 촉진시켰습니다. 신흥 도시는 대공업 도시와는 전혀 양상이 달라서 단순히 외국 제품을 쌓아 두는 장소에 지나지 않았습니다. 그래서 신흥 도시는 제품의 판매를 위해 내륙과 연결해야 했고 그에 따라 교통망 건설이 필요했습니다. 교통망이 구축되어 촌락이 외부와 연결되면서 촌락의 낡은 경제 질서가 붕괴했고, 그 위에 새로운 질서가 강제로 밀려 들어왔습니다. 농민들은 끝없이 몰락했습니다.

그럼 이번에는 농민과 토지 관련 동인도회사의 정책을 알아보겠습니다. 인도에는 전통적으로 자민다르Jamindar라는 지주가 있는데, 그들은 국가와 경작자의 중간에 있는 사람으로 토지에 부과된 세금을 거둬 국가에 납부하는 일을 합니다. 토지에서 거둔 생산물은 자민다르와 국고로 들어간 후 그 나머지가 경작자의 손에 남게 됩니다. 생산물이 세 부분으로 나뉘는 것인데, 그 세 부분이 모두 같은 액수가 아닙니다. 원래 토지에서 생산된 것은 농민 노동의 산물로 농민들이 대가를 얻을 권리가 당연히 있습니다. 여기에 국가가 여러 가지 일을 하기 위해 일정한 몫을 거두는 것도 당연합니다. 하지만 이는 경작자가 국가에 바친 몫이 도로·교육·위생과 같은 복지의 형태로 경작자에게 되돌아온다는 전제 아래에서만 정당합니다. 이 두 부분 외의 세 번째 부분은 자민다르, 즉 중간자의 손에 들어가는 부분입니다. 그들은 사실 생산에 전혀 참여하지 않기 때문에 그들이 몫을 차지하는 것은 소작료를 갈취하는 것과 다름없습니다. 이 불필요한 존재 때문에 경작 농민이 엄청난 고통을 받습니다. 따라서 자민다르 제도는 나쁜 제도이며, 그런 중간 착취자를 없애도록 반드시 개혁해야만 하는 것입니다.

이러한 자민다르 제도는 원래부터 있던 제도를 영국인이 농민에게 불리하게 바꾸어 만들어 낸 것입니다. 영국인이 들어오기 이전에는 토지 소유자 또는 중간자가 없었고, 자민다르는 국가가 직접 생산물의 일부를 거두어들이게 하는 관리였을 뿐입니다. 그런데 무굴 제국이 쇠퇴하면서 중앙정부가 기능을 상실해 세금을 징수할 힘을 잃었고, 이에 정부는 봉급을 주고 세금 징수인을 임명해 세금을 거뒀습니다. 중앙정부가 쇠퇴하면서 제도가 아주 나쁘게 변질된 것입니다. 게다가 정부의 통제력이 약화되자 조세 징수권이 세습되는 경향마저 생겼습니다. 이런 상황에서 동인도회사는 많은 조세 징수인을 임명했고, 이에 따라 인민에 대한 가렴주구가 매우 가혹해졌습니다.

이러한 동인도회사의 수탈 정책은 가뭄과 합세하여 벵갈과 비하르 지방에 기근을 초래했고, 그 결과 그 지방 인구의 3분의 1이 굶어 죽게 만들었습니다. 이 때문에 벵갈 지방은 거의 황폐해지고 말았습니다. 사태가 악화하자 동인도회사도 상황을 개선하려는 노력을 기울여 조세 징수인을 정식 지주로 대우하기로 했습니다. 그 결과 인도는 새로운 형태의 중간자를 갖게 되었고 경작 농민은 순수한 소작인으로 격하되었습니다. 그리고 각 자민다르가 정부에 바쳐야 할 조세액을 고정했습니다. 아무리 작황이 안 좋거나 가뭄이 있어도 한번 결정된 세금은 자민다르 지주로 정해진 사람에 의해 반드시 뜯겨갈 수밖에 없게 되었습니다.

19세기 벵갈에서는 플랜테이션 경작 시스템이라는 제도를 통한 또 다른 압제가 시작되기도 했습니다. 이 제도는 소작인이 영국인 지주의 경작지 일부에 인디고와 같은 특정 작물을 심어야 하고, 그 작물을 지주에게 고정된 값으로 팔아야 하는 제도입니다. 인디고의 가격이 떨어지더라도 대신할 다른 작물을 경작하지 못하게 하는 법률이 만들어졌고, 그를 위반할 때는 가혹한 폭력이 뒤따랐습니다. 따라서 플랜테이션 작물 소작인은 농노나 노예와 마찬가지가 되고 말았습니다.

영국인들이 인도에 들어왔을 무렵 인도에서 가내공업이 발전하고 있었다는 것은 분명한 사실입니다. 따라서 그들이 들어오지 않았다 해도 언젠가는 인도에서도 기계공업이 등장했을 것입니다. 그런데 영국이 인도에 들어와 인도를 장래의 경쟁자로 보면서 공업의 발달을 가로막았습니다. 영국은 인도에서 가장 뒤떨어진 보수적인 계급과 결탁했습니다. 영국은 유럽에서는 부르주아지 혁명의 선구자이자 산업혁명의 선구자였지만, 인도에서는 봉건주의를 강화하는 이중적인 모습을 보였습니다. 그것은 그들의 목적이 오로지 대중을 착취하는 데 있었기 때문입니다. 영국은 인도에 아직 남아있던 봉건 시대의 유물에 의지해 이미 수명이 다한 계급에 한동안 힘을 주었습니다. 그리하여 인도는 더 이른 시기에 선진화되지 못했던 겁니다.

영국은 특히 종교적 보수주의를 지원했으니 인도 내의 힌두교나 이슬람을 더욱 완고하게 만들었습니다. 어디에서든 한 나라의 종교나 문화는 외부의 침략이 있으면 스스로를 보호하기 위해 껍질 속으로 움츠러드는 경향이 있습니다. 종교가 사회 개혁이나 진보적 움직임에 앞장서기란 매우 어렵다는 뜻입니다. 그런데도 영국은 행여 남의 나라 종교와 문화에 간섭한다는 의심을 받고 그것 때문에 인민들의 저항을 받을까봐 오히려 이 나라의 종교를 보호하고 지원한 것입니다. 결국 종교와 문화는 위축됐고 개혁의 싹은 제거당했습니다. 전통적인 힌두법의 탄력성은 영국의 지배 밑에서 소멸하여 융통성 없는 성문화된 법전에 그 자리를 넘겨주었습니다. 이 때문에 힌두 사회의 성장은 멈추고 말았습니다.

그러나 영국의 방해 정책은 다만 인도의 공업 발달을 늦추었을 뿐 완전히 막을 수는 없었습니다. 19세기 중엽부터 인도에서도 기계공업이 발달하기 시작합니다. 인도의 근대 공업은 영국 식민 정부의 방침에 저항하면서 서서히 발달했습니다. 인도에서 비교적 부유한 계급이 공업의 발전을 점차 필요로 했고, 그러면서 공업 노동자계급도 배출해 냈습니다. 그러나 노동자가 일하는 공장의 조건은 매우 열악하고, 상태는 비참했습니다. 그들은 종종 파업을 하기도 했지만 그들의 파업은 정부를 등에 업은 부유한 고용주들 때문에 번번이 좌절되었습니다. 그렇지만 결국 그들은 노동조합을 결성해 투쟁하기에 이르렀습니다.

1857년 봉기 이후 동인도회사가 물러가고 영국 의회가 직접 인도를 통치하기 시작했습니다. 영국의 식민지로 편입되지 않은 토후국들이 많이 있었는데, 얼핏 보면 독립된 형태를 취하고 있었지만 사실은 영국에 완전히 종속되어 있었습니다. 커다란 토후국에는 영국인 관리가 주재했는데, 그가 행정의 총수 역할을 했습니다. 그들은 오로지 영내에서 영국의 지위를 강화하는 데만 관심이 있었습니다. 인도 전체의 3분의 1은 이러한 토후국으로 분할되어 있었으며, 나머지 3분의 2는 직접 통치하고 있었으므로 그들을 영국령 인도라 부릅니다.

세 대륙이 만나는 곳과 문명의 교류

이제 인도를 벗어나 아시아의 다른 곳으로 눈길을 돌려보도록 합시다. 아시아의 동남쪽에는 미얀마와 시암, 그리고 프랑스령 인도차이나 반도가 있습니다. 그리고 미얀마와 시암 사이에는 말레이 반도가 있습니다. 그 밑으로는 크고 작은 섬이 무수히 이어지는데 이 섬들이 동인도 제도이며, 그 북쪽 끝에 필리핀 제도諸島가 있습니다.

　17세기 이후 상당 기간 동안 유럽은 아직 공업화되지 않았기 때문에 이곳으로의 대규모 수출은 찾아볼 수 없었습니다. 이 무렵에는 유럽보다는 차라리 아시아 쪽이 산업국이자 수출국의 위치에 훨씬 가까웠고, 유럽과 아시아의 무역은 꽤 많은 이익을 창출했습니다. 당시 포르투갈인이 1세기 반 가까이 아시아를 제패했으나 포르투갈 주도에 대한 불평불만이 도처에 들끓었습니다. 이에 영국과 네덜란드가 연합해 포르투갈을 축출하고 동인도회사를 설립해 무역을 통한 이익을 나눠 먹었습니다. 그들은 인도 및 동인도의 지배자로서 인민에게 많은 공물을 거두면서 무역을 하는 데 큰 역할을 했습니다. 당시 인도에 심혈을 기울이던 영국은 인도의 사태가 다급해지자 힘이 부친 나머지 이곳에서 한발 물러섰고 그 결과 동인도 제도는 스페인

치하에 있는 필리핀을 제외하고는 모두 네덜란드 동인도회사의 손에 맡겨지게 되었습니다. 150년 동안 이 회사는 이곳 섬들을 지배하며 인민을 억압하고 세금을 짜냈습니다. 그러나 날로 경영이 부실해지자 마침내 1798년에 네덜란드 정부가 직접 다스리기 시작했습니다.

네덜란드 정부의 직접 통치는 동인도회사의 지배와 조금도 다를 게 없었을 뿐만 아니라 오히려 더 압제적이었습니다. '경작제도'라는 이름 아래 인민은 강제적으로 정규 노동시간의 4분의1이나 3분의1 정도를 그들을 위해 일해야 했습니다. 네덜란드 정부는 정부에서 무이자로 대부를 받는 청부업자의 손을 통해 그 제도를 실행했습니다. 이 청부업자들은 강제 노동을 통해 토지를 착취했습니다. 토지의 생산물은 정해진 비율에 따라 정부와 청부업자 그리고 경작자가 분배했으나 그 가운데 경작자에게 가장 적은 몫이 돌아갔습니다.

인도 벵갈의 인디고 플랜테이션과 마찬가지로 이곳에서도 정부가 유럽에서 소비되는 일정한 작물을 재배하도록 토지를 규정하고 정해진 농산물 재배를 강제했습니다. 이리하여 네덜란드 정부는 막대한 이익을 올렸고 경작 농민은 헐벗고 굶주리게 되었습니다. 그러나 19세기 후반에 들어서면서 교육을 비롯한 여러 분야에서 많은 개혁이 있었고, 그 결과 중간계급이 성장하면서 민족운동이 일어나 자유를 요구하기 시작했습니다.

당시 미얀마는 남북으로 분할되어 자주 싸우다가 1824년에 영국과 제1차 미얀마 전쟁이 일어났을 때 아삼Assam이 영국령이 되었고, 2차와 3차 전쟁을 치른 후 1885년까지 미얀마 왕국이 영국 제국으로 병합되었습니다. 이렇게 영국은 미얀마의 남쪽을 통해 말레이 반도까지 세력을 뻗었고, 19세기 초에 차지한 교통의 요지 싱가포르는 곧 거래가 활발한 상업 도시로 번창했으며 나아가 동아시아 항공로의 기항지가 되었습니다. 말레이 반도에는 작은 나라들이 많았는데 대부분은 시암의 종속국이었습니다. 19세기 말까지 이 여러 나라는 모두 영국의 보호 아래 들어가 말레이 연방이라는 일종의 연방 형태를 취하게 되었습니다.

따라서 시암은 그 나라들에서 차지했던 모든 권리를 영국에게 넘겨주고 여러 강국들에 포위된 상태였습니다. '빛나는 앙코르 제국'이 번영했던 캄보디아는 당시 시암에 종속되어 있었는데, 프랑스는 시암을 전쟁으로 위협해 캄보디아 지배권을 차지했습니다. 프랑스 원정군은 1857년 베트남의 사이공을 점령했으며, 이를 계기로 프랑스는 점점 북쪽으로 지배권을 확대해 갔습니다. 당시 상황에서 어느 경우를 막론하고 일치하는 점은 이 나라들을 유럽 강대국들이 지배했다는 사실입니다.

그러나 시암은 당시 미얀마를 지배한 영국과 인도차이나를 지배한 프랑스 사이에 끼어 있었는데도 다행스럽게 위험은 면했습니다. 그것은 우선, 유럽 강국이 시암의 좌우에 세력을 형성하고 있었으며 다음으로는 그 나라 안에 훌륭한 정부가 존재했고 내분이 없었기 때문입니다. 후에 영국과 프랑스가 공동으로 시암을 타도하려고 했을 때도 동부는 프랑스가, 서부는 영국이 관할하고, 그 중간에는 중립 지대를 두어 두 나라가 함께 이권을 차지할 수 있도록 했습니다. 이렇게 해서 시암의 일부는 여전히 유럽의 지배를 면했으며 그 덕분에 아시아에서는 오직 시암만이 독립을 유지했습니다.

한편, 미국은 다른 열강에 비해 침략국의 성격이 약했습니다. 유럽 여러 나라는 늘어나는 인구를 위해 식량이 필요했고 공장을 위해서는 원료가, 또 제품을 위해서는 시장이 필요했습니다. 이러한 필요를 충족시키기 위한 경제적 요구가 그들을 다른 여러 나라로 진출하게 만들었고 제국주의 전쟁으로 치닫게 했지만, 미국은 토지가 풍부했고 우선적으로 미개척지의 개발에 주력해야 했습니다. 철도 건설에 온 힘을 기울였는데 별 방해도 받지 않고 태평양 연안까지 도달할 수 있었습니다. 이러한 국내의 여러 요인이 그들로 하여금 유럽의 나라들과 다른 태도를 취하게 한 것입니다. 미국은 영국이 인도를 병합한 것처럼 어떤 나라를 병합하기 위해 애쓰지 않았습니다. 다만, 필리핀 제도는 미국의 치하에 있었습니다. 필리핀은 미국에게 경제적

이익을 취할 대상일 뿐이었기 때문에 미국은 오직 상대국의 부만을 수탈하는 수법을 취했습니다. 이를 경제적 제국주의라고 합니다. 미국은 눈에 보이지 않는 제국을 택했지만, 사실은 더 효율적인 제국이었습니다.

스페인의 필리핀 제도 점령은 1565년에 시작되었습니다. 이는 '선교사 제국'이라고 불릴 정도로 종교가 정부 지배권의 주요 배경이었습니다. 그 안에서 인민의 생활을 개선하려는 노력은 전혀 없었습니다. 그러면서 상황은 점차 악화했고, 급기야 19세기에 들어와 민족 의식이 대두되었습니다. 여러 부문에서 개혁이 시작되었고 상업 무역도 증대되어 서서히 중간계급이 형성되었습니다. 어디에서든 민족운동이란 처음에는 온건한 형태로 출발합니다. 하지만 시간이 지나면서 결국은 분리와 독립을 주장하는 데까지 이르는 겁니다. 필리핀에서도 마찬가지로 처음에는 국민 조직이 결성됨과 동시에 비밀결사가 널리 조직되었습니다. 결국 스페인 정부에 대한 반란이 일어났으며 필리핀인들은 '독립 선언'을 발표했습니다. 그 무렵 미국 정부는 다른 사건으로 스페인과 다투게 되어 두 나라 사이에 전쟁이 일어났습니다. 스페인은 패배했고 강화 조약에 따라 필리핀 제도를 미국에 넘겨주었습니다. 미국의 지배권이 확립되면서 현저한 개혁이 단행되었습니다.

이번에는 서아시아로 가서 그곳의 역사를 한번 살펴보겠습니다. 서아시아는 그동안 아시아보다는 유럽에 가까웠습니다. 어떤 의미에서 그곳은 유럽으로 통하는 아시아의 창이자 두 대륙 사이의 요충지였습니다. 서아시아가 칭기즈 칸에게 파괴된 이후 몽골족은 중앙아시아까지 진출하여 페르시아를 지배하고 있던 호라즘 제국을 타도했습니다. 이때 그 서쪽에서는 하나의 새로운 제국이 대두해 계속 확대되고 있었는데 이것이 오스만 투르크 제국이었습니다. 오스만 제국은 아시아, 아프리카 및 유럽을 연결했습니다. 그러나 오스만이 지배하는 서아시아는 아시아·유럽 항로의 발달이라는 새로운 요인에 의해 역사에서 거의 자취를 감추었습니다. 이 변화와 함께 세계에서 서아시아의 중요성은 현저히 떨어지고 점차 고립됩니다. 19세기 후

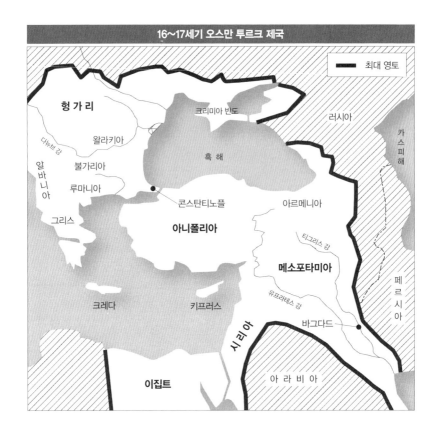

반 개통된 수에즈운하는 동과 서를 잇는 최대의 교통로가 되어 두 세계를 가깝게 이어 주었습니다. 그리고 20세기인 오늘날은 자동차와 비행기의 출현이 변화를 가져와 해로를 세계 일등 교통로 자리에서 물리치고 있습니다.

중국의 몰락 그리고 일본 제국주의의 등장

그러면 아시아의 가장 큰 부분을 차지하는 중국에서는 어떤 역사가 일어났을까요? 중국은 청나라 4대 황제인 건륭제 때 주변의 여러 나라를 공략해 영토를 크게 넓혔습니다. 건륭제는 중앙아시아의 투르키스탄과 티베트를 정복하더니 히말라야를 넘어 네팔까지 원정을 했습니다. 그 외에도 중국의 종주권을 인정하는 나라로 조선(한국), 안남(베트남), 시암(태국) 등이 있었습니다. 그런데 잦은 정복 전쟁은 큰 재정 지출을 가져오고, 이는 결국 국민들의 조세 부담 증가로 이어졌습니다. 그러다 보니 최하층 빈민의 불평불만이 쌓이면서 비밀결사가 전국에 조직되었습니다.

한편 외국과의 무역은 줄곧 늘어나고 있었습니다. 도자기와 미술품 그리고 차茶가 유럽에서 각광을 받는데, 정부가 제한 조치를 하자 외국 상인들이 큰 불만을 가졌습니다. 이때는 유럽에서 산업혁명이 일어난 시기로 유럽인들은 공장에서 만든 생산물을 팔 시장이 필요했습니다. 영국 정부는 1792년 베이징에 사절단을 파견해 무역을 재개하자고 청했으나 청나라 정부는 이를 거절했습니다. 그렇지만 영국은 중국과의 무역 증진을 끊임없이 시도했고, 그 결과 시간이 가면서 급속히 증가했습니다. 그 가운데 가장 큰 부분을 차지한 것이 다름 아닌 아편 거래였습니다.

아편 무역은 19세기에 들어와 유럽인 특히 영국 무역의 독점권을 가진 동인도회사를 통해 급격히 증가했습니다. 중국 정부는 1800년에 아편 수입을 완전히 금지한다는 명령을 내렸지만 외국인들은 중국 관리에게 뇌물을 바치면서 아편 밀수를 계속했습니다. 아편 밀수액은 점점 늘어났고 마침내 중국 정부는 강경 조치를 취했습니다. 중국 정부가 아편 2만 상자를 몰수해 모두 불태우고 어떠한 선박도 입항을 허가하지 않겠다고 포고한 것입니다. 이때 그 아편은 대부분 영국 상인의 소유물이었습니다. 결국 1840년 영국은 국가의 명예를 앞세워 중국과 전쟁을 개시했습니다. 이른바 아편전쟁의 발발입니다. 전쟁이 시작된 지 2년 만에 중국은 패했고, 난징조약이 체결되었습니다. 이 조약에 의해 외국 무역을 위한 다섯 개의 항구를 개방해야 했고, 영국은 홍콩을 차지해 거액의 배상금을 받아 챙겼습니다.

영국의 아편전쟁 승리는 중국과 서양의 제국주의 열강들 사이에서 잇달아 일어난 분쟁의 시초가 되었습니다. 이후 중국은 고립을 끝내고 문호를 개방했습니다. 무역뿐만 아니라 기독교 선교사까지 받아들여야 했습니다. 기독교 개종자는 갈수록 늘었고, 그들과 정부의 갈등이 점차 커졌습니다. 그러던 중 어떤 기독교 개종자에 의해 큰 반란이 일어나는데, 1851년 홍수전이 일으킨 태평천국의 난입니다. 사실 태평천국의 난이 일어난 진짜 원인은 중국에서 낡은 질서가 파탄에 이른 데에 있었습니다. 비밀결사가 도처에서 조직되어 반란이 널리 퍼졌고, 아편이나 외국 무역은 사태를 한층 악화시켰으며, 아편은 기존의 거래 제도를 뒤엎어버려 경제적 혼란이 한층 심해졌습니다. 게다가 중국의 혼란을 틈타 일본까지 침략해 와 중국에서 이권을 빼앗아 갔습니다.

난징조약은 중국의 문을 영국인에게 열어준 것으로 프랑스와 미국까지 중국과 통상조약을 맺는 계기가 되었습니다. 1856년에 중국의 광둥 총독이 해적 혐의로 중국인 선원을 억류한 사건이 발생했는데, 그 배에 영국기가 계양되어 있었다는 사실이 구실이 되어 영국과 중국 사이에 제2차 아편전쟁이 일어났습니다. 프랑스 역시 프랑스인 선교사가 중국에서 살해된 것을 이유로 전쟁을 거들었습니다. 이 전쟁에서 영국인과 프랑스인이 자행한 방자한 폭력은 말로 다 표현할 수 없을 정도입니다. 나름의 시민혁명과 근대 문명을 이룬 유럽 사람들이 왜 전쟁을 도발하고 이루 말할 수 없는 만행을 저지르는 걸까요?

다른 국가와 분쟁이 있을 때는 문명이란 다 잊고, 그 절제력을 상실하는 법입니다. 거기에 다른 인종끼리는 서로를 잘 모르기 때문에 증오와 오해는 더 커지기 마련입니다. 그래서 두 인종 사이의 분쟁은 정치적 분쟁일 뿐만 아니라 악질적인 인종 전쟁이 되어 버리는 것이 보통입니다. 그리고 한 국민이 다른 국민을, 한 인민이 다른 인민을, 그리고 또 한 계급이 다른 계급을 지배하는 곳에는 반드시 마찰·불만·반항이 생기며 착취당하는 쪽이 착취하는 쪽을 추방하려는 일이 일어나는 법입니다. 누군가가 다른 자를 착취하는 것은 그 속에 제국주의가 내재해 있기 때문인데, 그것은 자본주의라 일컬어지는 현대사회를 구성하는 기본 요소입니다.

영국과 프랑스는 중국에 조약의 비준을 강제했고, 그것을 바탕으로 다시 새로운 특권을 챙겼습니다. 18세기 말 아시아의 거의 절반을 지배한 만주족의 대제국은 이제 크게 축소되어 그 위광이 땅에 떨어지게 되었습니다. 형세가 날이 갈수록 악화되자 나라를 재건할 시도가 나타나게 되었고, 그 후 얼마 동안 중국이 외국의 열강을 물리치기는 했지만 여전히 큰 방향을 바꾸지는 못했습니다. 중국의 문제점은 육군과 해군의 무력함이 아니었습니다. 당시 중국은 사회와 경제의 구조가 해체되기 직전이었습니다. 만주족에 저항하는 수많은 비밀결사가 조직된 19세기 초엽에 이미 중국은 위기에 빠져 있었으며, 외국 무역과 공업 국가와의 접촉이 이 경향에 박차를 가했습니다.

그런데 그동안 중국과 좁은 해협을 사이에 둔 일본은 기적을 성취해 그 누구도 예상치 못한 변화를 이뤘습니다. 일본은 1641년 이후 200년 이상이나 외부 세계와 단절된 채 지내 왔습니다. 당시 일본은 지주계급이 권력을 쥐고 있던 봉건 상태였습니다. 천황에게는 실권이 없고 실제 지배자는 강대한 번藩의 영주인 쇼군이었으며, 그 안에서 사무라이라는 무사 계급이 봉건 제후와 함께 지배계급을 이루고 있었습니다. 하지만 외부와의 접촉이 금지됐음에도 일본 내부에서 변화가 일어났고 봉건제도는 경제적으로 붕괴되기에 이르렀습니다. 쇼군이 원성의 표적이 되고 그 원성 속에서 민족주의 정신이 크게 성장했습니다. 이제 일본은 개방하지 않을 수 없게 되었던 겁니다.

19세기 중엽에 들어오면서 특히 미국이 일본 개항 문제에 관심을 가졌습니다. 1853년에 미국의 한 함대가 일본으로 건너와 개항을 요구했고, 싸움에서 진 일본은 어쩔 수 없이 개항합니다. 이리하여 일본은 213년 만에 다시 세계를 향해 문을 열었습니다. 하지만 쇼군은 이미 인민의 신망을 잃은 상태였기 때문에 쇼군과 외국이 맺는 대외 조약에 반대하는 운동이 대대적으로 일어났습니다. 마침내 1867년 쇼군이 자리에서 물러나지 않을 수 없게 되었고, 이 때문에 700년 가까이 지속되어 온 막부 제도가 무너졌습니다. 이제 새로운 천황이 다시 실권을 잡게 되었습니다. 그 천황 이름이 메이지明治인데, 우리에게 널리 알려진 개혁 운동인 메이지유신을 단행한 사람입니다.

일본은 새로운 정세에 적응하는 길로 빠르게 돌진하여 교육·산업·법률 그 밖의 거의 모든 분야에 걸쳐 변혁을 이뤘습니다. 또한 진보한 산업국의 면모를 갖추어 제국주의적 침략 국가로 변했습니다. 그러나 내면적으로는 여전히 봉건적이고 권위주의적이었기 때문에 지배자들은 개혁과 봉건의 외피를 결합하려 했습니다. 새롭게 국회가 출현했지만, 이 모든 일을 구상하고 시행한 것은 여전히 법적으로 일본 제국의 절대적 지배자인 천황 아래 원로들이었습니다. 이렇게 근대적 국회와 중세적 숭배가 공존하는 묘한 일본의 구조는 오늘날까지도 이어지고 있습니다.

일본은 산업의 방식뿐만 아니라 그 결과인 제국주의 침략에 대해서도 유럽의 뒤를 따랐습니다. 일본의 가장 큰 고민은 새로운 산업 문화와 오래된 봉건주의 사이에서 일어나는 불협화음에 있었습니다. 일본은 경제적인 균형을 이룰 수 없었고, 인민들의 불만은 날이 갈수록 커졌습니다. 그래서 국내의 저항을 막기 위해 전쟁과 제국주의적 행동으로 관심을 분산시키는 방법을 택했습니다. 일본 역시 다른 유럽 열강들처럼 생산은 늘어나고 인구는 급속히 증가했습니다. 따라서 점점 많은 식량과 원료가 필요해졌고, 그것을 가까운 나라를 침략해 얻고자 했습니다.

결국 일본은 개국한 지 20년도 안 되어 중국에 침략 태세를 취했고, 터무니없는 이유를 들어 한국도 침략해 배상금을 받아 내고 무역을 위한 항구를 개방시켰습니다. 한국은 오랜 옛날부터 중국 정부의 영향 아래 있었습니다. 따라서 중국 정부가 한국 정부에 서양과 조약 맺을 것을 권유하자, 결국 1882년 서구에 개방되었습니다. 그러나 일본은 한국을 일본과 중국의 공동 보호 아래 두자고 주장해 동의를 받아냈고, 결국 한국은 두 나라의 영향 아래 묶이게 되었습니다. 이는 두 나라 사이의 분쟁을 야기했고, 1894년 마침내 일본은 중국과 전쟁을 일으켰습니다. 연전연승한 일본은 자신들을 서양 열강과 동등한 지위로 인정하도록 하는 시모노세키조약을 강제로 체결했습니다. 또한 9년 뒤 러시아를 상대로 전쟁을 벌이기도 했습니다. 이제 일본은 동아시아의 최대 강국이라는 지위를 확립하고 중국을 마음껏 약탈했으며, 유럽 열강들과 이권을 위한 쟁탈전을 벌였습니다.

외국 정부들은 중국에서의 '세력 범역'에 관해 논의하기 시작했습니다. 이는 제국주의의 상투적인 수단이며, 한 나라를 분할하려는 듣기 좋은 허울에 지나지 않습니다. 영유와 지배에는 여러 단계가 있습니다. 합병은 완전한 영유이고, 보호는 그것보다는 약간 가벼운 정도의 지배입니다. '세력 범역'이란 그보다 더 가벼운 지배를 말합니다. 그러나 어느 것이든 결국 목적은 똑같으며 어떤 한 단계가 다른 단계로 쉽게 옮아가는 법입니다. 이리하여 결국 중국의 분할이 눈앞에 닥쳤습니다. 이때, 그때까지 중국의 권익 다툼이나 분할 계획에 끼어들지 않았던 미국이 중국을 주목하기 시작했습니다. 남북전쟁을 끝내고 안정기에 접어들면서 해외시장을 찾아 나선 것입니다. 그들은 중국에 이른바 문호 개방 정책을 요구하고 나섰습니다. 이것은 모든 강국이 중국에서 무역과 사업에서 동등한 권리를 부여받아야 한다는 것으로 가장 늦게 진출한 자신들도 먼저 진출한 유럽 및 일본 세력과 동등한 지위를 보장받아야 한다는 주장입니다. 결국 힘에서 강한 미국이 다른 열강들의 승인을 받아냈습니다.

이러한 추세에서 위기감을 느낀 중국 정부는 개혁과 재조직의 필요성을 절감했으나 좀처럼 기회를 잡지 못하다가 당시 실세였던 서태후에 의해 신식 군대인 의화단이라는 지방 방위 의용군을 창설했습니다. 의화단은 외국의 공격에 대한 애국적 분노로부터 생겨난 것입니다. 그러면서 열강의 침입에 반발하는 애국적·배외적·반선교사적·보수적인 단체와 서양인 사이의 분쟁이 잦아졌습니다.

그러자 외국 정부들은 의화단 운동을 억압하라고 중국 정부에 압력을 행사했고, 중국인의 대부분은 애국 권법 운동에 동참하며 무장 궐기했습니다. 1900년에 일어난 의화단 봉기는 중국을 외국의 간섭에서 해방하려는 노력이었습니다. 이에 서양 열강들은 초조해졌고 베이징에서 포위당한 자국민을 보호하고 원조하겠다는 명분을 내세워 서둘러 군대를 파견했습니다. 결국 중국은 굴욕의 고배를 마셔야 했습니다.

중국 본토에서 이러한 사건들이 벌어지는 동안 러시아는 급박한 정세를 틈타 시베리아를 경유하여 큰 규모의 부대를 만주에 파견했습니다. 일본 정부는 러시아의 동진에 크게 불안해하고 위협을 느꼈습니다. 러시아는 만주에 계속 머물면서 이후 한국 쪽으로 뻗어나갔고, 이에 일본은 크게 자극받았습니다. 영국 역시 러시아의 남하를 두려워하고 있었고, 이에 따라 1902년 이 지역에서 다른 나라들이 연합하여 영국과 일본 양국을 압박했습니다. 이에 대항하여 영국과 일본 사이에 동맹이 체결되었습니다. 일본이 러시아 군대의 만주 철수를 요구했고, 러시아가 이를 거부하자 1904년 양국 사이에 전쟁이 일어났습니다. 일본은 승리를 거두었고, 러시아는 충격에 빠졌습니다.

러일전쟁 당시 러시아는 전제정치 아래 있었습니다. 일본과의 전쟁에서 패배하면서 러시아 인민에게 더욱 큰 고통이 가중되었습니다. 결국 1905년 구제를 호소하는 인민들이 학살되는 '피의 일요일' 사건이 일어나기도 했습니다. 그 후로 잇달아 노동자의 파업이 일어나는데, 이 사건들은 10년 뒤 러시아를 크게 변화시킬 일종의 혁명 예비 행위였습니다. 러일전쟁은 1905년 9월 포츠머스조약이 체결되면서 끝났습니다. 이 조약을 통해 일본은 여순항과 요동반도를 다시 차지하게 됩니다. 승리한 일본은 마침내 대국의 대열에 끼는 숙원을 이루었습니다. 일본이 승리한 것은 서양의 새로운 산업 방식을 채용한 덕택으로 해석됩니다. 이리하여 동양의 모든 나라가 서양의 사상과 길에 관심을 기울이게 되었습니다.

일본의 융성은 곧 한국의 몰락을 의미했습니다. 일본은 개국부터 한국과 만주 일부에 눈독을 들이고 있었습니다. 일본은 한국에 간섭하지 않는다고 장황하게 말했지만, 실제로는 전부터 품어 온 한국 영유 정책을 끊임없이 추진했습니다. 러일전쟁 뒤인 1905년에 일본은 한국에 독립을 포기할 것과 일본의 종주권을 받아들일 것을 강요했는데, 그 후 5년도 채 되지 않아 한국 국왕은 폐위되고 결국 한국은 일본 제국에 합병되었습니다. 한국은 중국과 마찬가지로 시대에 뒤지고 정체되어 있었습니다. 합병된 후로 한국에서는 오랫동안 독립을 위한 항쟁이 계속되었는데, 그 가운데서도 중요한 것은 1919년의 독립 만세 운동입니다.

중국은 열강들로부터 굴욕을 당한 뒤 다시 개혁 문제가 화제에 올랐습니다. 이때 일본의 승리는 중국 개혁파의 힘을 키워 주었고, 많은 학생이 근대 과학을 배우기 위해 유럽과 미국으로 파견되었습니다. 이제 구식 과거 시험이 폐지되었습니다. 과거라는 시험 제도는 봉건제도나 제정일치 제도가 아니라 이성에 기초를 둔 중국인의 사고방식을 특징짓는 것으로 다른 어느 나라에서도 찾아볼 수 없는 제도입니다. 하지만 고전이라는 좁은 울타리 안에 국한되어 있었기 때문에 진보에 필요한 변화는 저지당할 수밖에 없었고, 결국 정체와 화석화를 초래한 주범이 되었습니다.

중국은 마침내 움직이기 시작했습니다. 1894년에는 쑨원 박사가 홍중회興中會를 창립했습니다. 이 모임은 특히 청년들에게 인기가 있었는데, 1911년 국민당으로 이름을 바꾸어 중국 혁명의 핵심을 이루는 조직체가 되었습니다. 쑨원은 황제 체제를 철폐하고 공화국 체제를 택했습니다. 그 당시 왕조가 만주족이었던 까닭에 반청 · 반군주적 감정이 고조되었고, 혁명파는 때를 놓치지 않고 세력을 집결할 수 있었습니다. 1911년 10월 혁명은 양쯔강 유역에서 일어나 급속도로 중국 중부와 남부를 휩쓸었습니다. 마침내 1912년 이들은 공화국을 선포하고 쑨원 박사를 대통령으로 선출했습니다.

이러한 혁명을 저지하려는 움직임으로 위안스카이에 의한 반동이 있었습니다. 위안스카이는 황제의 퇴위를 권고했고, 결국 1912년 2월 12일 황제가 퇴위를 발표합니다. 이리하여 만주족 왕조는 250년에 걸친 치적을 뒤로 하고 중국의 무대에서 자취를 감추었습니다. 만주족은 물러갔으나 위안스카이는 여전히 새 공화국의 앞날을 가로막고 있었습니다. 위안스카이와 충돌한 쑨원은 내란을 피하고 평화를 지키기 위해 자진해서 대통령 자리에서 물러났고, 위안스카이가 대통령에 선출되었습니다. 그러나 위안스카이는 의회를 부인하고 국민당을 해산시켰습니다. 이것이 분열의 불씨가 되어 쑨원을 원수로 하는 대항 정부가 남쪽에 세워졌습니다. 이렇게 분열된 상태로 중국은 두 개의 정부 아래 세계대전을 맞이하게 되었습니다. 이는 제국주의 열강에게 더없이 좋은 침략의 기회가 되었습니다.

하지만 일본의 경우는 사정이 달랐습니다. 일본은 중국을 더욱 확실히 자신들의 지배 아래 두어야겠다는 야심으로 1894~95년에 청일전쟁을 벌여 승리했습니다. 그 다음에는 1904년 러시아와 전쟁을 벌여 또 승리했습니다. 일본은 만주, 몽고 그리고 산둥성에 있는 온갖 종류의 권리와 특권을 일본에 양도한다는 내용의 각서 21조를 중국 정부에 강요해 1915년 5월 중국으로부터 빼앗아 냈습니다. 중국은 갈기갈기 찢겨 다 빼앗긴 상태가 되었고, 일본은 야금야금 뜯어먹는 상태에 있었습니다.

페르시아의 제국주의와 민족주의

이제 서아시아 지역으로 가보겠습니다. 우선 이곳에서 오랫동안 매우 독자적인 정체성을 유지한 페르시아를 특히 유의해서 살펴보고자 합니다. 이 나라 사람들은 인도로 건너와 그 대단한 타지마할을 지은 사람들입니다. 예로부터 페르시아 예술은 대단히 뛰어난 전통을 자랑합니다. 그것은 2천 년을 면면히 이어온 오래된 것이지요. 이슬람교가 들어온 이래 많은 변화가 생기긴 했지만 그 고유한 전통만은 오래 지속되었습니다. 이 지속성은 페르시아 예술과 풍토가 긴밀하게 결합되었기 때문에 가능한 것입니다.

18세기 이전 페르시아 사회는 그 시대 대부분의 나라와 마찬가지로 봉건 적이었습니다. 그러나 구질서인 봉건제도가 무너지면서 경제적 변화가 일어났습니다. 세금이 더 많이 부과되었고, 이에 인민들의 불만이 고조되었습니다. 18세기 페르시아는 처참한 국내 전쟁과 선정과 악정이 반복되었습니다. 그리고 19세기는 새로운 분쟁을 몰고 왔으니, 페르시아는 유럽 제국주의와의 분쟁에 휘말리게 됩니다. 러시아와 영국은 모두 페르시아에 큰 관심을 기울이며 괴롭혔습니다. 20세기에 들어와 페르시아는 또 다른 이유로 제국주의 야욕의 대상이 되었는데, 바로 새로 발견된 석유 때문이었습니다.

이렇게 제국주의가 페르시아를 위협하고 국왕인 샤Shah가 날이 갈수록 그들의 괴뢰가 되어 필연적으로 민족주의가 성장했습니다. 그리고 마침내 민족주의 정당이 조직되었습니다. 그들은 샤의 전제정치에 반대하고 민주주의 헌법과 근대적인 개혁을 요구했습니다. 샤에 대한 압력이 날로 커지면서 1906년에 그는 어쩔 수 없이 민주주의 헌법에 동의했습니다. 혁명이 성취되는 듯 했지만 민주 페르시아를 러시아와 영국이 달갑지 않게 여겨 끊임없이 방해 공작을 했습니다. 결국 페르시아는 또다시 커다란 난국에 봉착하게 되었습니다. 돈은 마르고 인민의 생활은 도탄에 빠졌습니다. 결국 그들은 미국에 원조를 요청했고, 한 유능한 미국인 재정가를 데려와 그들의 재정 개혁 임무를 맡겼습니다. 하지만 이 또한 러시아와 영국의 끊임없는 방해에 부딪혀 실패하고 말았습니다.

페르시아는 이제 독립국으로서의 위치가 사라질 운명 앞에 섰습니다. 그 운명의 첫걸음은 러시아와 영국이 이 나라를 자신들의 '세력 범역'으로 분할하는 작업을 통해 옮겨졌습니다. 그들 군대는 각 요충지를 점거했고, 영국의 한 회사는 석유 자원을 갈취했습니다. 1914년이 되면서 세계대전이 터졌습니다. 이 상황에서 페르시아는 중립을 선언했으나 아무런 효과가 없었습니다. 강대국들은 이 선언을 무시하고 군대를 투입했고, 결국 페르시아는 여러 참전국에 포위당하는 처지가 되었습니다. 그러다 1921년 페르시아의 군인인 리자 칸이 쿠데타를 일으켜 권좌에 올랐습니다. 1925년 이전의 샤는 퇴위하고 리자 칸이 선임 국회의 투표를 거쳐 새로운 샤로 뽑혔습니다. 리자 칸Riza Khan은 표면상 민주적인 방식으로 왕관을 차지했습니다. 페르시아는 그 후 커다란 변화를 겪는데, 그 중심에 선 리자 칸이 근대 개혁에 앞장서 나라에 새로운 생명력을 불어 넣고, 그 결과 강력한 민족 부흥의 물결이 일어난 것입니다. 그러나 많은 사람이 민족주의는 이미 낡아빠진 신조라고 생각하며 현실에 맞는 새로운 신념과 신앙을 갈망하고 있던 것도 사실입니다.

❹
유럽의 민족국가 형성

유럽의 1848년 혁명과 이탈리아·독일의 발흥

19세기 유럽에서는 산업화, 자본주의, 제국주의, 민족주의, 국제주의 같은 새로운 개념이 널리 퍼졌습니다. 유럽의 산업화는 날이 갈수록 그 규모가 커졌고, 결국 유럽 밖의 먼 나라들에까지 손을 뻗치기에 이르렀습니다. 그러면서 사회적으로 큰 변화의 소용돌이가 일었습니다. 하지만 당시 국왕과 황제들은 이러한 변화를 명확하게 인식하지 못했습니다. 그들이 생각한 일은 오직 하나, 자신과 자신 종족의 지위를 영원히 보전해 전제정치를 위한 안전한 무대로 만들려는 것뿐이었습니다. 그래서 그들은 왕권신수설을 지키고 신성동맹을 결성했습니다. 이 목적을 위해 지난날에 흔히 그랬듯 정치와 종교가 손을 잡았습니다. 그리하여 유럽 전체에서 조금이라도 자유주의적인 견해를 품는 자는 가차 없이 탄압받았습니다. 반동의 승리였습니다.

그 이후 네루가 이 편지를 쓸 때까지 유럽에서는 여러 충돌이 일어났습니다. 많은 형태의 전쟁이 일어나고 사람들은 그 때문에 깊은 상처를 입습니다. 역사에서 잇따른 전쟁은 혁명을 가져옵니다. 그리고 혁명은 필연적으로 사회 변화를 거쳐 갑니다. 근대 유럽에선 바로 이 사회혁명이 이전의 어느 때보다 더 광범위하고 결정적인 사회 변화를 가져 왔습니다. 이러한 사회혁명이 끊이지 않고 발생한 이유를 네루는 어떻게 설명할까요?

옛날의 혁명은 대개 단순한 정치적인 변동이었는데, 이것만으로는 인민의 생활이 큰 영향을 받지 않았습니다. 그것이 사회혁명을 유발하지 않았기 때문입니다. 그런데 이 시대 사회혁명은 단순히 사회의 표면에서만 사태의 변화가 생기는 다른 혁명과는 크게 다릅니다. 그것은 사회의 구조를 바꿔 버린다는 점에서 정치혁명 이상의 것입니다. 영국 혁명은 어느 정도 사회혁명이기는 했으나, 사실 하층 부르주아와 대중은 별로 큰 영향을 받지 않았습니다. 그러나 프랑스대혁명은 사회질서를 완전히 뒤집어 놓았습니다. 거기에는 대중의 힘이 대단히 크게 작용했습니다. 그 때문에 프랑스혁명은 사회혁명 이상의 성격을 띠는 것입니다. 이러한 사회혁명이 단순한 정치혁명보다 그 영향력의 범위가 훨씬 넓음은 두말할 것도 없습니다.

사회혁명은 무엇보다도 여러 사회적 조건과 밀접하게 연관되어 있습니다. 대중이 그것을 받아들일 만한 조건을 갖추지 않는 한 사회혁명은 절대 달성될 수 없습니다. 산업혁명이 일어나고 수송 방법이 급격하게 변화하면서 사회적 변화는 가속도가 붙었습니다. 새로운 산업 생산계급이 출현하고 경제적 전환과 정치적 변화가 일어나기 시작했습니다. 그런데 권력 계급이란 자기가 가진 것을 계속 가지려는 경향이 있습니다. 그래서 타인 또는 다른 계급으로 하여금 현재의 질서야말로 최선이라는 점을 믿게 하려 합니다. 그런 작업에는 물론 종교와 교육이 이용됩니다. 그 결과 대부분의 사람은 권력층이 구축해 놓은 질서를 절대적으로 믿고 지키려 듭니다. 그것을 변화시키려는 생각을 감히 할 수 없게 되는 것입니다.

1848년은 유럽 혁명의 해라고 일컬어집니다. 많은 나라에서 봉기와 소요가 일어났는데 부분적으로 성공을 한 경우도 있지만, 대부분은 실패로 돌아갔습니다. 영국에서는 큰 봉기는 아니지만 소요와 분규가 잇따랐습니다. 그것은 1832년 선거권을 확대하는 개혁 법안을 둘러싸고 일어나기 시작했습니다. 의회는 소수 부유층이 장악하고 있었는데, 그들은 자신들을 의원으로 만들어준 부패한 선거구와 특권을 잃을까 두려워했습니다. 곧 각종 개혁을 요구하는 목소리들이 터져 나왔습니다. 인민들은 인민헌장 등 인민의 요구를 담은 청원서Chart를 의회에 제출할 수 있도록 제도화하자는 제안을 쏟아냈습니다. 이를 차티스트Chartist 운동이라고 부릅니다. 이 운동은 결국 진압당했지만, 비로소 처음으로 몇 개의 노동법이 제정되었고 약간이나마 노동자의 처지가 개선되었습니다.

이탈리아에서는 어떤 일이 벌어졌을까요? 나폴레옹 시대 이전의 이탈리아는 작은 군주국들이 모자이크 같은 형태로 구성되어 있었는데, 나폴레옹이 그것들을 단기간에 하나로 통합했습니다. 1815년 빈 회의에서 연합국은 이 나라를 서로 나누어 가졌습니다. 다시 분할된 소국의 지배자들은 나폴레옹 시대 이전의 지배자들보다도 더 인민을 탄압했습니다. 따라서 나폴레옹의 침략은 이 나라에 활기를 가져다 주었고, 청년들의 가슴에 자유롭고 통일된 이탈리아라는 꿈을 안겼습니다. 이에 소규모의 반란이 잇달아 일어나고 비밀결사가 결성되었습니다. 그리고 얼마 뒤 이탈리아 민족주의의 선각자 주세페 마치니Giuseppe Mazzini가 나타났습니다.

마치니는 1831년에 이탈리아 공화국 수립을 목표로 하는 단체를 조직했습니다. 그는 그 후 오랫동안 통일을 위해 활동하다가 국외로 추방되었으나 기회를 틈타 로마로 들어가 운동을 재개했습니다. 결국 교황은 쫓겨나고 세 명으로 이루어진 위원회 아래 공화국이 선포되었습니다. 그러자 공화국은 사방팔방에서 공격을 당합니다. 즉 오스트리아, 나폴리, 그리고 교황의 재기를 위해 원군을 파견한 프랑스로부터의 공격입니다. 그들에 대항해 끝까지 싸운 사람이 가리발디Giuseppe Garibaldi입니다. 그는 선전을 거듭했지만 결국 로마 공화국은 프랑스에 굴복했고, 프랑스는 교황을 다시 데리고 왔습니다.

이에 마치니와 가리발디는 방법을 바꾸어 다시 싸웠습니다. 그들은 선전 활동을 전개하면서 운동을 계속했습니다. 이윽고 이탈리아 민족주의 운동의 세 번째 주역인 카보우르Conte di Cavour가 등장했습니다. 그의 관심은 주로 비토리오 에마누엘레를 이탈리아의 국왕으로 앉히는 데 있었습니다. 가리발디는 오스트리아가 프랑스에 패배한 것을 기회로 나폴리와 시칠리아 왕에 대한 대대적인 원정을 감행했고, 1천 명의 부하와 함께 시칠리아에 상륙하는 데 성공합니다. 그리고 카보우르는 가리발디의 성공에 편승해 마침내 1861년에 피에몽의 비토리오 에마누엘레 2세를 이탈리아의 국왕으로 옹립합니다. 10년이 채 지나지 않아 베네치아와 로마는 이탈리아에 가담했고 로마가 수도가 되었습니다. 이리하여 이탈리아는 마침내 하나의 민족이 되었고, 민족국가로서 이탈리아는 다시 통일되어 외국의 지배에서 벗어났습니다.

이제 또 하나의 대국인 독일의 성립을 살펴볼 차례입니다. 독일은 오랫동안 크고 작은 많은 나라로 분열되어 있었습니다. 여러 세기 동안 합스부르크 가의 오스트리아가 독일의 중심 세력을 차지하고 있었습니다. 그런데 프로이센이 진출하면서 둘 사이에 싸움이 벌어졌고, 나폴레옹은 이 두 나라를 동시에 굴복시켰습니다. 나폴레옹 이후 반세기 동안 독일은 분열 상태가 계속되었습니다. 하지만 나폴레옹의 승리는 독일에서 민족주의 세력이 성장하는 데 자극을 주기도 했습니다. 그리고 그것은 결국 나폴레옹의 패배를 가져오는 원인으로 작용합니다. 이처럼 나폴레옹은 부지불식간에 독일과 이탈리아에 민족주의 정신과 자유 사상을 심어 주었습니다.

독일은 영국과 마찬가지로 여러 지역에 탄광과 철광이 많아 공업 발달에 좋은 조건을 갖추고 있었습니다. 그래서 이 무렵 독일에서 공업 노동자계급이 형성되기도 했습니다. 또 독일에선 유명한 철학자, 과학자, 군인이 많이 나왔습니다. 마침 19세기 중엽이 되면서 전 유럽의 정치에 큰 영향을 미친 인물이 프로이센에 나타났습니다. 바로 비스마르크입니다. 비스마르크는 1862년에 총리가 되어 그 존재를 과시하기 시작했습니다. 그는 '철과 피'라는 단어로 대표되는 정치가입니다. 이 말은 비스마르크가 빈틈없이 또 과감하게 정책을 추진했음을 나타내는 것입니다. 그는 민주주의를 싫어하고 의회와 대중 집회를 무시했습니다. 그는 독일을 건설하는 동시에 19세기 후반 새로운 역사를 만들었습니다.

과학과 철학의 나라로서의 독일은 퇴색하고, 이제 철과 피의 군사적 능력이 뛰어난 새로운 독일이 유럽 대륙을 지배하기 시작한 것입니다. 그는 독일을, 그리고 독일을 통해 프로이센을 유럽의 지배자로 만들려 했습니다. 그가 맨 먼저 착수한 일은 독일의 여러 소국의 지도권 문제를 최종적으로 해결하는 것이었습니다. 1866년 오스트리아는 아주 짧은 기간에 프로이센에 패배합니다. 그러면서 프로이센의 지도 아래 북부 독일 연방 결성이 더 명확해졌습니다. 비스마르크는 북독일 연방의 총리가 되면서 그의 첫 목표를 이루었습니다. 비스마르크의 다음 단계는 프랑스를 꺾고 유럽에서 지배적 지위를 차지하는 것이었습니다.

재상 시절 비스마르크의 철혈 정책이 국가 정책으로 성장한 반면 자유주의 사상은 무시되었습니다. 하지만 독일에선 공업이 발달하고 그에 따라 노동자계급 세력이 확대되면서 급진적 변화의 요구가 쏟아져 나왔습니다. 그리고 그것은 새로운 사회문제로 대두되었습니다. 이에 비스마르크는 노동조건의 개선과 사회주의 탄압이라는 두 가지 방법으로 대처했습니다. 그렇지만 노동자 조직은 더욱 확대 강화되었으니, 결국 1875년엔 그들이 통합해 사회민주당을 결성했습니다. 그러자 비스마르크는 사회주의자를 더욱 맹렬하게 탄압합니다. 그는 1878년에 모든 사회주의 활동을 금지하는 반反사회주의자법을 통과시켰습니다. 철혈 재상 비스마르크는 외교에서 탁월한 수완을 발휘해 그 시대 국제정치에 큰 발자취를 남기기도 했습니다. 비스마르크는 오스트리아, 이탈리아와 손잡고 삼국동맹을 맺어 프랑스에 대항했습니다. 그래서 독일과 프랑스는 서로 군비를 확장하면서 음모와 반목을 계속했습니다. 네루는 자신이 활동하던 1930년대에 독일은 공화국이 되었지만 낡은 비스마르크의 혼령이 아직도 꿈틀거린다고 지적했습니다. 결국 네루의 지적이 있은 후 얼마 지나지 않아 독일은 제2차 세계대전을 일으켰습니다.

1848년은 프랑스에서도 중요한 봉기가 일어난 해입니다. 이미 1830년에 부르봉 가가 쫓겨난 뒤 루이 필립이 반#입헌군주로서 왕위를 차지하고 있었는데, 1848년 봉기로 루이 필립이 왕위에서 쫓겨나고 제2공화국이 세워졌습니다. 제2공화국은 대혁명 기간의 공화국을 제1공화국이라고 부르기 때문에 붙여진 이름입니다. 제2공화국이 세워지는 소란 중에 나폴레옹의 조카인 루이 보나파르트가 나타나 공화국 대통령으로 선출되었습니다. 그는 1851년 쿠데타를 일으켜 의회를 굴복시키고 스스로 재위에 올라 나폴레옹 3세라 했습니다.

이때 독일의 비스마르크가 프랑스를 침략했고, 당시 프랑스의 나폴레옹 3세는 자신의 압제 때문에 민심이 크게 이탈한 것이 결정적 원인이 되어 독일에 크게 패했습니다. 프랑스에서는 국민방위군 정부가 조직되어 비스마르크의 독일과 전쟁을 계속했지만 제대로 싸워 보지도 못한 채 패배했습니다. 그래서 프랑스는 비스마르크의 가혹한 조건을 받아들일 수밖에 없었고, 1871년 1월에 프로이센 국왕을 카이저라 칭하는 독일 연합 제국의 성립이 베르사유 궁전 루이 14세의 호화로운 홀에서 선언되었습니다. 이제 독일 연방은 세계 강대국의 하나가 되었습니다. 결국 프랑스 제2공화국은 5년 남짓의 단기간의 정부로 막을 내립니다.

파리가 굴욕에 휩싸였을 때 많은 왕당파 의원이 공화정 정부인 국민방위군을 무장 해제하고 국왕을 부활시키려는 음모를 일으켰습니다. 이에 파리의 노동자가 중심이 된 민주주의자와 혁명 세력이 봉기를 일으켰습니다. 그 결과 1871년 3월에 선거를 통해 혁명파가 승리를 거두고 드디어 파리 코뮌 Paris Commune이 세워졌습니다. 파리 코뮌은 길게 가지 못했지만, 당시 유럽 사회를 크게 동요시켰습니다. 그것은 기존의 사회체제에 대한 최초의 사회주의적 봉기였으니, 민주주의를 위한 정치적 봉기인 동시에 사회주의의 이정표가 되는 경제적 봉기이기도 했습니다. 코뮌이 타도된 뒤 얼마 지나지 않아 프랑스는 1875년 1월 새 헌법 아래 제3공화국을 선언했습니다.

과학, 사회주의, 민주주의 그리고 마르크스

19세기 유럽의 여러 나라는 문학과 예술의 풍부한 보고였습니다. 문학과 예술은 대중의 표면적인 활동보다는 민족혼의 깊이를 보게 해 주는 경우가 있곤 하지요. 독일은 예로부터 철학의 나라로 알려졌습니다. 대표작《파우스트》로 유명한 괴테는 철학자이자 시인이며 극작가인 동시에 과학자였습니다. 임마누엘 칸트는 18세기 독일 최고의 철학자였으며, 헤겔 또한 철학 방면에서 빼놓을 수 없는 이름입니다. 헤겔은 칸트를 계승하는 동시에 공산주의의 아버지 마르크스에게 깊은 영향을 주었습니다. 프랑스에서도 몇 사람의 시인을 꼽을 수 있습니다. 그 중 위대한 시인이자 소설가이며 극작가인 빅토르 위고는 처음에는 열렬한 왕정주의자로서 전제정치의 신봉자였으나 나중에는 공화주의자가 되었습니다. 우익 보수파에서 좌익 사회주의자로 옮겨간 셈입니다.

이 대목에서 네루는 시와 문학 그리고 일반적으로 교양이라고 말하는 것이 부유한 계급의 독점 아래 있다고 지적합니다. 우리가 쉽게 말하는 교양이라는 것이 다름아닌 유복한 부르주아계급의 마음을 비추어 주는 거울일 뿐이라는 거지요. 네루의 이러한 평가에 대해 어떻게 생각하십니까? 가난한 사람들이 시와 문학 혹은 교양 등의 문화를 향유할 수 있을까요? 역사를 공부하는 재미 가운데 하나는 이렇게 하나의 사회현상에 대해 특정 시대적 조건에서 의미를 평가해 보는 것입니다.

이번에는 비슷한 맥락에서 과학의 의미에 관해 이야기해 봅시다. 현대의 과학자는 세상 사람들에게 인정받고 명예도 있지만, 19세기 이전에는 꼭 그렇지만은 않았습니다. 유럽에서 교회는 번번이 과학과 충돌해 새로운 사상을 억압하려고 했습니다. 신자는 의문을 품거나 질문해선 안 되고 종교를 당연한 것으로 받아들여야 했습니다. 그러나 과학의 사고는 이와 달라 근거 없는 가정을 용납하지 않고, 교조를 가져서도 안 됩니다. 이렇게 과학과 종교는 매우 달랐기에 당연히 둘 사이에 분쟁이 자주 일어났습니다. 그 사이에서 과학의 정신이 교회의 교조적 정신에 대해 승리를 거두었습니다. 과학적 지식의 체계가 확장되었고, 합리주의적 사고방식이 과학의 태도와 상응해 성장했습니다. 이 두 가지가 교회의 교조적인 세계관에 반항한 것은 자연스러운 일이었습니다.

19세기의 놀라운 발달은 모두 과학 덕분에 이뤄졌습니다. 공장 생활은 농경 생활과 달리 사람들의 마음을 종교적인 교조 대신 경제적 관계 쪽으로 이끌어 갔습니다. 그러던 중 19세기 중엽 찰스 다윈의 ≪종의 기원≫이라는 책이 나타났습니다. 이 책에서 다윈은 동물의 종류가 자연의 선택 작용을 통해 어떻게 변하고 발전했는가를 설명했습니다. 그때까지 각각의 종이란 신이 창조한 것으로, 하나의 종이 다른 종으로 변한다는 것은 절대로 있을 수 없는 일이었습니다. 그러나 다윈에 따르면 변화와 전이는 끊이지 않고 일어나며, 시간이 경과함에 따라 적자생존의 과정을 거쳐 여러 개의 새로운 종이 다시 등장합니다. 이것은 인간도 마찬가지입니다. 이러한 주장은 사람들에게 큰 충격을 주었고, 사회관의 변화를 촉진시키면서 지식의 측면에서 큰 동요를 일으켰습니다. 이후 유럽 각지에서 과학과 종교 사이에 큰 논쟁이 시작되었습니다. 하지만 과학을 버린다는 것은 거의 불가능했으므로 승부는 명백했습니다.

그런데 인류의 진보를 주장한 다윈의 주장은 묘하게 흘러가 버립니다. 다윈의 진화론은 어느 한 계급의 다른 계급 지배를, 또 어느 한 인종의 다른 인종 지배를 정당화하는 근거가 되고 맙니다. 제국주의와 백색 인종의 우월성을 주장하는 합리적인 근거가 되어버린 겁니다. 그렇지만 그의 이론이 널리 받아들여짐으로써 인간과 사회 또는 세계 전체가 하나의 완성을 향해 끊임없이 전진하고 있다는 진보의 개념이 사람들에게 심어진 것 또한 사실입니다. 이제 정체되어 변화가 없는 혹은 퇴화하는 낡은 통념은 사라지고, 언제나 변화해 가는 진보의 개념이 대두했습니다.

이번에는 같은 세기의 다른 측면인 민주주의 사상의 성장을 살펴보기로 합시다. 민주주의라는 새로운 이념은 계속 퍼져 나갔습니다. 그 가운데 미국 및 프랑스혁명에 따른 파급이 컸습니다. 자유와 평등의 이념은 교회와 사회의 권위주의적인 사고와 대립했습니다. 민주주의가 원래부터 만인이 모든 면에서 평등하다고 규정한 것은 아니었습니다. 이론과는 달리 실제로는 불평등을 용인하고 넘어갔습니다. 다만, 인간은 정치·사회적으로 평등한 가치를 지닌 존재이기에 누구나 대표자를 선출할 권리를 가져야 한다는 것이었습니다. 그리하여 19세기 민주주의의 주요 요구는 선거권, 곧 투표의 권리를 확장하는 데 있었습니다. 정치적 민주주의는 쟁취의 대상이었지만, 경제적 민주주의는 관심 대상이 되지 않았습니다. 사회적으로 개인과 사회는 서로 모순되지만, 민주주의는 언제나 개인의 자유를 확대하는 편에 섰습니다. 민주주의가 정치적인 자유 문제에만 집중한 나머지 경제적 평등에는 소홀했기 때문에 늦었지만 현재 세계의 여러 나라 특히 한국에서도 경제 민주주의에 대한 요구가 빗발치는 것입니다. 경제적 불평등을 해소하기 위한 투쟁도 인류가 반드시 겪어야 할 소중한 역사의 과정입니다.

초기의 민주주의자는 합리주의의 태도를 취하면서 신학적 교조의 근거를 약화시키기 위해 과학과 손을 잡았습니다. 낡은 종교의 기초가 과학과 민주주의 때문에 흔들리자 그 대신에 철학을 확립하려는 시도가 있었습니다. 이 같은 시도는 콩트에 의해 이루어졌습니다. 콩트는 낡은 신학이나 독단적인 종교가 시대에 뒤떨어진 것임을 인정했으나 또 다른 종류의 종교가 사회에 필요하다고 보았습니다. 그는 이것을 실증주의라고 했습니다. 실증주의는 과학에 기초를 둔 것으로 진보 관념이 그것을 배후에서 지탱하고 있었습니다. 이 시대의 철학자로 영국의 철학자이자 경제학자인 존 스튜어트 밀도 있습니다. 밀은 그가 소개한 또 하나의 새로운 경제·사회사상에 따라 공리주의자로 세상에 알려져 있습니다. 그가 설파한 공리주의의 중심 사상은 '최대 다수의 최대 행복'입니다. 그 안에서는 공리성, 즉 유용성이 선과 악, 옳고 그름을 판단하는 기준이 됩니다.

　시간이 지나면서 19세기에 또 하나의 운동이 전개됩니다. 노동자계급 운동과 사회주의 운동이 바로 그것입니다. 그동안 민주주의자들은 자유와 평등과 행복에 관한 만인 평등의 권리 의식에 차 있었습니다. 하지만 얼마 되지 않아 행복이 기본적 권리만으로 오지 않는다는 것을 깨달았습니다. 굶주림에 고통받는 자가 행복을 말할 수는 없었습니다. 그래서 그들은 행복이란 재화의 분배를 실현하는 데 달려 있다고 생각하게 되었습니다.

　그리고 19세기 전반에는 피식민 민족이 독립을 위해 싸우는 곳이면 어디서나 민주주의와 민족주의가 서로 손을 잡았습니다. 이탈리아의 마치니는 이런 종류의 민주주의적 애국 민족주의자의 전형적인 인물이었습니다. 그런데 19세기 말에 들어와 민족주의는 이전의 민주주의적인 성격을 잃고 그전보다 더 공격적이고 권위주의적인 것이 되어 국가를 모든 사람이 숭배해야 할 신으로 절대시했습니다. 민주주의의 승리는 힘든 싸움의 결과였습니다. 변화를 원하는 자는 낡은 제도나 관습을 공격하지 않을 수 없습니다. 따라서 그들이 가는 길은 현존 질서에 대한 끊임없는 거부이며 싸움입니다. 이러한 민주주의 사상을 가진 사람은 19세기 전반에는 주로 지식인층에 한정됐습니다. 인민들에겐 토지에서 쫓겨나 공장으로 흘러들어가는 일이 다반사였습니다. 공장의 상태는 형편없었고 이들의 생활도 비참하기 이를 데 없었습니다. 그들이 공장이나 주택을 개선하는 법률을 만들려고 하면 소유주들이 강경하게 반대했습니다. 따라서 노동자들은 자연히 단체를 조직해 자신들을 지키고 생활 조건을 개선하기 위해 싸울 수밖에 없었습니다. 그러나 영국의 지배계급은 단결금지법 등을 제정해 노동자들의 시도를 저지했습니다. 사회주의라는 용어를 처음 사용한 것으로 알려진 로버트 오언이 노동자계급 보호를 위한 최초의 법률인 공장 조례를 제정한 것이 1819년입니다. 이 공장 조례는 9세 아동은 하루 12시간 이상 일을 시키면 안 된다는 내용을 담고 있습니다. 그러다가 1825년에 이르러서야 노동자 단체에 대한 제한 일부가 철폐되어 비로소 노동조합이 결성되었습니다. 노동조합은 집단 교섭의 방법을 통한 근로조건 개선을 목적으로 결성된 조직입니다. 그것은 향후 노동운동의 중심이 되었습니다.

자본주의 산업은 이 시대 전체를 관통하면서 계속해서 발달하고 연이어 큰 성공을 기록하고 있었지만 노동자계급에 관한 문제도 그와 함께 증가했습니다. 나라의 부가 증가하지만 그 때문에 노동자들에게 가하는 고통이 커지면서 그에 대해 분노하는 사람들이 있었습니다. 그리하여 몇 가지 해결방안이 제시되었고, 그들은 모두 사회주의 혹은 사회민주주의라는 대개 같은 뜻을 가진 이름 아래 단결했습니다. 그들은 국가가 사유재산이나 개인의 산업 지배를 모두 소유하고 통제할 수 있다면, 또는 적어도 토지나 산업과 같은 주요 생산수단만이라도 소유하고 통제할 수 있다면 노동자가 극심한 착취를 당할 염려는 없을 것이라고 생각했습니다. 노동조합 운동은 처음 얼마 동안 오직 임금과 노동조건의 개선만을 요구했지만, 결국 사회주의의 발전에 큰 영향을 주었습니다.

이 무렵 유럽 대륙에서는 하나의 새로운 신조가 열광적인 지지를 얻었습니다. 그것은 무정부주의인데, 가능한 한 중앙집권 정부를 배제하고 광범한 개인적 자유를 지닌 사회를 지향했습니다. 무정부주의자는 일종의 사회주의자이지만 지역적·개인적 자유에 중점을 두었습니다. 사회주의와 무정부주의 사이에는 본질상 큰 차이가 있어 둘 사이에 다양한 유파가 있고 또 서로 겹치는 부분도 있습니다. 무정부주의는 이상理想으로써는 정말 훌륭한 것이었으나 안타깝게도 폭력에 물들어 그 세력이 퇴조하면서 끝내 소멸되었습니다.

19세기 중엽 주목할 만한 인물이 유럽의 노동자와 사회주의 세계에 등장합니다. 그는 칼 마르크스라는 사람으로 사회주의 신봉자입니다. 또 같은 시대의 프리드리히 엥겔스Friedrich Engels라는 사람도 있었습니다. 엥겔스는 빈곤과 착취에 대한 구제 수단을 찾고 있었는데 칼 마르크스를 만나 동지가 되었습니다. 마르크스는 런던으로 가서 자신의 이론을 완성하고 저서를 썼습니다. 그는 막연했던 사회주의 이데올로기를 발전시켜 명확하게 만들었고, 구체적인 사상과 목표를 뚜렷하게 내세우면서 사회주의 운동과 노동자 조직에서 지도적인 역할을 담당했습니다. 마르크스는 1848년 《공산당선언》을 발표해 그 속에서 자신의 사회주의 이론을 명료하게 전개하고 모든 노동자의 단결을 호소했습니다.

1871년에는 최초의 의식적인 사회주의 봉기였던 파리 코뮌의 실패라는 비극이 있었습니다. 그리고 이듬해에 마르크스가 창립한 노동자 인터내셔널(★1864년 런던에서 창립된 최초의 국제적인 노동자 조직. 1872년까지 6회의 대회를 열고 노동조합 운동을 비롯한 노동자계급 운동의 기본 전술을 정립했다. 8시간 노동, 보통선거권 획득, 민족 독립 옹호 등의 활동을 했으나 1876년 해산되었다. 그러나 협회의 활동을 통해 마르크스주의가 각국에 보급되었으며, 그 결과 1869년 이후 유럽과 미국에는 사회주의정당이 출현했다.) 집회가 열렸고, 그 본부를 뉴욕으로 옮기는 데 성공했습니다. 하지만 인터내셔널이 중심부로부터 멀리 떨어져 있다 보니 결국에는 서서히 소멸해 버렸습니다. 마르크스주의는 독일 및 오스트리아의 사회주의자들에게 퍼져 나가 일반적으로 '사회민주주의'라 일컬어지기도 했습니다. 이러한 것들은 각기 모습이 다르긴 하지만, 대개 타인의 노동에서 사적인 이윤을 올리는 데 쓰이는 모든 것을 사회화, 즉 국가의 재산으로 삼아야 한다고 주장하는 점에서는 일치합니다.

1889년에는 다시 노동자 인터내셔널이 결성되었습니다. 이를 제2인터내셔널이라고 부릅니다. 1889년에 발족한 제2인터내셔널은 점점 인원이 늘어나면서 체제를 갖추다가 1914년에 세계대전이 시작되자 무너지고 말았습니다. 전쟁이 끝난 뒤 1919년에는 레닌이 새로운 노동자의 인터내셔널을 모스크바에서 창립했습니다. 이것은 순수한 공산주의자들만의 조직으로 네루가 이 책을 집필하던 시기까지 존속하고 있었습니다. 이것을 제3인터내셔널이라 부릅니다. 제2인터내셔널과 제3인터내셔널로 약칭되는 두 개의 국제 노동자 조직이 온 세계의 노동조합과 노동자 단체를 전부 포함하고 있는 것은 아닙니다.

사회주의에는 여러 가지가 있습니다. 하지만 토지·광산·공장 등의 생산수단, 철도와 같은 운송 수단 그리고 은행 및 이와 유사한 시설들을 국가가 관리해야 한다고 한 점에서는 모두 같습니다. 즉, 한 개인이 이러한 시설을 차지하거나, 또 남의 노동을 착취함으로써 사적인 이익을 올려서는 안된다는 것입니다. 생산과 분배 또 그 밖의 중요한 일은 대부분 사회, 즉 국가 혹은 인민 전체가 관리하도록 해야 한다는 것이 사회주의의 기본 사상입니다.

사회주의의 이상을 어떻게 실현해야 하는가에 관해 사회주의자들의 여러 가지 의견이 있습니다. 그것은 크게 두 개로 나눌 수 있는데, 하나는 한 걸음 한 걸음 전진해 의회를 통해 효과를 거둘 것을 지지하는 점진파이고, 또 하나는 의회 활동의 효과를 믿지 않는 혁명파입니다. 지금은 마르크스주의가 사회주의의 일반적인 교설로 간주되는데, 그들은 혁명파에 속합니다. 마르크스는 모호함과 관념론을 배척하면서 냉정하고 과학적으로 역사와 경제의 발전을 다루었기 때문에 그가 주장한 사회주의는 과학적 사회주의라 일컬어지기도 합니다.

마르크스주의가 어떤 내용인지 네루가 간추려 정리한 알곡을 살펴볼까요? 한국에서 '종북'이라는 용어로 학문과 교육을 나쁘게 오염시키는 정치적 선전에 흔들리지 말고, 자신의 딸에게 전해주는 아버지 네루의 자상한 설명을 귀담아 들어 보시기 바랍니다.

마르크스주의는 역사와 정치와 경제와 인간 생활, 그리고 인간의 욕망을 해석하는 하나의 방법입니다. 그것은 다방면에 걸친 인간 생활의 활동에 관해 나름의 견해를 제시하는 하나의 철학입니다. 마르크스에 따르면 생산양식은 모든 시대의 사회생활에서 가장 중요한 의미가 있습니다. 그것은 역사의 각 시대를 지배하고 그 시대의 모든 활동과 사회관계에 영향을 주었습니다. 그리고 생산양식이 변화함에 따라 역사적이며 사회적인 큰 변화가 뒤따랐습니다. 마르크스주의에 의하면, 어떤 생산 방법은 인민 성장의 일정한 단계와 상응하며 그 서로 간의 관계가 사회 전체의 경제적 구조를 구축합니다. 그리고 이 경제적 토대 위에 법률, 정치, 사회 관습, 관념 그리고 그 밖의 모든 것이 구축되는 것입니다. 따라서 마르크스의 견해에 따르면 생산 방법이 변함에 따라 경제적 구조도 변하며, 그에 따라 사람들의 관념, 법률, 정치 등도 변한다는 것입니다.

이러한 마르크스의 역사관을 '유물 사관'이라고 부릅니다. 마르크스는 모호한 관념으로 설명하는 방식은 잘못되었다고 보고, 사실을 검증하는 과학적인 절차를 밟았습니다. 거기에서 '유물론'이 생겼습니다. 마르크스는 역사를 계급투쟁의 기록으로 보았습니다. 생산수단을 지배하는 계급이 우월한 지위를 차지한다고 생각한 겁니다. 이들은 다른 계급의 노동을 착취해서 이익을 얻고, 국가와 정부는 생산을 지배하는 그 계급에 지배되며, 그러다 보니 자연스럽게 국가 제1의 목적이 이 지배계급을 보호하는 일이 되는 것입니다. 그래서 착취를 받는 여러 계급이 사태의 진상에 눈 뜨거나 불만을 품지 못하도록 계급성을 은폐하는 정부와 법률의 모든 종류의 시도가 행해지는 것입니다. 그렇지만 하나의 계급이 영원히 지배권을 장악하기는 불가능합니다. 새로운 관념은 사람들의 마음을 흔들고, 이데올로기 혁명이 일어나 낡은 관념을 몰아내기 때문이지요. 새로 일어나는 계급과 기존의 권력에 매달리는 낡은 계급 사이에 투쟁이 전개되는 것입니다. 새로운 계급의 승리는 정치적 승리인 동시에 경제적 승리이며, 또 새로운 생산 방법의 승리와 사회 모든 구조의 변화를 의미합니다. 신흥 계급은 이제 새로운 착취 계급으로 군림하고, 이에 투쟁은 끊임없이 되풀이됩니다. 그러나 계급이 하나라면 그것은 자기 자신을 착취할 수 없으므로 차별이 소멸되고, 따라서 오직 하나의 계급만이 남겨질 때 비로소 투쟁이 끝날 것이라고 보았던 겁니다. 이처럼 마르크스의 역사 이론은 끊임없이 변하고 진보해 가는 사회 이론입니다. 그것은 고정되어 있지 않은 동적인 개념으로, 하나의 사회에서 다른 사회로 교대하면서 진행하는 것입니다.

마르크스에 따르면 현대야말로 부르주아지와 노동자계급 사이의 마지막 계급투쟁이 벌어지고 있으며, 자본주의 자체가 결국은 자본주의를 쓰러뜨리고, 계급 없는 사회 그리고 사회주의를 건설할 계급과 그 세력을 스스로 낳고 계속 증대시키는 시대일 것입니다. 우리는 흔히 현대 자본주의 제도 아래에서 부자가 가난한 자를, 또 자본가가 노동자를 착취하는 것을 비난합니다. 네루는 이에 동의하면서도 제도가 그와 같은 착취에 입각한 것일 뿐, 자본가 그 자체가 죄는 아니라고 분명하게 말합니다. 그러면서도 네루는 이러한 착취가 자본주의와 함께 시작된 일이 아님을 잊지 않아야 한다고도 말합니다. 레닌이 계승하여 몸소 실천한 마르크스주의는 오늘날 세계적인 불황 속에서 구제 수단을 찾는 많은 사람의 희망이 되고 있습니다.

미국의 내전과 그 이후의 성장

이번에는 대서양을 건너 아메리카로 '신세계'를 찾아간 사람들이 유럽의 손을 벗어난 뒤 어떻게 되었는지 살펴보기로 합시다. 1775년 영국에서 분리된 미국의 첫 연안 13개 주의 인구는 기껏해야 400만 명도 되지 않았습니다. 하지만 19세기에 들어와 이 대국은 면적과 인구뿐 아니라 근대 산업과 무역, 부와 세력도 크게 성장했습니다. 유럽이 여러 번 혁명과 반동을 되풀이하고 있을 동안 미국은 동부 연안에서 서쪽으로 계속 전진했습니다. 그 결과 유럽으로부터의 이민을 촉진시켜 많은 사람이 미국으로 모여들게 했습니다. 인구가 서부로 확대됨에 따라 새로운 주가 만들어지고 이 주들은 속속들이 연방에 가입했습니다. 북부의 여러 주와 남부의 여러 주 사이에는 처음부터 큰 차이가 있었습니다. 북부는 공업을 주로 하여 대규모의 현대적

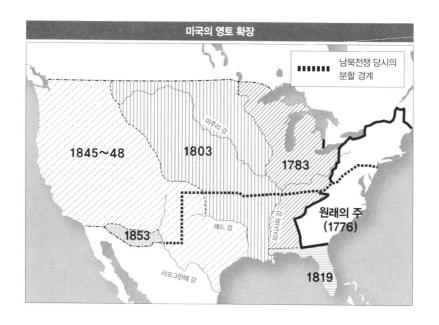

미국의 영토 확장

■■■■■ 남북전쟁 당시의 분할 경계

1845~48

1803

1783

1853

미주리 강

레드 강

미시시피 강

원래의 주 (1776)

리오그란테 강

1819

기계공업이 급속히 발달한 반면, 남부에는 대부분 노예노동을 통해 경영되는 대농장이 많았습니다.

노예무역은 17세기 초에 시작되어 1863년까지 계속해서 이루어졌습니다. 아프리카인을 미국으로 수송해 노예로 팔아치우는 일은 매우 이익이 큰 장사로 알려져 갈수록 규모가 커졌습니다. 처음에는 주로 영국인이 맡았으나 나중에 스페인과 포르투갈 사람들이 이 사업에 뛰어들었습니다. 그렇지만 19세기 초에 영국 의회에서 노예제도를 금지하는 법률이 통과되었고, 곧이어 영국뿐만 아니라 주요 나라들에서도 법률로 이 무역을 금지했습니다. 그러나 미국에서는 여전히 노예제도가 법적으로 유효했습니다. 북부에서는 노예제도를 반대했고, 남부는 찬성했습니다. 남부에서는 큰 농장을 경영하기 위해 계속 노예가 필요했기 때문입니다. 북부와 남부는 경제적인 이해가 달라 노예제도 존속에 관한 논쟁이 해결되지 않았습니다. 1830년에는 이미 관세율과 통관 수수료 때문에 분규가 생겼고, 이는 연방 탈퇴 문제로까지 번졌습니다. 이러한 의견 대립은 북부와 남부의 간격을 더욱 크게 했습니다. 북부에서는 노예제를 전면 폐지하려는 운동이 세력을 강화했고 이에 북부와 남부의 대립이 격화되었습니다. 1860년 에이브러햄 링컨이 대통령으로 선출되었는데 이것이 남부가 연방에서 탈퇴하는 신호가 되었습니다. 그리고 미합중국은 분열 상태에 빠졌습니다.

링컨은 평화를 유지하기 위해 어떤 희생도 감수하겠다는 태도를 취했지만, 그가 한 치도 양보할 수 없었던 한 가지는 연방의 분열이었습니다. 남부는 탈퇴를 결정하고 11개 주가 이에 따랐습니다. 이에 따라 1861년에 내전이 시작되어 약 4년 동안 계속되었습니다. 그렇지만 사실 남북 전쟁의 진짜 원인은 노예제도가 아닌, 남북 간의 이해 대립에 있었습니다. 마침내 링컨은 1862년 9월에 해방 선언을 발표하여 1863년 1월 1일 이후 반란에 가담한 모든 주의 노예가 해방된다는 것을 천명했습니다. 이 선언을 발표한 주요 목적은 남부 여러 주의 힘을 약화시키는 데 있었습니다. 이로써 400만 명의 노예가 해방되었고, 내전은 1865년에 북부의 승리로 끝났습니다. 흑인들은 이렇게 자유의 몸이 되었고 드디어 선거권을 얻었습니다. 이후 네루가 살던 시기까지 반세기 동안 흑인들의 상태는 다소 나아졌으나 그래도 여전히 예속된 인간이었습니다.

남북전쟁은 미국에 큰 피해를 입혔지만, 그 때문에 미국의 성장이 멈추지는 않았습니다. 미국은 풍부한 자원 특히 광산물이 많으며 근대 공업과 문명의 기초를 이루는 세 가지 물자, 즉 석탄, 철 그리고 석유를 풍부하게 가지고 있습니다. 또 땅이 넓은 데 비해 인구는 적어서 누구든 얼마든지 필요한 토지를 얻을 수 있습니다. 그래서 미국은 공업국으로 성장하는 데 큰 이점을 갖고 있었습니다. 외부에서의 이민이 계속 진행되어 많은 인구가 흘러들어왔습니다. 인구 과잉인 유럽은 잉여 인구를 미국으로 보냈고, 그 결과 인종·민족·언어 및 종교가 크게 뒤섞인 나라로 발전했습니다. 또한 철도와 전화의 광범위한 발달은 이 광대한 국토를 그물코처럼 연결하는 효과를 가져왔습니다. 미국은 철도와 그 밖의 교통기관 및 통일된 교육의 힘을 이용해 여러 인종을 연결하는 공동 의식을 발전시켰고, 여러 인종은 점차 융합되어 하나의 공통된 덩어리를 형성했습니다. 이후 미국은 더욱 더 커지고 부유해져서 여러 가지 변화를 낳았습니다. 백만장자가 연이어 쏟아졌고, 고층 빌딩으로 점철한 도시가 즐비하게 되었습니다. 이제 산업적으로 그들은 세계의 선도 국가가 되었고, 노동자의 생활수준은 다른 어느 곳에서도 찾아볼 수 없을 만큼 높아졌습니다.

반면, 남아메리카는 처음부터 북아메리카와는 사정이 매우 달랐습니다. 미국과 멕시코 사이의 국경은 전혀 다른 두 개의 민족과 문화를 가르는 하나의 선이 되었습니다. 남아메리카의 여러 공화국은 독립을 얻은 지 100년이 되도록 좀처럼 안정되지 않았습니다. 그들은 주기적으로 혁명과 군사독재를 겪어야만 했습니다. 유럽은 남아메리카에 대한 간섭을 멈추지 않았고, 이에 미국은 먼로주의를 내세워 남아메리카를 지켰습니다. 그런데 미국은 더 이상 남아메리카에 예전 방식으로 제국을 건설하지 않았습니다. 자신들의 상품을 통해 그들의 시장을 장악한 것입니다. 미국 자본가들은 투자와 금융을 통해 남아메리카의 여러 작은 나라에 효과적인 지배력을 행사함으로써 은행과 철도와 광산을 움직여 그들을 착취해 이익을 극대화했습니다. 이것은 제국의 새로운 형태이자 과거와는 다른 근대적 착취 형식을 보여주는 것으로 주목할 만합니다. 그것은 눈에 보이지 않는 경제적인 것으로 아무런 외부적 징후도 없는 착취와 지배입니다.

영국-아일랜드 분쟁과 영국의 팽창

영국은 산업혁명으로 얻은 우월적 지위를 19세기 내내 유지했습니다. 이제 영국은 세계의 공장이었고, 인도와 그 밖의 식민지에서 착취한 물질을 쉴 새 없이 들여와 국가 성장의 자원으로 삼았습니다. 영국의 빅토리아 여왕이 다스려 흔히 빅토리아 시대라 불리는 이 시대에 유럽과 그 밖의 지역에서는 여러 가지 변화가 일어나면서 낡은 것이 사라지고 새로운 것이 나타났습니다. 프랑스에서는 공화국과 제국이 잇달아 신속하게 교체되었고, 이탈리아에서는 모든 반도가 통일을 완수했습니다. 독일 역시 새 제국이 출현했으며, 다른 여러 작은 나라에서도 여러 가지 변화가 생겼습니다. 다만 동방의 러시아는 산업 발전이 뒤떨어진 농업국이었던 터라 새로운 사상과 신흥 산업이 아직 발달하지 못해 여전히 군림하는 황제인 차르를 받든 채 아무 변화를 맞지 못했습니다.

한편 이 시기 인도에서 영국의 장악력은 한층 강화되었습니다. 잇따른 전쟁을 통해 영국령 인도는 더욱 확대되었습니다. 인도는 이제 영국령 인도 제국이 되었고, 빅토리아 여왕은 인도 황제의 칭호를 받았습니다. 영국의 모든 외교정책은 식민지 인도를 중심으로 펼쳐졌으니, 인도를 효과적으로 장악하는 것과 동방에서 안전한 해상 교통로를 확보하는 것이 그 중추를 이루었습니다. 영국은 같은 방식으로 페르시아와 아프가니스탄에도 개입했고, 수에즈운하 회사의 주식을 사들임으로써 운하의 지배권까지 장악했습니다.

영국의 정치 형태는 이른바 입헌군주제, 즉 왕이 있는 공화국이었습니다. 이것은 왕관을 쓰고 있는 자는 진짜 권력을 갖지 않는다는 뜻입니다. 이 때문에 영국 왕실의 분위기는 권위주의에 싸여 있었고, 서열과 칭호와 계층으로 이루어져 있었습니다. 이는 사회적 평등 및 계급의 철폐와는 무관한 일입니다. 그래서 과거부터 영국이 정치적 민주주의와 산업화면에서는 선진국이었지만, 사회적으로는 보수적이라는 사실은 전혀 이상한 일이 아닙니다.

오랜 전통을 가진 영국 의회는 국왕의 전제정치에 맞서 투쟁한 선구자였지만 실제로는 진정한 민주주의를 실현하지 못했습니다. 부유한 산업가들이 의회를 지배해 민주주의 대신 금권정치가 실현될 뿐이었습니다. 통치와 입법을 담당한 영국 의회는 양당 제도를 도입했습니다. 양당은 처음에는 토리당과 휘그당, 19세기에 이르러 각각 보수당과 자유당으로 불렸습니다. 그런데 이처럼 두 거대 정당이 의원을 배출하는 체제 안에서는 개인이나 작은 정당 출신은 의원으로 선출되기가 매우 어렵습니다. 그리고 양대 정당의 힘이 하도 커서 그 안에서 독립적 행동을 할 여지가 거의 없게 됩니다. 당의 결속과 행동의 통일은 그 자체로 좋은 것임에 틀림없지만 민주주의와는 분명히 거리가 있습니다. 이 그릇된 민주주의는 많은 결점을 드러내면서도 영국에서는 지속적으로 번영을 누렸습니다.

19세기 영국의 번영은 여러 산업의 발달과 식민지 및 속령을 착취해 획득한 것이었습니다. 여러 산업이 발달하면서 상층계급과 중간계급은 더욱 부유해져 갔습니다. 얼마 뒤 나라가 완전히 산업화되자 경쟁은 더욱 심해졌고 이윤이 줄어들었습니다. 그래서 자본가는 해외로 눈을 돌려 풍부한 투자 대상을 발견했습니다. 그리하여 영국에서 남는 돈들은 영국의 여러 속령 내의 많은 기업에 뿌려졌습니다.

이제 영국은 세계의 채권자가 되고, 런던은 세계의 금융시장이 되었습니다. 영국 자본가가 돈을 빌려주었다는 것은 그들이 외국의 산업이나 철도에 투자해 현금 대신 영국의 제품을 보냈다는 사실을 의미합니다. 이렇게 영국의 기계나 철도 자재가 여러 외국에 수출되었으며 이것이 영국 산업 발전을 이끌었습니다. 반면, 영국에서 돈을 빌린 나라들은 그 대금을 영국처럼 제품의 형태로 지불하지 못하고 식량과 원자재의 형태로 지불했습니다. 19세기 영국의 무역을 살펴보면 전반적으로 수출보다 수입이 많았음을 알 수 있는데, 이 수입 초과 부분은 대출된 돈에 대해 생기는 이윤으로 채무국 또는 인도와 같은 속령이 바친 물품이었습니다. 그 결과 영국에서 다시 돈과 물건을 보내지 않더라도 영국의 해외 투자 총액은 계속 증가해만 갔습니다.

영국 및 서유럽의 번영은 산업 자본주의의 발달 덕택이었습니다. 이 자본주의는 끊임없이 이윤을 찾아 나아갔습니다. 자본주의의 발달은 여러 가지 변화를 가져왔지만 무엇보다 중요한 것은 한층 더 포악한 제국주의의 길을 열었다는 사실입니다. 때문에 시장을 찾는 맹렬한 자본의 충동이 각국을 유혹해서 세계 각지에서 서로 충돌하게 만들었습니다.

이번에는 아일랜드를 살펴보겠습니다. 아일랜드는 작은 나라지만 과거 몇 세기 동안 민족적 차원의 독립 투쟁이라는 난관을 겪은 용감한 나라입니다. 아일랜드는 인도나 중국보다 훨씬 일찍부터 영국의 제국주의 침략을 받아야만 했습니다. 11세기 앵글로 노르만인이 아일랜드를 침략한 이래 영국인은 언제나 아일랜드인을 일종의 반¥미개 종족으로 무시, 경멸했고, 그 때문에 아일랜드에서는 저항이 끊이지 않았습니다. 16세기 엘리자베스 여왕 시대에는 아일랜드인 사이에 영국인 지주를 육성해 아일랜드인의 저항을 근절시키려는 정책이 만들어졌습니다. 그리하여 아일랜드는 외국인 지주를 섬기는 가난한 농민의 나라가 되어 버렸습니다. 엘리자베스 여왕의 뒤를 이은 제임스 1세는 아일랜드에 외국인 이민의 상설 농장을 만들기로 결정하고 북아일랜드 얼스터 지역 6개 군의 모든 땅을 몰수했습니다. 그리하여 얼스터는 영국의 영토가 되었고, 이로써 아일랜드인의 분노가 폭발했습니다. 아일랜드를 두 진영으로 갈라놓은 영국의 책략은 빈틈없는 제국주의자에게서 나온 것입니다. 이러한 영국의 책략을 '분리 통치'라 부르는데, 이후 인도를 비롯한 모든 식민지를 다스리는데 큰 효과를 가져온 전형적인 제국주의 통치 방식이 됩니다. 그것은 곧 내란이나 분단 등 피식민지 인민들끼리의 동족상잔으로 이어집니다.

1774년 미국의 독립 전쟁이 일어나자 영국은 자신의 군대를 대서양 저편 미국으로 보내지 않을 수 없게 되어 한때나마 영국 군대가 아일랜드에 머물지 않던 때도 있었습니다. 그 후 영국은 다시 반란의 위기에 부딪히고, 아일랜드가 미국을 본받아 분리 독립할 것을 우려해 아일랜드 의회 설치를 승인했습니다. 그러나 아일랜드 의회는 과거 오랫동안 가톨릭교도에게 압박을 가해 온 프로테스탄트들이 독점하고 있었습니다. 그래서 옛날 그대로 지주 계급을 중심으로 구성된 협소한 회의체에 지나지 않았던 겁니다. 결국 아일랜드 독립 의회도 아일랜드 인민에게 큰 변화를 가져다 주지 못했습니다.

결국 영국 정부는 아일랜드 의회를 폐지해 버리고, 아일랜드를 영국에 합병할 것을 결의했습니다. 그리고 연방 조례가 1800년에 제정되었습니다. 연방 조례는 아일랜드의 북부와 남부, 즉 개신교도와 가톨릭교도의 통일을 위한 움직임을 봉쇄했고, 이에 항의하는 봉기가 대거 일어났습니다. 봉기를 주도한 지도자는 형장의 이슬로 사라졌지만, 이 제도는 1829년에 결국 폐지되었습니다. 그 후 가톨릭교도도 영국 의회의 의석을 차지할 수 있게 되었습니다. 그리고 투표권을 점점 많은 사람에게 주게 되었으니, 1832년의 개정 선거법이 영국과 아일랜드에서 동시에 시행되었습니다.

19세기 후반 아일랜드를 둘로 나눈 영국의 낡은 정책은 대단히 효과적이어서 북부의 얼스터 지방과 아일랜드의 다른 여러 지역 간 격차가 매우 심해졌고, 특히 경제적 차이가 유난히 두드러졌습니다. 그러면서 영국 의회와 아일랜드에서는 자치라는 새로운 용어가 등장했습니다. 하지만 아일랜드의 요구인 자치는 지방 차원의 정무만을 다루는 아일랜드 속령 의회의 설립을 의미할 뿐이었으며, 중요한 사항은 여전히 영국 의회가 처리하는 것이었습니다.

이런 와중에 아일랜드의 민족주의자들은 부단히 국어 사용 운동을 전개했습니다. 힘은 외부에서 오는 것이 아니라 내부에서 나온다는 민족 자각이 싹트고 있었던 것입니다. 이 같은 의욕적 행동에 새로운 전기가 주어졌습니다. 아일랜드의 한 청년 아서 그리피스Arthur Griffith가 '우리 스스로의 손으로'라는 뜻의 신 페인Sinn Fein 정책을 제창한 것입니다. 그를 따르는 신 페인 주의자는 영국의 원조와 동정을 구하지 않는 아일랜드를 추구했으며, 아일랜드인의 언어인 게일어 부활 운동과 학문 부흥을 지지했습니다. 신 페인 사상은 서서히 아일랜드 청년들 사이에 퍼졌는데, 1906년에 자유당이 다시

다수당이 되면서 기대감은 커졌습니다. 신 페인이 1914년 법제화되면서 아일랜드가 자치 지위를 획득한 듯 했는데, 내부적으로는 얼스터의 지도자가 이를 받아들이지 않고 싸우겠다며 어떤 외부 세력의 원조도 마다하지 않겠다고 했습니다. 전형적인 반역입니다. 영국의 보수당 쪽에서 이를 지지했으니 영국의 상층계급이 얼스터를 지지하는 독특한 구도가 짜였습니다. 반란은 역사상 흔히 있는 현상이며 특히 아일랜드에서는 자주 일어났지만 얼스터의 반란 계획은 배후에서 그것을 조종하는 자가 입헌적·보수적인 쪽이라는 점에서 특별한 흥미를 끕니다. 이 때문에 민주주의의 토대 자체가 큰 타격을 받았습니다. 법의 지배와 입헌주의의 신봉자라고 자랑해 오던 영국 국민의 전통에 먹칠을 한 겁니다. 이 부분에서 우리는 영국의 민주주의 전통이라는 것이 다름 아닌 자신들의 이익을 위해서일 뿐, 약소민족이나 식민지인을 위한 것은 아니라는 역사적 사실을 읽어야 합니다.

이제 아일랜드를 넘어 제3의 대륙 아프리카로 가볼까요? 먼저 이집트는 약 7천 년 전 이미 장대하게 진보한 문명인이 나일 강 계곡에 살고 있었습니다. 마케도니아의 알렉산드로스가 기원전 4세기에 이집트를 정복한 것은 이미 31개의 왕조가 교대로 그 나라를 통치한 뒤의 일이었다고 합니다. 이후 기원전 6세기에 이집트를 정복한 페르시아인은 이 땅을 그들의 광대한 제국의 한 주로 삼았습니다. 알렉산드로스가 사망한 뒤 그의 제국은 장군들 사이에서 분할되어 이집트는 프톨레마이오스가 차지하게 되었습니다. 이집트에서는 로마가 기독교를 받아들이기 훨씬 전부터 기독교를 받아들였고, 그 뒤 콘스탄티누스가 뒤를 이으면서 기독교는 로마 제국의 국교가 되었습니다. 이집트의 기독교는 오래된 이집트 종교를 믿는 사람들을 이교도라 부르며 잔혹하게 박해했습니다. 그러나 7세기에 아랍인이 새로운 종교를 가지고 들어오자 기독교는 다시 박해받는 종교가 되었습니다. 그 후 이집트는 칼리프 제국의 속령이 됩니다. 그로부터 200년 뒤인 9세기에 칼리프 세력이 쇠퇴함에 따라 이집트는 16세기 초 콘스탄티노플의 오스만 투르크인 술탄이 이집트를 정복할 때까지 투르크인 총독들 아래 반독립국이 되었습니다.

19세기 전반에는 메헤메트 알리Mehemet Ali가 총독으로 임명되어 이집트를 지배했습니다. 그는 근대 이집트의 창시자로 알려져 있으며, 이집트의 영국군을 격퇴해 형식상 투르크 술탄의 종주권을 인정한 채 이 나라의 실권을 잡았습니다. 이후 1869년에 수에즈운하 통행이 시작되었습니다. 이 운하는 유럽과 아시아와 오스트레일리아 사이의 물자를 수에즈에 모이게 해 이집트의 가치를 더욱 높였습니다. 그러나 운하에 대한 재정적 지배권은 이집트가 아닌 영국과 프랑스의 금융업자 손으로 넘어갔습니다.

영국 정부가 지배권을 더욱 강화함에 따라 이집트에서는 많은 민족주의 정당이 생겨났습니다. 민족주의 운동이 일어나자 영국은 전쟁을 벌여 이집트를 완전히 장악해 버렸습니다. 그 후 영국은 이집트를 전제적으로 통치하면서 착취를 일삼았습니다. 이런 상황에서 민족주의가 성장하고 개혁 운동이 일어나기 시작합니다. 또한 외국 무역의 발달과 함께 이집트에서도 새로운 중간계급이 대두했고, 이 계급이 민족주의의 새로운 중추 세력이 됩니다. 이것이 1914년 세계대전이 시작할 당시 이집트의 상황입니다. 영국은 곧 이집트를 보호령으로 선포했습니다. 이집트뿐만 아니라 다른 아프리카 지역 역시 19세기 후반 유럽 제국주의의 먹이가 되어 유럽 열강의 손에 고스란히 분할되었습니다.

왜 유럽은 세계를 지배하게 되었을까?

많은 사람이 19세기 유럽이 세계의 패권을 잡은 것은 유럽만이 갖는 문화의 우월성 때문이라고 믿습니다. 어떤 사람은 그 문화의 우월성을 그리스의 민주주의에서 찾기도 하고, 또 어떤 사람은 그것을 로마의 법과 질서의 힘에서 찾기도 합니다. 또 다른 사람들은 유럽에서만 자본주의가 발전했기 때문에 세계를 지배하게 되었다고 봅니다. 이들은 자본주의는 농노제가 있는 봉건제에서만 발전 가능하고, 그 봉건제는 유럽에만 존재했기 때문에 결국 유럽에서 자본주의가 발전할 수 있었다고 주장합니다.

하지만 자본주의가 일어날 조짐을 꼭 유럽에서만 찾을 수 있는 것은 아닙니다. 결정적인 조짐들이 아시아와 아프리카의 일부에서도 발견됩니다. 그런데 유럽은 자본주의를 발전시켜 제국주의를 낳아 세계를 지배했고, 아시아와 아프리카는 그렇지 못했습니다. 왜 그랬을까요? 유럽은 16세기 이후 독립 민족국가가 경제 중심지로서의 역할을 하기 시작했습니다.

독립 국가들은 북아메리카를 식민화하여 플랜테이션과 광산을 통해 막대한 부를 모았습니다. 그들은 즉각적으로 아메리카 대륙의 국가들과 문명들을 파괴하고 자원을 수탈했으며, 노동을 착취하고 토지를 점유하면서 정복을 본격화했습니다. 아프리카에서 노예를 끌고 와 아메리카의 농장주에게 팔아 넘겨 이익을 창출했고, 노예를 부리면서 다양한 사업을 일으켜 그 생산물을 유럽 시장에 수출해 막대한 이익을 남겼습니다. 1492년 소위 아메리카 대륙에 대한 침략과 수탈이 없었다면 유럽에서 자본주의가 일어날 수 없었을 것입니다.

아메리카 대륙에서 수탈한 자원과 자본을 바탕으로 많은 물품을 생산한 유럽은 다시 아메리카 대륙과 아시아와 아프리카 시장에 이를 팔아 큰 이익을 남겼습니다. 16

세기가 끝나갈 무렵 아메리카로부터 대규모 자본이 유럽으로 흘러들어오면서 유럽 사회에 많은 변화가 발생합니다. 농업이 대대적으로 확장되면서 상업 경제가 발전했고, 매뉴팩처의 초기 형태가 막 시작됐으며, 유럽 외부 경제와 연결된 지역을 중심으로 도시화가 일어나기 시작했습니다.

이때 부르주아 혁명을 거치면서 세워진 국가는 절대적인 힘을 갖게 되는데, 그 막강한 권력을 가진 국가가 많은 재력가를 모아 아시아와 아프리카의 여러 지역과 교역을 담당하는 특허 회사를 설립하게 했습니다. 그리고 절대 권력을 동원해 그들을 배후에서 조종하고, 시장의 안정성을 저해할 잠재력이 있는 경쟁 대상을 없애버리면서 왕실과 연결된 상인들의 이익을 극대화했습니다. 또 국가는 모든 권력을 동원해 회사가 식민지 사업에 뛰어들도록 모든 편의를 봐 주고 시설을 준비해 주었는데, 이는 곧 경찰과 군대까지 동원한 해외 침략의 길이었습니다. 그리하여 아메리카와 아시아를 통해 모은 엄청난 자원과 수익은 군대와 경제를 더욱 확장하게 했고, 그것을 토대로 자기 땅이 아닌 멀리 떨어져 있는 남의 땅, 남의 민족을 지배하게 되었습니다.

이러한 상황에서 일어난 유럽의 산업혁명은 식민지를 매우 필요로 했습니다. 산업혁명의 초기 국면에서 생산물이 이윤을 남기려면 지금 우리가 생각하는 자유노동이라는 것이 존재해선 안됐습니다. 따라서 생산을 위해서는 조야하고, 아직 발전되지 않은, 그야말로 야만적 상태의 강제된 노예노동이 반드시 필요했습니다. 그래서 그들은 다른 나라를 침략해 그곳에서 매우 낮은 가격에 상품을 만들어 가져와야 했던 것입니다. 그 상품을 유럽 시장에 팔아 이익을 남기고, 그 돈으로 다시 상품을 만들어 해외 시장에 강제로 팔아넘기는 시스템은 대량 생산을 가능하게 하는 산업혁명을 부채질했습니다. 결국 19세기 유럽의 세계 지배는 유럽 고유의 문화적 요인 때문이 아니라 1492년 이후 자행한 아메리카 침략과 수탈에 따른 것입니다.

4부

제국주의와 현대 세계의 발전

제국주의와 세계대전을 겪으면서

현대로 접어들다

19세기 말 고도로 발달한 자본주의하에서 잉여 자본 축적과 독점 강화는 빈부 격차의 심화를 가져왔고, 다시 노동자계급의 격렬한 저항을 불러왔습니다. 이에 각 정부는 사회 내부의 문제를 외부로의 팽창을 통해 해결하려는 제국주의 정책을 촉진했습니다. 선진국들은 앞다투어 자본을 수출하려 했고, 이를 위해 해외 식민지의 정치에 강하게 개입했습니다. 심지어는 영토 병합을 위해 군비를 강화하면서 국제적인 긴장을 야기했습니다.

이러한 흐름에 영국, 프랑스와 같은 선발 자본주의국가와 독일, 이탈리아, 러시아, 미국, 일본 등 후발 자본주의국가가 모두 참여하면서 서로 간의 긴장이 극대화되었고 1914년에 제1차 세계대전이 발발했습니다. 대전 후 전승국들은 일방적인 이해관계에 따라 베르사유체제를 성립시키고, 그 때문에 또다시 나라들 사이에 긴장과 갈등이 조성됩니다. 이 과정에서 독일과 이탈리아 그리고 일본에선 파시즘 체제가 등장하고, 이는 또 다른 세계대전을 몰고 올 먹구름이었습니다.

제1차 세계대전의 발발과 러시아의 무리한 참전은 1917년 인민의 자발적 시위에 의한 3월 혁명으로 귀결되었습니다. 그 후 볼셰비키는 평화, 토지의 사회화 등을 공약으로 내세워 광범위한 지지를 확보한 후 10월 혁명을 완수했습니다. 혁명 후 레닌은 전시 공산주의를 폐지하고 신경제정책을 채택해 농민에게 생산과 판매의 폭넓은 자유를 부여했으며, 상거래를 인정하기도 했습니다. 혁명 후 소비에트 러시아는 세계 방방곡곡의 노동자들에게 사회주의 공화국 수립을 호소했습니다. 이는 식민지 각 나라에서 반제국주의 민족운동이 일어나는 계기로 작용했습니다.

오스만 투르크가 무너진 후 1920년대 이래 투르크에서는 케말 파샤에 의해 민족주의 운동과 대규모의 사회변혁이 일어나 인민의 생활을 뿌리부터 철저히 변화시켰으니, 낡은 관습이나 종교 관념으로부터 단절된 새로운 시대가 그 안에서 자랐습니다. 투르크에서 영국인의 간섭에 대해 케말의 민족주의 운동이 일어나기 전에 인도에서는 이미 민족주의 운동이 일어나고 있었습니다. 19세기 말부터 종교·사회 개혁 운동이 광범위하게 일어나 민족주의 운동의 서막을 열었습니다. 이어 1857년에는 전국에 걸친 반영 봉기가 터져 2년간 싸웠습니다. 그 후 영국은 동인도회사의 통치를 종식하고, 형식적으로만 연명하고 있던 무굴 제국을 끝장낸 후 영국 정부가 직접 통치하기 시작했습니다. 1885년에는 인도국민회의가 등장해 민족주의 운동을 이끌었습니다. 인도국민회의는 처음에는 친영의 입장에서 온건한 활동을 했으나 1905년 벵갈 분리 정책 반대 운동을 계기로 반영 급진 민족주의 운동으로 발전했습니다. 1920년대에 들어서는 간디를 중심으로 농민 참여가 본격화되면서 아래로부터의 민족운동으로 그 성격이 발전했습니다.

중국에서는 제국주의 여러 나라들이 상해나 홍콩 같은 큰 항구 도시에 자리 잡으면서 중국의 대외 무역을 모두 장악했습니다. 결국 중국은 정치적으로 주권을 빼앗긴 상태는 아니었지만, 경제면에서는 이 나라들의 실질적인 식민지가 되었습니다. 쑨원이 등장해 왕정을 폐지하고 공화국을 세웠으나 그가 죽은 후 러시아 공산혁명의 영향을 받은 공산주의 세력과 장제스 중심의 국민당 세력이 치열하게 다투었습니다. 후자는 중국 소비에트를 타도하기 위해 노력했지만 그 성과는 없었습니다. 이때 제국주의 세력으로 급성장한 일본이 중국으로 침략해 전쟁을 일으키면서 상황은 제2차 세계대전으로 연결되었습니다.

1914	제1차 세계대전 발발
1917	러시아 볼셰비키 혁명, 영국, 발포아 선언
1919	인도, 간디 주도 민족운동 흥기, 유럽, 베르사유조약
1922	이탈리아 파시즘 권력 장악
1924	터키, 칼리프제 폐지, 중국 제1차 국공합작
1927	중국, 해풍에서 모택동 소비에트 정부 수립
1928	아프가니스탄, 아마눌라 왕 개혁 정치 시작
1929	세계공황
1930	인도, 간디 주도 소금행진
1931	일본 만주 침략, 스페인 공화국 시작
1931	태국, 전제정치 폐지
1934	독일, 히틀러 절대 권력 등극
1937	중일전쟁
1939	제2차 세계대전 발발

❶
제1차 세계대전의 발발

제1차 세계대전

지금까지 보아 온 19세기의 가장 주요한 특징은 자본주의 산업의 발달이었습니다. 19세기에 본격적으로 시작된 자본주의는 여러 가지로 그 형태와 성격을 바꿔가며 오늘까지 이어집니다. 자본주의는 역사적으로 어떤 의미가 있을까요?

자본주의체제의 도입은 규모가 큰 동력 생산, 즉 수력이나 증기력 또는 전기를 사용함으로써 생산의 증대가 발생했음을 의미합니다. 그래서 자본주의의 가장 두드러진 특색은 끊임없이 커지는 탐욕이고, 그 목표는 말할 것도 없이 끝없이 많이 생산하는 것입니다. 그리고 그렇게 하여 생산된 잉여의 재부를 다시 그 공장이나 유사한 기업 혹은 철도와 같은 시설에 투입해 더욱 많은 이익을 발생시킴으로써 자본가의 주머니를 키웁니다. 따라서 이를 위해 종속된 여러 나라와 식민지는 선진 자본주의국가의 산업과 그것을 소유한 민족의 이익을 위해 끝없이 희생되고, 착취 당해야 합니다. 자본주의는 필연적으로 제국주의로 이어질 수밖에 없고, 그럼으로써 자본주의 산업은 노동자가 자본가에게 저항하는 사회주의와 공산주의 사상에 길을 열어줍니다. 그 안에서 노동조합이나 국제 노동자 조직이 발전할 수밖에 없게 됩니다.

제국주의가 아시아를 침탈하면서 자연스럽게 아시아에서도 자본주의가 서서히 성장합니다. 이와 동시에 아시아에서는 민족주의도 성장해 서양의 제국주의에 도전하기 시작합니다. 역사적으로 볼 때 자본주의가 대규모의 물질 진보를 가져와 인류 복지 수준을 크게 높인 것은 사실입니다. 지식은 날로 축적되고 과학이 발달하면서 생활이 편리해졌습니다. 그렇지만 자본주의의 탐욕도 무한정으로 발달하면서 이를 저지하려는 운동 또한 발달했습니다. 대표적인 것이 협동조합 운동입니다. 협동조합 운동은 사람들이 단결해 일괄적으로 물자를 매매하여 이익을 같이 나누는 방식입니다. 정치에선 민주주의가 점차 발달해 더욱 많은 사람이 투표권을 획득했습니다. 여성 운동이 선거권 요구를 지나 더 많은 방면에 걸쳐 남성과의 평등을 요구하는 단계에까지 이르기도 했습니다. 이제 세계는 끊임없는 대립과 갈등이 터져 나오면서 비밀 조약 그리고 동맹 관계가 난무했는데, 그 안에서 유럽은 능동적이며 공격적인 역할을 했고, 아시아는 수동적이며 방어적인 위치에 섰습니다. 또한 민족주의 사상이 성장하면서 개인의 도덕과 국가의 도덕 사이의 미묘한 모순이 생기고, 개인의 악덕이 바로 국가의 미덕이 되기도 했습니다.

19세기는 오스만 투르크 제국이 차츰 와해되는 시대이기도 합니다. 오스만 제국은 1361년부터 1922년 투르크 제국의 종말까지 무려 500년이 넘는 오랜 기간 동안 유럽 땅에 뿌리를 내리고 있었습니다. 오스만 제국은 중세 말기부터 유럽에서 일어나던 새로운 사태에 적응하지 못했습니다. 그들은 오래된 유목 시대의 습관을 버리지 못한 채 서로 다른 체제에서 나온 모순에 끊임없이 시달리면서 여전히 엄격한 군율과 군사력으로만 제국을 지키고 있을 뿐이었습니다. 그 결과 유럽 지역의 오스만 제국에서는 무역이 크게 쇠퇴했고, 부富의 창출 활동이 위축되었습니다.

오스만 제국이 와해되기까지의 최근 200년 역사는 끊임없이 남하해 오는 러시아인과의 갈등 그리고 그 영토 안에 복속된 여러 민족이 일으킨 반란과 싸움의 역사였습니다. 러시아는 발칸과 슬라브 여러 나라의 큰 기둥이 되어 그들을 수호하는 지위를 차지하고자 했습니다. 게다가 차르는 비잔틴계의 후계자로 자처하면서 진짜 목표를 콘스탄티노플에 두었습니다. 때문에 이를 차지하기 위해 러시아는 모든 외교정책을 동원했습니다. 결국 1730년 러시아와 투르크 사이에 전쟁이 터졌습니다. 전세는 러시아에 유리했지만 러시아를 견제하고자 영국과 오스트리아가 전쟁에 간섭하면서 러시아는 투르크 정복에 실패했습니다. 그러다 1853년 차르가 다시 전쟁을 일으키는데, 이것이 크리미아 전쟁입니다. 그러자 영국과 프랑스는 또다시 남하하려는 러시아를 저지했고, 이 때문에 러시아는 콘스탄티노플 점령에 또 실패했습니다. 1878년에는 베를린에서 국제회의가 열려 투르크의 운명이 논의됐고, 베를린 조약에 따라 불가리아·세르비아·루마니아·몬테네그로가 독립했습니다.

그러면서 투르크는 처음으로 자신들이 유럽의 다른 나라들에 뒤진다는 사실을 자각하게 되었습니다. 서구의 사상이 투르크로 들어온 것도 바로 이 시기였으니 크리미아 전쟁 이후 본격적으로 서구화를 시도합니다. 우선, 술탄의 전제정치 대신 민주적 의회를 갖춘 입헌 체제의 수립 운동이 전개되었습니다. 1876년에는 헌법을 요구하는 봉기가 일어나기도 했습니다. 그러나 근본적인 경제 변화가 없는 상층부의 개혁은 재정 부담을 가져왔고, 투르크 정부의 파산으로 이어졌습니다. 결국 투르크 정부 재정을 서방 금융가들에게 의존할 수밖에 없게 되면서 서구화와 개혁에 대한 시도는 실패하고 말았습니다.

이후 20세기 초 헌법에 대한 요구가 더욱 드세게 일어났고, 이때 '청년 투르크당'이라는 새 정당이 빠른 속도로 성장했습니다. 유럽에서 투르크를 추방하고 그 유산을 노리던 불가리아, 세르비아, 그리스, 몬테네그로는 '발칸 연맹'을 결성해 1912년 10월 투르크를 공격했습니다. 투르크는 이 전쟁에서 패하여 큰 손실을 입었습니다. 그리하여 제1차 발칸전쟁이 일어난 지 몇

달 만에 투르크는 유럽에서 쫓겨나고, 겨우 콘스탄티노플만을 유지하게 됩니다. 그렇지만 얼마 뒤 연합국 사이에서 분규가 일어납니다. 불가리아가 지난날의 연합국을 배신하면서 그들을 공격했고, 이에 여러 나라들이 개입하면서 발칸 여러 나라는 유럽의 화약고가 되어 버렸습니다. 그러던 차에 중동에 영향력 증대를 꿈꾸던 독일이 동쪽으로 눈을 돌립니다. 그러자 세력이 급속히 약화된 투르크가 독일에 의지했고, 그러면서 서로 접촉이 깊어졌습니다. 이것이 1914년 제1차 세계대전이 발발할 무렵의 상황입니다.

우리는 자본주의 열강들이 시장과 원료에 대한 끝없는 요구 때문에 온 세계에서 제국의 식민지를 찾기 위해 얼마나 경쟁하고 날뛰었는지를 살펴보았습니다. 영토를 확장하면서 강대국 사이에 충돌이 일어나고, 그것이 일촉즉발의 전쟁 위기를 가져왔다는 점이 두드러진 사실입니다. 가장 유리한 위치에 놓였던 영국은 이제 경쟁자들에게 시달렸고, 공업 분야에서 독일과 미국이 영국의 시장을 잠식했습니다. 게다가 독일은 이미 과학·교육·산업 분야에서 장족의 발전을 보였고, 이와 동시에 막강한 군대도 조직했습니다. 그들은 산업자본주의국가 중에서 가장 강력하고 능률적인 국가로 성장했습니다. 독일이 해군력을 증강하면서 독일과 영국 두 나라 사이에 해군 증강 경쟁이 시작되었고, 양국의 신문은 끊임없이 서로에 대한 민족적 증오심을 부채질했습니다. 프랑스도 독일과는 예전부터 숙적이었습니다. 이때 발칸 지역은 이미 화약고가 되어 있었습니다.

이윽고 전쟁의 공포가 유럽에 점점 번졌습니다. 열강은 스스로를 방어하기 위해 동맹을 구축하고자 합니다. 강대국 열강은 독일·오스트리아·이탈리아의 삼국동맹과 영국·프랑스·러시아의 삼국협상이라는 두 계열로 나뉘었습니다. 이리하여 전 유럽은 공포에 빠져 들었고, 그들은 앞 다투어 전쟁 채비를 하면서 군비 확장에 온 힘을 기울였습니다. 그들은 말로는 '세력 균형'이라 했지만, 사실은 두 진영으로 나뉘어 서로를 견제한 것입니다. 이런 상황에서 일본은 영국의 동맹국으로 그 '세력 균형' 안에 들어갔지만, 미국은 유럽의 동맹과 균형 체제에 들어가지 않았습니다.

1914년 6월 28일 마침내 일이 터지고야 말았습니다. 이날 오스트리아의 왕위 계승자인 프란츠 페르디난트가 발칸의 보스니아 수도 사라예보를 방문해 시가행진하던 중 암살을 당합니다. 이후 1914년 7월 23일 오스트리아가 세르비아에 선전포고를 했습니다. 러시아 정부가 7월 30일 군사 동원을 결정했고, 이에 놀란 독일이 이틀 뒤인 8월 1일에 동원령을 내려 프랑스와 러시아에 선전포고를 했습니다. 독일이 벨기에를 침공하자 8월 4일 영국이 독일에 전쟁을 선포합니다. 이탈리아는 6개월 뒤 영국·프랑스·러시아 진영에 가담했습니다. 전쟁이 나날이 격해짐에 따라 어느 편이나 모두 중립국을 자기편으로 끌어들이려 혈안이 되었습니다. 중립국의 대부분은 나중에 영국·프랑스·러시아 측에 가담했습니다. 독일 측에는 투르크와 불가리아가 가담했습니다.

전쟁이 시작되면서 19세기는 종말을 고합니다. 서양 문명이 전쟁의 무서운 소용돌이에 휩쓸려 버린 겁니다. 전쟁은 자본주의 산업국가들의 탐욕과 제국주의 열강의 상호 적대 감정이 충돌하면서 생긴 결과입니다. 그런데 국가와 자본이 국민을 교묘하게 속인 것도 큰 원인을 차지합니다. 당시 영국, 프랑스, 독일 등의 내각 관리 대부분이 군수산업의 주주였다는 사실은 매우 중요합니다. 그들은 자신들의 사익을 위해 전쟁을 부추겼고, 이로 인해 시기도 1914년으로 앞당겨진 겁니다. 전쟁이 시작되자 모든 참전 국가에서는 국민의 열광적인 애국심을 북돋웠고, 진실을 왜곡하면서 거짓으로 국민을 속였습니다. 전쟁 중에는 특히 민족주의의 병폐가 빛을 발합니다. 각 정부는 편협한 민족주의를 선전했는데, 신문에 선동적인 기사를 무차별 게재해 사람들을 바보로 만들고, 전쟁을 미화했습니다. 많은 금융업자, 실업가, 군수 제조업자는 후방에 편안히 앉아 젊은이들을 전쟁의 사지에 뛰어들게 하여 막대한 이득을 챙겼습니다.

1914년 8월 초 제1차 세계대전이 발발했을 때, 전 세계의 눈은 벨기에와 북부 프랑스의 전선에 집중되었습니다. 독일군이 전진을 거듭해 파리를 향하면서 프랑스군은 제대로 싸워보지도 못한 채 패배했고, 영국 또한 얼마 버티지도 못하고 짓밟혔습니다. 그 사이 러시아가 동프로이센을 공격했으나 독일이 반격을 개시해 러시아를 물리쳤습니다. 그렇지만 1914년 프랑스군이 독일군을 물리치고 파리를 수복했고, 그 덕에 영국도 회복 기미를 보였습니다. 러시아군은 자주 오스트리아군을 무찔렀으나 독일군에게는 여전히 패했습니다. 1916년 말이 되면서 승리는 연합국 측으로 기울어진 듯했습니다. 독일은 화평을 타진하기에까지 이르렀으나 연합국은 이를 받아들이지 않았습니다. 이에 미국이 1917년 4월 선전포고를 했고, 미국의 개입이 결정적 요인이 되어 독일은 패배하게 되었습니다. 연합군은 해군력을 바탕으로 미국으로부터 무기와 식량을 확보할 수 있었고 돈을 빌려 쓸 수도 있었는데 이때문에 미국이 참전을 결정했다고도 해석할 수 있습니다. 결국 결정적 요인은 돈이었던 것입니다. 초기에 연합국 측에서는 영국과 프랑스가 경제적으로 여유로웠지만, 1916년 말에 가서는 두 나라 국고가 모두 바닥났습니다. 그러자 미국에 원조를 요청했고, 미국은 돈을 빌려 주기로 약속했습니다. 결국 연합국 측의 전쟁은 미국의 돈으로 충당되었습니다.

1918년 중반이 되면서 전세가 결정적으로 연합국에 유리하게 전개되었고, 그 결과 독일을 강하게 압박한 후 1918년 11월 베를린에서 독일공화국이 선언됩니다. 이후 11월 11일 휴전 조약이 성립되어 전쟁이 끝났습니다. 이 조약은 미국 대통령 윌슨이 제시한 14개 조항에 입각한 것으로, 교전한 소수 민족 자결의 원칙, 군비 축소, 비밀 외교의 폐지, 열강의 러시아 원조 및 국제연맹 결성 등을 골자로 하는 것이었습니다. 전쟁은 4천6백만 명의 사상자를 냈고, 천문학적인 비용을 소진했습니다.

러시아, 볼셰비키 권력을 잡다

서유럽에서 부르주아 중심의 정치 경제 혁명이 일어나는 동안 러시아는 유럽에서 가장 뒤떨어진 나라였습니다. 개혁 시도가 없었던 것은 아니지만, 모두 상층계급에 국한된 일이었고 단지 전시 효과를 노린 것이었습니다. 서유럽의 문화는 여러 사회적 조건의 소산이었지만, 러시아 상층부들은 서유럽의 상층구조만을 모방하려 했습니다. 이렇게 가져온 변화의 부담은 대중의 어깨에만 전가되었으니 농노제도와 차르의 전제정치를 강화할 뿐이었습니다.

16세기 이후 페테르부르크, 모스크바 같은 서부 지역에서는 공업이 상당히 발달했습니다. 그 결과 러시아 자본주의가 이러한 공업지대에서 급격하게 발달했으며, 노동자계급도 성장하게 되었습니다. 러시아의 노동자들은 사회주의와 공산주의의 새로운 사상이 도입되자 선뜻 받아들였습니다. 그 새로운 사상이 일정한 형태를 갖추면서 '사회민주노동당'이 결성됩니다. 러시아 마르크스주의자들은 1903년이 되면서 하나의 위기에 직면했습니다. 원칙을 관철해서 곧 노동자의 혁명을 일으켜야 하는가, 아니면 기존의 여러 상황에 양보해 궁극적인 혁명의 기반을 준비해야 하는가에 관한 것이었습니다. 나중에 러시아에서 공산혁명을 성공시킨 레닌은 운동을 효과적으로 추진할 수 있는 확고한 신념이 있는 혁명가 조직을 세우려 했습니다. 사회민주노동당은 두 파로 분열해 볼셰비키와 멘셰비키가 생겼습니다. 그러면서 러시아에서는 정치 파업이 빈번했고 분규가 자주 일어났습니다. 이것이 결국 전국에 걸친 총파업으로 발전해 새로운 마르크스주의 혁명이 시작되었습니다.

대도시에서 파업을 일으킨 노동자들은 각지에서 새로운 조직, 즉 '소비에트'를 수립했습니다. 차르 정부는 두마Duma라고 일컬어지는 입헌 국회 및 민주적 선거를 약속함으로써 역사상 처음으로 인민 앞에 굴복했습니다. 하지만 노동조합으로 조직된 대다수 상급 숙련 노동자층이 정치의 중요성을 이해하고 혁명에 참가한 데 반해 도시와 농촌의 일반 대중은 정치에 무관심했습니다. 이것을 본 차르 정부와 경찰은 여느 전제주의와 마찬가지로 분열을 획책하고 굶주린 대중을 부추겨 일부 혁명 세력과 싸우게 했습니다. 차르 정부는 먼저 혁명의 배후를 교란한 후 폭풍의 두 중심, 즉 페테르부르크와 모스크바를 공격했습니다. 이후 5일 간의 전투가 벌어진 후 소비에트가 최종적으로 타도되었습니다. 이렇게 1905년 러시아혁명은 참담한 패배로 막을 내렸습니다. 하지만 이는 1917년 혁명의 서막이었습니다.

한편 유럽 및 세계정세는 급격히 변하고 있었습니다. 그동안 영국의 독점 무대였던 공업과 해양에 독일이 등장하면서 독일은 영국에 새로운 두려움의 대상이 되었습니다. 영국은 독일에 대한 공포 때문에 그동안 원수지간이던 러시아와 손을 잡았습니다. 영국과 프랑스 및 러시아 사이에 삼국협상이 이루어졌고, 독일과 오스트리아 및 이탈리아 사이에 삼국동맹이 이루어짐으로써 대립 구도가 만들어졌습니다. 1905년 이후 3년 동안은 러시아의 반동기였습니다. 볼셰비즘을 비롯한 혁명적 요소는 기세가 꺾였으나 1912년 이후부터 다시 변화가 나타나면서 혁명 활동이 활발해지고, 그와 함께 볼셰비즘이 강화되었습니다.

1917년 러시아에는 실제로 두 개의 혁명이 있었습니다. 하나는 3월, 또 하나는 11월의 혁명입니다. 1905년 볼셰비키가 궤멸당한 후 레닌과 그의 동지들은 탄압의 암흑시대를 앞날을 위한 준비 기간으로 대비하며 보내고 있었습니다. 1914년이 되었을 때 이미 러시아의 도시 노동자계급은 깨어났고, 다시 혁명을 향해 가고 있었습니다. 커다란 정치 파업이 잇달아 일어났으나 전쟁이 시작되면서 모든 관심이 전쟁에 쏠렸고 진보 진영의 노동자 대부분이 군인으로 전선에 내보내졌습니다. 전쟁터에서 러시아군은 모든 교전국 가운데 최대의 손해를 입었습니다. 3월 초에 오랫동안 고통을 참아 온 노동자들 속에서 아무도 예견하지 못했던 자연 발생적인 혁명이 일어났습니다. 그것은 가장 학대받은 하층의 노동자들 사이에서 일어나 명확한 계획도, 어떤 지도도 없이 맹목적으로 진행되는 것처럼 보였습니다. 이 3월 혁명에서 가장 중요한 것은 역사상 처음으로 프롤레타리아가 지도하는 위치에 섰다는 사실입니다. 몇십 개의 공장에 진을 친 이러한 이름 없는 노동자들이 운동을 분명한 노선으로 이끌었던 것입니다.

강력한 차르는 역사의 쓰레기통 속에 내동댕이쳐졌고 귀족, 지주계급, 상층의 중간계급 및 자유주의자와 개량주의자들마저 공포와 전율에 휩싸여 노동자계급의 폭발을 지켜보았습니다. 그러는 동안에 소비에트가 형성되었고, 그들이 권력을 장악했습니다. 한편, 두마의 위원회가 임명한 임시정부는 매우 보수적인 기관이었습니다. 같은 건물의 한쪽은 소비에트가 차지하고 끊임없이 임시정부를 간섭했습니다. 그리하여 임시정부와 소비에트가 동거하는 일종의 이중 정부가 출현했고, 이 둘의 배후에는 혁명적인 대중이 있었습니다.

당시 소비에트를 좌지우지하던 멘셰비키는 노동자는 이제 어떤 사회적 문제도 제기해서는 안 되며, 그들의 당면 임무는 정치적 자유를 달성하는 것이라고까지 말했습니다. 반면, 볼셰비키는 형세를 관망하고 있었습니다. 3월 혁명은 이처럼 결단력 없는 소심한 지도자를 두었지만, 아무튼 성취되었습니다. 그러다가 레닌이 도착함으로써 모든 상황이 새롭게 변했습니다. 레닌은 곧바로 정세를 파악한 후 마르크스주의 프로그램을 적응시켰습니다. 이제 농민과 제휴한 노동자계급의 지배를 위해 자본주의 자체가 투쟁의 대상이 되었고 민주공화국, 토지 자산 몰수, 8시간 노동제가 볼셰비키의 당면 구호가 되었습니다. 이런 구호는 노동자와 농민의 투쟁에 구체성을 주었습니다. 레닌은 소비에트를 장악한 다음 임시정부로부터 권력을 탈취하려 했고 임시정부로부터 권력을 빼앗기 전에 노동자와 소비에트의 대다수를 자기편으로 끌어들이려는 방침을 세웠습니다.

볼셰비키의 수는 자꾸 늘어나고 멘셰비키와 사회혁명당의 세력은 날로 기울었습니다. 농민들은 대대적으로 농지를 탈취했습니다. 그러자 레닌은 즉각 조직적인 방법을 통해 토지를 농민에게 분배하도록 지도했습니다. 볼셰비키의 세력과 영향은 잇달아 여러 공장과 소비에트의 내부로 확대되었고, 이에 정부는 많은 볼셰비키를 체포하고 그들의 신문 발행을 금지했으며 노동자들을 무장해제했습니다. 볼셰비키는 이제 임시정부로부터 권력을 탈취하기로 결의했습니다. 드디어 11월 7일이 왔고 소비에트 병사들은 정부의 건물, 특히 전신국과 전화국, 국립은행 등의 중요한 전략적인 요충지를 점거했습니다. 레닌은 새 정부의 수반, 즉 대통령이 되고 트로츠키는 외무 장관이 되었습니다. 제2차 혁명은 그해 안에 완전한 성공을 거두었습니다. 이는 놀랍도록 평화적인 혁명이었습니다. 3월 혁명은 자연 발생적이고 비조직적인 것이었으나 11월 혁명은 신중하게 세부 계획까지 세워져 이루어졌습니다. 이제 역사상 처음으로 가장 가난한 여러 계급, 특히 산업 노동자 대표가 국가의 중추에 앉게 되었습니다.

당시 러시아 군대는 해체되어 교전 능력이 전혀 없었는데도 독일과의 전쟁이 계속되었습니다. 처음에 소비에트는 제1차 세계대전에 참가한 모든 나라와 전면적으로 평화 관계를 수립하려고 했습니다. 그들은 국내 문제에도 주의를 게을리 하지 않아서 생산수단의 사회화, 즉 일종의 국가사회주의 또는 공장의 국유화 제도 등이 급속도로 진전되었습니다. 이후 1918년 7월 러시아의 정세는 놀랄 만큼 변했습니다. 소비에트 러시아에서는 연합국과 독일이 따로따로 볼셰비키 타도라는 공통 목표 아래 활동하는 이상한 장면이 전개됐습니다. 소비에트 공화국은 실로 9개월 만에 무서운 곤경에 빠지게 되었습니다. 전국에 계엄령이 포고되고, 9월 초 소비에트 중앙위원회는 적색테러를 선언했습니다. 1918년 11월 11일 휴전 조약이 서명되자 동시에 연합국과 독일 측 사이에 평화가 수립되었습니다. 그러면서 연합국은 또 러시아를 봉쇄했습니다.

1919년 말까지 소비에트는 내전을 치르면서 결정적인 우위를 획득했으나 그 뒤에도 1년 동안 전쟁은 끊이지 않았고, 소비에트 또한 여러 차례 위기에 봉착했습니다. 국내는 비상사태가 지속되었는데, 전쟁과 외부 봉쇄 그리고 유행병과 기근 등이 그 원인이었습니다. 가장 심각한 것은 생산이 극도로 저하되는 사태였습니다. 레닌은 즉시 대책을 강구하여 전시 공산주의를 폐지하고 신경제정책을 채택했습니다. 이것은 농민에게 생산과 그 생산에서 얻은 수확물의 판매에 관해 이전보다 더 큰 자유를 부여하는 것으로, 일종의 상거래를 인정하는 정책이었습니다. 그러나 얼마 지나지 않아 동남 러시아의 광대한 지역을 휩쓴 큰 가뭄과 기근으로 경제가 더 큰 재난에 봉착했습니다.

네루는 사회주의소비에트연방The United Socialist Soviet Union, U.S.S.R의 출현을 전후 세계에 일어난 사건 중 가장 충격적인 사건으로 평가합니다. 그는 시베리아나 중앙아시아 지방의 많은 부분이 엄청난 규모의 계획으로 몰라볼 만큼 개조된 것을 두고 소비에트 연방이 이룬 제2의 기적이라 했습니다. 네루는 특히 교육과 산업 방면에서 두드러진 진보가 이루어졌다는 점에 주목합니다. 러시아의 산업화는 방대한 5개년 계획을 통해 엄청난 속도로 추진되어 대규모의 공장들이 잇달아 건설되었습니다. 이를 통해 소비에트 러시아는 변두리의 후진국에서 일약 세계의 초강대국으로 출현하게 된 것입니다.

유럽의 새로운 판도

제1차 세계대전에서 독일은 굴복했습니다. 카이저는 달아나고, 공화국이 선포되었으며, 독일군은 독일 영토에서 철수해야 했습니다. 합스부르크 가의 오스트리아, 헝가리 제국에도 종말이 다가오고 있었습니다. 승리한 연합국은 1919년 파리에서 강화회의를 개최했습니다. 연합국에 의해 장래 세계의 윤곽이 정해지게 되자 수개월 동안 세계인의 관심이 파리에 집중되었습니다. 사람들은 전쟁의 무서운 체험을 뒤로 하고 이제 항구적인 평화가 이뤄지기를 바랐습니다. 그러나 내핍 생활은 여전해 노동자계급의 불만이 극도로 고조되었습니다. 이것이 파리 강화회의 당시의 상황입니다. 회의의 주도권은 미국, 영국, 프랑스, 이탈리아와 일본이 쥐고 있었습니다. 몇 달간 논의와 토론을 거듭한 끝에 강화회의에 참석한 연합국은 마침내 하나의 성문 조약에 동의했습니다. 그리고 독일 대표에게 일방적으로 조약을 통보했습니다. 바야흐로 평화가 강요되고 있던 것입니다. 이 조약이 바로 베르사유 조약입니다. 독일 대표단은 결국 이 조약에 서명했습니다.

　이 조약으로 대부분의 동유럽과 서아시아, 아프리카에서 영토 변경이 이뤄졌습니다. 아프리카의 독일 식민지들은 이제 전리품으로 연합국 손에 들어가게 되는데, 그 중에서도 영국이 가장 좋은 몫을 차지했습니다. 유럽 내에서도 상당한 변화가 일어났습니다. 많은 새로운 국가가 지도상에 나타났습니다. 이런 변화 가운데 일부는 러시아혁명의 결과이기도 했으니, 러시아 국경 지방에 살던 비非러시아인들은 소비에트에서 떨어져 나와 독립을 선언했습니다. 하나의 거대한 나라였던 오스트리아 – 헝가리는 자취도 없이 사라졌습니다. 그 대신 흔히 '오스트리아 계승국'이라고 하는 몇몇 작은 나라가 출현했습니다. 헝가리 역시 크기가 줄어들었고, 체코슬로바키아는 옛 보헤미아를 포함했으며, 유고슬라비아의 일부인 세르비아는 매우 커지면서 일부는 루마니아·폴란드·이탈리아의 영토가 되었습니다. 더 북쪽에 프로이센·러시아·오스트리아에서 떼어낸 영토로 폴란드라는 옛 나라가 다시 세워졌습니다. 알사스와 로렌 지방은 프랑스에 속하게 되었습니다.

　이제 동유럽이 발칸의 여러 나라와 비슷해졌으니, 강화조약이 유럽을 '발칸화'했다는 말도 나왔습니다. 수많은 국경선이 새로 생기고 이들 작은 나라 사이에서 분쟁이 그칠 날이 없었습니다. 네루는 이에 대한 책임이 연합국에 있다고 단호하게 말합니다. 연합국들이 아주 잘못된 방법으로 유럽

제1차 세계대전 후 오스트리아 계승국

을 분할해 문제의 씨앗을 새로 뿌려 놓았다는 것입니다.

베르사유조약으로 인해 독일인들은 그들의 죄를 인정하고 군대를 해산해야만 했습니다. 게다가 독일은 전쟁 보상금까지 지불해야 했습니다. 조약에서는 일정한 금액을 정하지 않았지만, 연합국이 전쟁에서 입은 손해를 보상한다는 것은 엄청난 일이었습니다. 전쟁에서 져 잿더미만 남은 독일은 연합국의 무거운 짐까지 지어야 하는 실로 불가능한 상황에 직면했습니다. 결국 독일은 몇 세대에 걸쳐 연합국의 경제적 농노로서 막대한 소작료를 바칠 수밖에 없었습니다. 한 강대한 나라의 국민을 이렇게 오랫동안 묶어둔 베르사유의 강화조약은 복수를 위한 것이었습니다.

한편 서아시아에서는 과거 투르크 제국의 여러 지역이 서구 열강의 관심을 끌었습니다. 전쟁 중 영국은 아라비아 · 팔레스타인 · 시리아에 걸친 아랍의 연합 왕국을 만들어 주겠다는 약속으로 아랍인들로 하여금 투르크에 대해 반란을 일으키도록 선동했습니다. 아랍인들에게 이런 약속을 하는 동시에 영국은 이 지역을 분할한다는 비밀조약을 프랑스와 체결했습니다. 이것이 오늘날 세계 분쟁의 가장 중요한 원인이 되는 팔레스타인 문제를 낳습니다.

이제 파리 강화회의에서 미국의 윌슨 대통령이 탄생시킨 국제연맹the League of Nations에 대해 이야기하겠습니다. 이것은 자유로운 독립국들의 연맹으로 그 목적은 "정의와 명예를 바탕으로 국제 관계를 맺음으로써 장래 일어날 전쟁을 막고, 세계 여러 국민 사이에 물질적·지적 협력을 증진하는" 일이었습니다. 국제연맹의 각 가맹국은 그들 사이의 문제를 평화적으로 해결하기 위해 모든 노력을 다하고, 절대로 다른 가맹국과 전쟁을 하지 않겠다고 서약했습니다. 만약 어느 가맹국이든 이 서약을 어길 경우에는 다른 나라들과의 재정적·경제적 관계가 끊긴다는 것도 약속해야 했습니다. 하지만 이는 아무런 의미가 없는 서약이었습니다. 화해를 통해 전쟁을 막아보려는 노력이긴 했지만, 전쟁의 원인을 제거하는 데는 아무런 노력도 기울이지 않은 것이기 때문입니다.

국제연맹의 가장 근본적인 기능은 기존 질서를 유지하는 일입니다. 국제연맹은 각 나라의 내정에는 간섭하지 않는다고 선언합니다. 따라서 연맹이 관여하는 범위 내에서 이들 열강은 영구적으로 그들의 제국을 지배할 수 있도록 보장받은 것입니다. 게다가 독일과 투르크로부터 탈취한 새로운 영토가 위임통치라는 명목 아래 연합국에 전리품으로 주어졌습니다. 제국주의 열강은 위임통치령 인민의 수탁자가 되고, 국제연맹의 역할은 위탁 조건이 올바르게 실행되는지 감시하는 것이 되었습니다. 강대국들은 국제연맹을 조종해서 그것이 자신들의 목적에 유리할 때는 이용하고, 그렇지 않다고 생각하면 무시했습니다. 이것은 연맹의 문제였다기보다는 체제 자체의 문제였다고 해야 할 것입니다. 바로 이것이 '전쟁을 끝내기 위한 전쟁'을 끝낸 베르사유조약이었습니다.

한편 전쟁 후 미국은 눈부신 번영을 이루었습니다. 미국은 금융계의 총본산이 되었고 경제적으로 세계를 지배했습니다. 그러나 거기에는 두 가지 어려운 점이 있었습니다. 채무국들은 불황으로 허덕여 채무를 현금으로 지불할 수가 없었습니다. 이를 대체하는 방안은 물건을 만들어 미국으로 보내는 것밖에 없었습니다. 그러자 미국은 높은 관세를 매겨 대부분의 상품 수입을 막아버렸습니다. 그 후 빚을 갚는 더 나은 방법이 발견되었습니다. 그것은 미국에 이자를 낼 수 있도록 채무국에 오히려 돈을 더 빌려주는 것이었습니다. 하지만 이는 정상적인 방법이 아니었고, 미국은 결국 대부를 중지했습니다. 통상이라든가 무역은 교환에 의존하기 때문에 이런 사태가 계속되면 국제무역이 무너지고 맙니다. 이런 정책을 경제적 민족주의라고 합니다. 이 시기에는 이와 같은 경제적 민족주의와 함께 침략적 민족주의도 퍼져 나갔습니다. 무역과 산업이 쇠퇴함에 따라 각국의 상황이 갈수록 피폐해졌습니다. 제국주의 국가들 간에 세계 각 지역을 서로 차지하고 착취하려는 욕심과 시도가 갈수록 커지면서 분쟁이 발생했습니다. 자본주의국가들 사이의 경쟁이 위험수위에 다다랐을 뿐 아니라 동시에 각국의 내부에서 계급 사이, 즉 노동자들과 정부를 지배하는 자본주의적 소유 계급 사이에서 갈등이 날로 첨예해지고 있었습니다.

이 무렵 이탈리아에서는 파시즘이 일어났습니다. 파시즘이란 한 마디로 노골적인 독재지요. 민주주의에 대한 공개적 경멸입니다. 전후 이탈리아의 경우, 경제 상태가 최악으로 치달으면서 사회주의와 공산주의의 지지가 날로 커지고 있었습니다. 혼란이 심각해지면서 중간계급의 지도자들이 군대 제대 후 실업 상태에 있는 사람들로 의용대를 조직해 노동자 세력이나 사회주의자들을 급습하는 등 충돌을 일으켰습니다. 그 파시스트를 조직한 인물이 베니토 무솔리니Benito Mussolini인데요. 무솔리니 지도 아래 파시스트들은 자신들이 사회주의와 공산주의의 적이라는 사실을 통해 유산계급의 지지를 획득했습니다. 이와 동시에 무솔리니는 반자본가적인 슬로건을 내걸었기 때문에 최하층에 속하는 많은 인민에게서도 큰 지지를 받았습니다. 모순의 길을 가면서 대중적인 지지를 얻는 책략을 사용한 겁니다. 1922년 파시스트 군대가 로마를 접수했고, 무솔리니는 수상직에 올랐습니다. 전권을 손아귀에 넣은 독재자였던 그는 전쟁을 벌이고 싶어 안달이 난 인물이었습니다. 그는 새로운 로마 제국 건설이라는 환상으로 가득 차 있었습니다.

이 시기 또 하나의 두드러진 사건은 아시아와 아프리카의 여러 나라가 각성해서 독립 투쟁을 시작한 일입니다. 아시아와 북아프리카의 모든 나라에서 민족주의가 크게 성장했고, 유럽 제국주의에 대항하는 거센 운동과 봉기가 일어났습니다. 많은 나라가 소비에트연방으로부터 직접 물질적 원조를 받았을 뿐만 아니라 정신적 지원까지도 받았습니다.

새로운 투르크가 잿더미 위에서 솟아나다

오스만 투르크가 전쟁에서 패배한 후 그곳에서는 어떤 변화가 일어났을까요? 우리는 제1차 세계대전에서 러시아, 오스트리아 그리고 독일 제국의 패배 및 쇠퇴와 함께 오스만 제국의 몰락을 살펴보았습니다. 제1차 세계대전 당시 투르크는 몇 조각으로 분열되어 제국은 더 이상 존재하지 않게 되었습니다. 오로지 연합국의 처분만을 기다릴 뿐이었습니다. 이런 상황에서 무스타파 케말 파샤와 일부 투르크인들이 아나톨리아에서 민족 저항운동을 조직했습니다.

이즈음 중요한 사건이 발생합니다. 이탈리아가 1919년 초에 영국 및 프랑스와 비밀 협정을 체결하려 했으나 실패했습니다. 이탈리아는 군대를 소아시아에 상륙시켰고, 영국과 프랑스는 그리스 군대가 이탈리아에 앞서 스미르나를 점령하는 데 동의해주었습니다. 당시 그 둘 모두 이탈리아를 싫어했기 때문입니다. 그리스 정부는 소아시아와 콘스탄티노플의 양쪽을 병합함으로써 지난날의 비잔틴 제국의 부흥을 꿈꾸고 있었습니다. 그리스 군대는 영국 배를 타고 소아시아로 건너가 1919년 5월 영국, 프랑스, 미국 군함이 엄호하는 가운데 스미르나에 상륙했고, 대규모의 학살과 폭력을 자행했습니다. 이에 반발하는 투르크의 민족운동은 더욱 거세게 일어났습니다.

1919년 이후 민족 지도자와 술탄이 본격적으로 갈등했는데, 한동안 투르크 전국에 걸쳐 내전이 벌어졌습니다. 1920년 8월에는 연합국이 투르크에 대한 조약을 공표합니다. 이를 세브르조약이라고 부릅니다. 이 조약은 투르크의 독립이 끝났음을 알리는 것이었습니다. 조약이 공표됨으로써 민족주의자들의 세력은 크게 성장했습니다. 1923년 7월 로잔조약이 조인되었고, 국민 헌장에 기술된 투르크의 요구들이 한 항목만 빼고 그대로 받아들여져 투르크는 이제 하나의 통일된 민족국가가 되었습니다.

이제 무스타파 케말과 그의 동지들은 투르크를 근본부터 변화시키기 위해 칼리프와 술탄 제도를 폐지하려 했습니다. 많은 사람은 이 제도의 완전한 폐지보다는 실권을 국회에 부여하는, 즉 입헌 술탄 제도나 칼리프 제도를 원했습니다. 그러나 그들은 이에 타협하지 않았고, 결국 1922년 11월 술탄 제도를 폐지했습니다. 국회는 새로운 칼리프를 선출했는데, 이는 정치권력을 갖지 않은 채 다만 형식적인 종교상의 수장에 지나지 않는 직위였습니다. 1923년에 터키 공화국이 공식적으로 선포되자 무스타파 케말은 대통령으로 선출되어 모든 권력을 한 손에 쥔 절대 권력자가 되었고, 국회는 그의 지시를 수행하는 기관이 되었습니다. 케말은 이슬람처럼 막연하면서 초국가적인 이상을 더 이상 채택하지 않았고 순수한 민족주의를 토대로 분명하고 밀접한 유대를 택했습니다.

케말 파샤는 의회 안팎에서 그에게 저항하는 모든 사람을 공격했습니다. 그는 모든 수도원과 종교 시설을 폐쇄, 해산하고 그 재산을 몰수해 국가 재정에 편입시켰습니다. 이슬람 종교적인 학교들은 폐쇄되었고 법률도 대대적으로 변화했습니다. 또한 여성을 모든 종류의 속박에서 해방시키기 위해 노력했습니다. 케말 파샤는 아랍어 문자 사용을 금지하고 라틴 문자를 사용하도록 법률로 공포했습니다. 또 투르크어에서 아랍어와 페르시아어를 배제하고 순수한 투르크 단어로 대신하기로 결정했습니다. 네루는 1920년대 이래 행해진 사회변혁이 인민의 생활을 뿌리부터 철저히 변화시키고 낡은 관습이나 종교 관념으로부터 벗어나 새로운 시대를 연 주역이라고 평가했습니다. 네루는 역사에서 변화를 가장 중요시하는 사람이었고, 그것을 가로막는 가장 큰 장벽을 종교로 본 사람이었습니다.

❷

자유를 향한 투쟁

인도의 각성과 간디가 이끈 평화적 반란

투르크에서 영국인의 간섭으로 인한 케말의 민족주의 운동이 일어나기 이전에 인도에서는 이미 민족운동이 일어나고 있었습니다. 영국인은 처음 인도를 식민화한 후 인도 인민에게 극심한 가난과 비참함을 강요했습니다. 그때문에 인도에서는 영국의 식민 지배가 시작한 지 100년 정도가 흐른 19세기 중반부터 저항 민족운동이 본격화되었는데, 그 흐름은 네루가 살던 시절까지 이어져 왔습니다. 그러면서 자연스럽게 반영 감정은 더 커졌습니다. 이러한 반영 감정에 대해 네루는 어떻게 보면 중립적으로, 또 어떻게 보면 애매한 입장을 취합니다. 네루는 식민주의는 잘못되었지만 그렇다고 해서 영국과 영국인 모두에게 화를 내는 것은 어리석은 짓이라고 했습니다. 그보다는 빈곤과 비참과 착취의 원인을 규명하고 그것을 제거하기 위해 노력하는 것이 더 현명하다는 겁니다. 영국이 인도에 은혜를 베풀기도 했고, 영국인들의 새롭고 활기찬 생활이 인도에 충격을 주고 일깨워 정치적 통일과 민족의식을 가져다준 면도 있다는 것입니다.

여러분은 이러한 네루의 태도를 어떻게 생각하시나요? 네루가 영국의 식민 지배를 상당 부분 인정한 것은 그들이 인도에 근대화를 통해 진보 사상을 가져다 주었기 때문입니다. 영국의 근대화 작업은 벵갈을 지배한 직후부터 시작합니다. 그들은 하급 관리를 양성하기 위해 영국식 교육을 실시했고, 인도인은 유럽의 풍조를 접하게 됐습니다. 이 영향으로 지식인 계급이 등장하게 됩니다. 지식인 계급은 처음에는 영국의 자유주의적 관념에 매료됐으나 때가 되면 영국이 인도에 자유를 줄 것이라고 기대했습니다. 서양사상이 인도에 준 충격은 힌두교에도 상당한 영향을 끼쳤습니다.

그 결과 19세기 초부터 힌두교를 서구적 방향으로 개혁하려는 운동이 벵갈에서 일어났습니다. 이 개혁 운동의 시조는 순장 풍습인 사티 폐지를 주장한 람 모한 로이Ram Mohan Roy였습니다. 그가 창립한 브라흐모 협회Brahmo Samaj는 힌두 종교 의례를 반대하고 사회 개혁과 여성 교육을 부르짖었습니다. 그 후 스와미 다야난다 사라스와티Swami Dayananda Saraswati에 의해 아리야 협회Arya Samaj가 세워졌는데, 이들은 카스트제도를 공격하고 고대 베다 시대 이후에 덧붙여진 힌두교의 요소들을 폐기해 '베다로 돌아가자'고 역설했습니다. 둘 다 개혁을 얘기했지만, 전자는 서양식 근대화에 기반을 두는 개혁을, 후자는 인도 전통에 기반을 두는 복고적 개혁을 주장했습니다.

영국식 교육을 받은 계급이 도시에서 서서히 늘어나면서 법률가, 의사 등의 전문 직업인과 상인으로 구성된 중간계급이 부상하기 시작했습니다. 이 신흥 부르주아지 중간계급은 영국 통치의 산물이자 그에 의존하는 자들이었습니다. 신흥 부르주아지가 성장함에 따라 그들의 욕망도 커졌습니다. 그들은 더 많은 돈을 벌고, 정부 관청에서 더 높은 지위를 차지하려 했고, 갓 시작한 공장을 위해 더 많은 편익을 얻어내려 했습니다. 그런데 영국인이 자신들의 앞길을 가로막고 있는 것을 발견했습니다. 그래서 그들은 여론에 호소하기 시작했고, 이것이 새로운 민족운동의 기원이 되었습니다. 1885년 이들 신흥 부르주아지의 희망이 기초가 되어 하나의 조직이 태어났습니다. 이것이 인도국민회의입니다. 영국인 퇴역 공무원이 인도를 안정적으로 통치하기 위해 정당이 필요하다고 건의해 만들어진 것입니다.

그래서 창립 당시 인도국민회의는 극히 온건하고 소극적인 자세로 영국에 충성을 맹세하면서 몇몇 보잘것없는 개혁을 청원하는 수준의 단체였습니다. 그들은 영국인 대신 인도인을 더 많이 관리로 채용하고, 행정에서 영국인이 낭비하는 지출을 줄이고, 영국으로 유출되는 금과 은의 양을 조절할 것 등을 요구했습니다. 인도국민회의의 주장은 힌두 중심으로 이루어졌습니다. 무슬림을 배제하지는 않았으나, 전체적으로 거리를 두었습니다. 인도국민회의는 영어를 아는 식자층 위주의 단체였고, 전 인민 속에 깊이 들어가 자리를 잡지는 못했습니다.

1905년 영국 정부는 지금의 비하르 주를 포함하던 벵갈 주를 둘로 분할해 무슬림이 많은 곳을 동벵갈, 힌두가 많은 곳을 서벵갈이라 했습니다. 이러한 조처는 벵갈에서 성장하던 부르주아 민족주의자들의 분노를 샀습니다. 영국인이 인도를 종교적으로 분할해 힘을 약화시키려 한다고 생각했기 때문입니다. 이후 영국은 지속적으로 인도 사회를 힌두와 이슬람으로 나누어 그 사이에 갈등이 생기도록 부추겼습니다. 이후 대규모의 반영 운동이 벵갈에서 일어났습니다. '우리나라'라는 의미의 스와데시Swadesh라는 슬로건이 출현하여 영국 상품 불매 운동이 전개되었습니다. 서부 인도에서도 이즈음 급진적 민족운동이 일어났습니다. 그 운동의 지도자인 틸락Tilak은 대중의 마음을 사로잡고 대중 속에서 힘의 원천을 발견한 최초의 인도 정치인이었습니다. 이후 인도국민회의 내부에는 두 개의 정파가 생겼습니다. 틸락과 몇몇 벵갈 지도자가 이끄는 급진파와 인도국민회의 간부들을 중심으로 하는 온건파입니다. 1907년 두 정파가 벌인 싸움에서 온건파가 급진파를 축출하고 대세를 장악했습니다. 그러면서 인도국민회의는 힘이 크게 약화했고 향후 몇 년 동안은 아무런 영향력도 발휘하지 못했습니다.

이제 제1차 세계대전 전야의 인도에서 발달한 산업화를 살펴보겠습니다. 농민은 정부에 대한 세금과 지주에 대한 소작료를 지불하지 못했기 때문에 토지에서 쫓겨나 무토지 농업 임금노동자로 전락했습니다. 그런데 무토지 임금노동자로 전락한 방대한 무산자 계급은 큰 공장의 설립을 용이

하게 했습니다. 토지가 없는 실업자 수가 많을수록 공장 주인은 싼 임금으로 그들을 지배할 수 있습니다. 이 무렵 인도인 중간계급은 산업에 투자할 수 있는 약간의 자본을 축적했기 때문에 인도인들이 소유한 공장이 세워지기 시작했습니다. 인도에서 초기의 최대 산업가는 잠셰드지 타타Jamshedji Nasarwanji Tata였습니다. 그는 비하르에 '타타 제철'을 세웠는데, 제철 산업은 전쟁에 필요한 무기를 제조해 제1차 세계대전이 시작되었을 무렵 영국 정부에 도움을 줄 수 있었습니다. 하지만 이런 공장들도 무토지 노동자를 모두 흡수하지는 못했습니다. 아삼이나 그 밖의 차 등을 재배하는 농장에 노예 상태로 들어간 경우도 많았습니다.

전쟁이 일어나기 몇 해 전 인도가 정치적으로 겨울잠을 자는 동안 남아프리카의 인도인 이주 노동자와 상인들은 격렬한 투쟁을 벌였습니다. 그들은 더 이상의 인종차별과 굴욕을 거부한다며 거세게 투쟁했는데, 이를 지도한 인물이 모한다스 카람찬드 간디Mohandas Karamchand Gandhi였습니다. 간디는 변호사로 초빙되어 갔으나 동포들의 굴욕을 보고 직업을 포기한 채 투쟁을 이끌었습니다. '진리를 부여잡는다'라는 의미의 사티야그라하satyagraha 운동은 수동적 저항이나 무저항이 아닌 비폭력을 바탕에 둔 적극적 저항입니다.

제1차 세계대전이 발발하자 인도는 영국 제국의 일원으로 당연히 그 전쟁에 휘말렸습니다. 인도는 독일 측에 아무런 적대감도 없었고, 더욱이 투르크에 대해서는 동정적이었지만 영국을 지지하기로 결정했습니다. 식민 정부는 선택의 여지가 없습니다. 전쟁 중에는 영국에 대한 충성을 외치는 사람들의 목소리가 컸고, 이들은 대부분 토후국을 지배하는 토후들이나 정부와 관계를 맺고 있던 중간계급의 상층부에 속한 자들입니다. 그들 외에도 부르주아 입장에서는 민주주의, 자유, 민족 독립에 관한 연합국의 구호에 마음이 끌려 참전을 지지하기도 했습니다. 지금 영국의 편을 들어주면 나중에 응당한 보상이 있을 것이라고 기대했기 때문이었습니다.

전쟁 기간 중 인도의 자본가들은 성장의 기회를 잡아 가난한 인도 인민의 희생 위에서 많은 이득을 챙겼습니다. 비로소 인도의 자본가들은 정부에 압력을 가할 만큼 힘을 축적했습니다. 급기야 영국의 인도 정책에 큰 전환이 일어났습니다. 처음 영국이 인도를 통치하기 시작한 18세기에 그 정책의 근간은 막대한 재화의 수탈이었고, 뒤이어 영국의 지배가 뿌리 내리는 100년 동안은 인도를 원료 생산지이자 영국 제품의 시장으로 삼는 것이었습니다. 이제 인도의 대공업을 장려하는 세 번째 단계로 바뀐 겁니다. 그 이유는 크게 네 가지였는데, 첫째 전시 수요가 많이 늘었고, 둘째 이미 성장한 인도의 자본가계급을 붙들어 두려는 의도가 있었으며, 셋째 영국의 자본가계급이 이익을 내도록 투자 기회를 만들고자 했고, 마지막으로 고도로 공업화된 나라만이 효과적으로 전쟁을 수행할 수 있다는 사실을 알고 있었기 때문이었습니다.

영국 자본가들은 이제 잘 보호된 시장을 확보했고, 값싼 노동자들 덕분에 높은 이익을 얻을 수 있었습니다. 또 그들의 자본을 인도나 중국, 이집트 등 임금이 낮은 나라들에 투자하면서 본국 노동자들에게는 임금 삭감을 받아들이지 않으면 영국 공장 문을 닫고 다른 곳으로 자본을 투자할 수밖에 없다고 협박해 인건비 절감 효과도 얻었습니다.

전쟁 동안 힘을 기른 인도의 자본가계급과 상층 부르주아들은 서서히 정치 운동에 나서기 시작했습니다. 당시 인도국민회의는 온건파가 지배했고, 인민과의 접촉이 거의 없는 영향력이 약한 단체였습니다. 그래서 좀 더 진보적인 사람들이 자치연맹Home Rule League이라는 단체를 결성했습니다. 1916년에는 인도국민회의의 급진파와 온건파가 타협해 러크나우Lucknow 회의에 같이 참석했습니다. 그 이후 인도국민회의는 명실상부한 전국적인 중간계급의 조직이 될 수 있었습니다. 이 회의에서는 또 다른 화해도 이루어졌습니다. 바로 힌두와 무슬림의 화해입니다. 1906년 한 무슬림 지식인이 무슬림을 인도국민회의에서 따로 떼어 낼 요량으로 전인도무슬림연맹All-India Muslim League을 조직했는데, 그 후 무슬림의 정치의식이 한층 높아졌고, 투르크와 싸우는 영국에 대한 반감으로 인도국민회의와 손을 잡아 정치 전선에 나서게 된 것입니다.

전쟁이 끝난 후 인도는 투쟁 의욕이 최고조에 달했습니다. 전쟁 후 영국 정부는 인도 사람들이 기대했던 자유를 주기는커녕 탄압을 강화했습니다. 그들은 탄압의 근거가 되는 로울랏트 법안을 통과시키려 했습니다. 이 법엔 정부가 영장 없이 아무나 체포해 재판을 거치지 않고 투옥할 권한을 갖는다는 내용이 포함되어 있었습니다. '변호 불능, 상고 불가, 증거 불필요'라는 내용이 주를 이루었습니다. 이때 등장한 사람이 간디였습니다. 간디는 남아프리카에서의 투쟁을 성공적으로 이끈 후 인도로 돌아와 정치에는 직접적으로 관여하지 않으면서 제1차 세계대전 중에는 정부를 도와 전쟁을 위한 모병에 협력하기까지 했습니다. 그는 1917년 비하르 주 참파란Champaran이라는 마을의 유럽인 농장에서 비참하게 학대받는 인도인 소작농을 옹호하는 활동으로 명성을 얻은 후 1919년 로울랏트 법안 반대 운동이 전국적으로 전개될 때 본격적으로 전면에 나섰습니다.

로울랏트 법안 반대 투쟁에서 간디는 자진해서 법을 어기고 구속될 결의를 한 사람들을 조직했습니다. 그는 통과된 법안이 법률로 적용되는 첫 일요일을 전 인도 애도의 날로 정해 하르탈Hartal(중지)이라는 전면 파업과 집회 개최를 호소했습니다. 그러자 계엄령이 선포되었고 그 상태는 몇 개월 동안 지속되었습니다. 이 계엄 기간에 충격적인 사건이 벌어졌습니다. 펀자브 주 아므리트사르Amritsar의 잘리안왈라 바그Jalianwala Bagh 공원에서 집회를 하던 수천 명의 시민이 영국군에 학살당한 것입니다.

이듬해 인도국민회의는 간디의 비협력 강령을 채택해 새로운 방식의 투쟁을 결의합니다. 이 투쟁 방법은 완전히 평화적이고 비폭력이면서 인도에 대한 정부의 착취와 지배에 일절 협조하지 않는다는 데 토대를 두었습니다. 여기에는 외국 정부로부터 수여된 갖가지 작위 거부, 관직과 기타 이와 유사한 직위 거부, 변호사와 소송 당사자의 재판 거부, 관립 대학 거부, 입법 참사회의 거부 등이 포함되었습니다. 이어서 공무와 병역, 나아가 납세에 이르기까지 모든 것을 거부했습니다. 산업면에서는 물레의 사용과 베틀을 통한 옷감 짜기 등도 있었습니다. 그 밖에 힌두와 무슬림 통합, 힌두교 내의 불가촉천민 멸시의 중지 등도 있었습니다. 비협력 운동이 진행되던 중 1922년 고라크푸르Gorakhpur 근처의 차우리 차우라Chauri Chaura마을에서 농민과 경찰이 충돌해 농민들이 경찰 몇 사람을 가둔 채 지서를 불태워 버렸습니다. 이외에도 몇 건의 폭력 사건이 발생했습니다. 간디는 이에 충격을 받아 비협력 운동 중지를 선언한 후 체포되어 6년의 징역을 선고받았습니다. 이때가 1922년 3월이었고, 이렇게 비협력 운동의 제1단계가 막을 내렸습니다.

비협력 운동 이후 힌두 – 무슬림은 비협력 운동 시절의 통일된 행동에서 벗어나 오히려 더욱 심한 마찰을 빚었습니다. 사실 무슬림이 하나가 되어 비협력 운동에 참가한 것은 주로 킬라파트 운동 때문이었습니다. 원래 그것은 순전히 종교적인 문제로 무슬림이 아닌 사람들과는 아무런 관련이 없는 일이었습니다. 그런데 비협력 운동 시절 대중의 열기에 짓눌렸던 힌두와 무슬림 양쪽의 지도자들이 다시 합력하여 사회에 영향력을 발휘하기 시작했습니다.

당시 대체적으로 실업 상태인 중간계급의 무슬림들은 힌두가 모든 일자리를 독점하고 그들의 앞길을 막고 있다고 느꼈습니다. 일찍이 영국식 교육을 받은 힌두교도들은 정부 하급 관직의 대부분을 차지했지만, 종교적으로 서구화에 반감을 갖던 무슬림은 근대화에 보조를 맞추지 않았기 때문에 그런 새로운 직업을 차지할 기회가 없었습니다. 그래서 힌두는 대체적으로 무슬림에 비해 살림이 넉넉한 편이었습니다. 힌두가 주로 차지했던 마을의 사채업자는 소규모의 무슬림 자작농과 소작인을 착취해 그들을 차츰 무일푼으로 만들었습니다. 여기에다 기계로 찍어낸 상품이 보급되면서 상대적으로 수공업자가 많은 무슬림이 훨씬 더 큰 타격을 입기도 했습니다.

이러한 요인들이 겹치면서 서로 다른 종교 공동체 간의 반목이 격화되었는데, 이는 종교 특성상 나라보다 종교 공동체를 더 중요시하는 이슬람 민족주의를 더 강화시켰습니다. 공동체 사이의 갈등이 심해지면서 각 집단마다 더욱 극단적인 지도자들이 전면에 나섰습니다. 감정이 격앙된 상태에서 각 집단은 자기 집단의 이해를 가장 과격하게 강조하고 다른 집단을 최대한 배척하는 사람을 대표자로 뽑는 법이기 때문입니다. 영국 정부는 여러 가지 수법으로 그 같은 갈등을 선동했으며, 특히 더욱 극단적인 공동체 사회 지도자들을 부추겼습니다.

이 시기에는 피억압 계급의 각성이 두드러지기도 했습니다. 오랫동안 상층 카스트 힌두 때문에 억압당해 온 이들은 힌두나 무슬림과 관계없는 주로 농촌에서 일하는 가난한 농업 노동자였습니다. 자신들에게 가해졌던 온갖 차별 대우를 물리치려는 욕구가 일었고, 몇 세기에 걸쳐 자신들을 억압해 온 상층 카스트 힌두들에 대해 분노가 일기 시작한 것입니다. 또 이 시기에는 공장이 발달함에 따라 임금을 받아 생활하는 임금노동자의 수도 많이 늘었고, 이에 노동조합이 성장하고 노동시간 단축과 임금 인상을 비롯한 노동 조건을 개선하라는 요구도 함께 일어났습니다.

1927년 말 쯤 영국 정부는 장래 인도 정부 구성에 대비해 인도가 자치 능력을 지니고 있는지 여부를 조사 평가해야 한다며 조사위원회를 파견한다는 성명을 발표했습니다. 이 성명이 발표되자 인도국민회의는 영국의 수법에 분노해 격렬하게 항의했습니다. 이듬해인 1928년에 영국은 위원장 이름을 딴 사이먼위원회Simon Commission를 파견했고, 이에 반대하는 시위가 전국적으로 열렸습니다. 한편 이 무렵엔 폭력혁명에 관한 주장과 활동도 때때로 등장합니다. 혁명가들이 테러를 사용한 사례는 대부분 벵갈에서 일어났습니다. 그 가운데 바가트 싱Bhagat Singh과 바트케슈와라 더트Batukeshwara Dutt가 델리에 있는 국회의사당에 폭탄을 투척한 사건은 큰 주목을 끌었습니다. 1931년 초에 바가트 싱의 처형이 집행되었고, 그 사건은 인도 전역에 큰 파문을 일으킵니다.

1929년 12월 인도국민회의 라호르 대회에선 드디어 독립 투쟁을 지지하는 결의가 나왔습니다. 1930년 1월 26일 전국의 도시와 농촌에서는 수많은 집회가 열렸고, 거기에서 독립에 대한 맹세를 결의했습니다. 그 후 해마다 이 날을 독립 기념일로 경축하고 있습니다. 3월에는 간디가 제염금지법을 철폐하기 위해 소금을 채취하러 단디Dandi 해안까지 행진하는 시위를 벌였습니다. 간디가 소금을 매개로 투쟁한 이유는 소금세가 가난한 사람들에게 무거운 부담이 되는 가장 질 나쁜 세금이라고 생각했고, 가난한 사람들에게 없어서는 안 될 생활필수품이 소금이었기 때문입니다. 이어 4월 중순에는 시민 불복종운동이 절정에 이르렀습니다. 그러자 대량 검거 선풍이 일고, 폭력 진압이 일상화되었으며, 무장하지 않은 군중에 대한 발포, 인도국민회의 위원회의 불법화, 신문의 검열과 보도 금지, 구타, 감옥에서의 학대 등이 꼬리를 물었습니다. 10만 명에 가까운 사람들이 투옥되었으며, 이러한 인도의 평화적이고도 열렬한 투쟁의 모습은 세계의 주목을 받았습니다.

이어 1930년에는 민족운동이 진전함에 따라 정치적 운동이 농민의 경제문제와 직접적으로 결합되었습니다. '자치'라는 의미의 스와라즈swaraj는 그들에게 그저 먼 정치적 목표에 불과한 것이 아닌 눈앞에 놓인 가장 중요한 경제 목표가 되었습니다. 그리하여 과세 납부 거부 운동은 그들에겐 새롭고 더욱 가까운 의미가 되었고, 지주와 소작인의 관계에서 볼 수 있는 계급 투쟁의 요소를 띠기 시작했습니다. 인도의 시민 불복종 운동은 원래 하나의 민족 투쟁의 양상을 띠었습니다. 그것은 분명히 계급투쟁이 아니라 어디까지나 배후에서 농민이 지지해주는 중간계급의 운동이었습니다.

이집트의 자유를 향한 투쟁

이집트는 제1차 세계대전 중에 그리고 그것이 끝난 뒤에도 오랫동안 계엄령 아래 있었습니다. 전쟁이 시작되자 영국은 이집트를 보호령으로 귀속한다고 선언했습니다. 그렇지만 1918년에 전쟁이 끝나자마자 이집트의 민족주의자들은 다시 민족주의 운동을 활발하게 펼쳤습니다. 그들은 파리 강화회의와 영국 정부에 제출하기 위한 독립 청원서를 작성했고, 자글룰 파샤Zaghlul Pasha를 단장으로 하는 대규모의 대표단을 런던과 파리에 파견해 이집트의 독립을 주장했습니다. 이것이 이집트 와프드Wafd당의 시초입니다.

이집트의 민족주의자들이 이집트에서 영국의 모든 이익을 없애려는 것은 아니었습니다. 그들은 영국의 제국 무역이라든가 전략 루트라든가 그 밖의 문제에 관한 영국의 특수한 이익을 어느 정도 인정하고자 했습니다. 영국 정부는 1922년 2월 28일 성명서를 통해 이집트를 독립 주권국가로 승인하겠다고 약속합니다. 그러나 이집트에서의 영국 제국의 안전한 통신, 직간접적인 외국의 모든 침략과 간섭으로부터 이집트의 방위, 이집트에서 외국 권익의 보호 및 소수 그룹의 보호, 수단Sudan의 장래에 대한 문제라는 네 가지의 단서 조항을 들어 추후에 고려한다며 독립을 유보했습니다. 이런 유보 조항을 보면 대내적으로나 대외적으로 실질적인 독립을 허용하지 않겠다는 의도였습니다. 따라서 1922년 2월 28일의 선언은 이집트 측에서는 받아들이지 않은 영국 정부의 일방적인 행위가 되어버렸습니다.

영국이 이집트의 독립을 선언할 때 내건 또 다른 유보 조항으로 외국 권익의 보호라는 것이 있었습니다. 이것은 영국이 보호하려 한 외국 세력의 기득권입니다. 이집트로서는 주권을 침해당할 뿐만 아니라 막대한 국고의 손실을 가져오는 이 같은 제도에 찬성할 수 없었습니다. 외국의 기득권 문제는 영국과 이집트의 문제를 해결하는 데 또 다른 장애가 되었습니다. 서로 다른 견해와 현실적 이해의 충돌 때문에 자글룰 및 그의 동지들로 대표되는 이집트와 영국의 교섭은 1924년 결렬되고 말았습니다. 그러면서 영국과 한편이었던 국왕 푸아드는 결국 의회를 해산시켰습니다. 이집트에서는 사실상 전 민족을 대표하는 와프드당과 외국 세력, 국왕 푸아드, 영국의 고등 판무관으로 구성된 연합 세력의 싸움이 끊임없이 벌어졌습니다. 푸아드

왕의 독재정치는 계속되어 그는 의회가 구성되는 즉시 의회를 해산시켰습니다. 1927년에 또 한 차례 영국과 협정이 시도되었는데, 그 제안은 겉으로는 독립이라는 가면을 쓰고 있었으나 사실상 영국의 보호령을 의미하는 것이었습니다. 교섭은 결국 실패로 끝나게 되었습니다.

자글룰 파샤가 1927년에 죽자 국왕은 포고령으로 의회의 기능을 정지시키고 헌법을 개정했습니다. 그리고 독재정치가 시작됩니다. 영국의 무력에 의해 지켜진 독재정치는 이집트 민족주의를 구현하려는 와프드당을 유린하고 타도하려 했습니다. 하지만 그 해 끝 무렵 영국 내 정치 정세에 변화가 왔고 이것은 이집트에 바로 영향을 끼쳤습니다. 영국은 푸아드와 유착관계를 단절했습니다. 결국 푸아드는 새로운 선거의 실시를 허가했고 와프드당은 거의 모든 의석을 차지했습니다. 1930년 6월 국왕과 의회 사이에 또다시 충돌이 일어났고, 푸아드는 재위 중 세 번째의 독재정치에 돌입합니다. 이번에는 와프드당 이외의 사람들, 즉 자유주의자나 온건파들까지도 독재정치에 반기를 들었습니다. 국왕은 같은 해인 1930년 후반에 자신의 권력을 확장하는 헌법을 공포했습니다. 국왕의 배후에는 발톱을 감춘 제국주의 강대국이 도사리고 있었습니다. 이집트인들이 진정으로 바라는 것은 외국인, 특히 영국인들의 착취와 내정간섭을 배제하는 것이었습니다. 따라서 와프드 운동은 순수한 부르주아 민족주의 운동이었습니다. 이 운동이 사회문제에까지 개입하지는 않았으니, 본질적으로 중간계급의 것이었기 때문입니다. 사회적 변화를 목표로 하는 운동만큼 대중을 움직일 수는 없었습니다.

서아시아와 세계 정치

네루는 민족주의자입니다. 하지만 그는 민족주의의 본질을 신랄하게 비판했습니다. 그는 민족주의란 하나의 집단을 단결시켜 구별시켜 다른 집단에 대해 심한 배타적인 작용을 하도록 만드는 것이라 했습니다. 몇 개의 서로 다른 민족 집단을 포함하는 하나의 국가에서는 민족주의가 국민들을 한 곳으로 단결시키는 구심력이 되기보다는 오히려 그러한 구심적 단결을 약화시키고 해체시키는 경향을 보이기까지 합니다. 제1차 세계대전 전의 투르크도 오스트리아 – 헝가리와 마찬가지로 여러 종류의 민족이 통합되어 있었지만 민족주의가 국가를 분열시키는 힘으로 작용했습니다. 그 중 발칸계 여러 민족이 가장 먼저 그 영향을 받았고, 19세기를 통해 투르크는 그리스를 시초로 하여 발칸 여러 인종의 싸움에 시달려야만 했습니다. 네루는 민족주의를 일면 분열의 이념으로 보았던 것입니다.

민족주의의 일환으로 문화적 각성이 나타나기 시작했는데 일종의 아랍어 및 아랍 문화의 르네상스였습니다. 민족주의는 이슬람교도와 기독교도를 불문하고 아랍인들 사이에 널리 퍼졌고, 아랍 국가들을 투르크로부터 해방시켜 이들을 하나의 국가로 통일하자는 생각이 생겨났습니다. 아랍인들은 또한 칼리프의 지위를 오스만 술탄으로부터 아랍 왕족에게 이양시켜 이슬람의 종교적 지도권을 되찾으려 했습니다. 이러한 움직임은 종교적이라기보다는 오히려 아랍인의 지위와 명예를 고양하려는 민족적인 운동으로 파악할 수 있습니다.

영국은 제1차 세계대전 전부터 이 아랍 민족주의 운동을 미끼로 상호 모략질을 해댔습니다. 전쟁이 끝나자 투르크의 아랍인 지역은 대부분 영국의 지배 아래 들어가게 되었고, 이들 아랍 국가들의 장래는 전후에 결정해야 할 문제가 되었습니다. 이에 영국과 프랑스 정부는 이들 아랍 지역의 대부분을 서로 나눠 갖기로 했습니다. '위임통치'라는 국제연맹의 보증서가 붙은 제국주의 국가들에 의한 영토 획득의 새로운 방법으로 프랑스와 영국에 할당된 것입니다. 프랑스는 시리아를 차지하고, 영국은 팔레스타인과 이라크를 수중에 넣었습니다. 그것은 더욱 쉬운 통치를 위해 각 위임통치령 안에서까지도 분열을 획책하는 정책이었으며, 매우 수월하게 진행되었습니다. 아랍인은 이 분할에 매우 분노해 이것을 최종 결정으로 받아들이기를 거부했습니다.

영국이 국제연맹으로부터 위임통치권을 부여받은 팔레스타인은 시리아의 이웃 나라로 오랜 역사와 문화를 지닌 주목할 만한 나라입니다. 그 이유는 이 지역이 유대인과 기독교도, 또한 어느 정도는 이슬람교도에도 성지가 되어 있었기 때문입니다. 그런데 영국은 여기서도 소수 민족 문제인 유대인 문제를 일으켜 유대인들이 영국 편에 서서 팔레스타인의 독립을 반대하게 했습니다. 두 파는 각기 상이한 목표를 설정하고 있기 때문에 충돌이 불가피하게 되었습니다.

유대인들은 원래 팔레스타인의 한 작은 부족이었습니다. 사실, 그것도 몇 개의 지파로 나뉘어져 있었습니다. 그들은 계속해서 다른 민족에게 정복당하고 억압당하면서 예속되어 있다가 마침내 전 세계로 흩어졌습니다. 그들은 어디를 가나 달갑지 않은 이방인 취급을 받았고, 다른 사람들은 유대인들만의 거주 지역을 따로 만들어 게토라고 불렀습니다. 그들은 인종·문화적 고유의 성격을 유지했고, 뛰어난 인물도 많이 배출했습니다. 그런데 고국을 갖지 못한 이 민족은 예루살렘에 대한 환상을 가지고 있었습니다. 즉, 장차 자신들에게 돌아올 땅이라 하여 '시온'이라고 불러왔습니다. 네루는 이 시오니즘이 예루살렘이라는 환상 속에서 그들 스스로의 마음을 달래는 수단이었을 뿐이라고 평가했습니다.

그런데 그 시오니즘 운동이 점차 팔레스타인 귀환 운동의 형태를 취하기 시작했습니다. 많은 유대인이 팔레스타인으로 이주한 것입니다. 그러던 중 1917년 영국이 제1차 세계대전 중 발포아 선언을 발표합니다. 이 선언에 따르면 영국의 목표는 팔레스타인에 '유대 민족 정착지'를 건설하는 데에 있었습니다. 이는 유대인의 환영을 받았지만 가장 중요한 문제를 간과하고 있었습니다. 그것은 팔레스타인이 미개척지도 아니고 사람이 살지 않는 곳도 아니었다는 사실입니다. 이미 이곳을 오랫동안 조국으로 삼는 사람들이 따로 있었습니다. 따라서 이 선언은 팔레스타인에 살던 사람들의 희생을 전제로 한 것입니다. 아랍인, 비아랍인, 이슬람교도, 기독교도 할 것 없이 유대인이 아닌 모든 사람들은 일제히 이 선언에 저항했습니다.

지금도 세계 평화를 저해하는 이슬람 근본주의자들과 미국을 비롯한 서방 세계에서 벌어지는 테러와 학살 그리고 전쟁의 원인이 많은 부분 이 팔레스타인 문제에 있습니다. 미국을 비롯한 서방 세계가 이 문제의 성격을 종교 혹은 문화 사이의 충돌로 몰고 가지만 사실은 다릅니다. 이것은 본질적으로 경제 문제입니다. 팔레스타인은 자치 정부도 없이 영국의 식민지 취급을 받으면서 그 땅에서 오랫동안 살아왔기 때문에 민족자결과 완전 독립을 요구했을 뿐입니다. 따라서 그들은 그 지역으로 이주해 오는 유대인에 강력히 반대했습니다. 2천 년이 넘도록 살고 있는 사람들 입장에서는 조국의 땅에 남이 이주해 들어오는 것을 그냥 둘 수가 없었던 것이지요. 그 후 아랍인과 유대인들의 충돌은 여러 가지 형태로 계속되었습니다. 아랍인들은 팔레스타인 기독교도의 전폭적인 지지까지 받았고, 모두가 하나로 뭉쳐 투쟁했습니다. 이것은 곧 근본적인 쟁점이 종교 문제에 있는 것이 아니라 새로 이주해온 자와 예전부터 살아왔던 거주자 사이의 경제권을 둘러싼 충돌이라는 것을 말해줍니다. 그러나 영국은 아랍인과 유대인을 계속 충돌시킴으로써 이러한 사태를 지속시키고자 했습니다. 당시 유대인의 수는 이미 이슬람교도의 4분의 1에 이르렀고 경제력은 훨씬 앞서고 있었습니다.

아라비아는 광대한 나라이지만 국토의 대부분이 사막인 까닭에 인구 밀도가 낮습니다. 아라비아의 유목민들은 1천 년 동안이나 거의 변화 없는 유목 생활을 영위하고 있었습니다. 그러나 아랍은 제1차 세계대전 이후 놀랍게 달라졌습니다. 제1차 세계대전 전에는 이 나라의 거의 대부분이 투르크의 지배하에 있었다고 말해도 좋을 만큼 투르크의 영향력이 강하게 작용하고 있었습니다. 그러나 압둘 와하브가 기반을 닦은 이슬람교 종파인 와하비즘(★18세기 이슬람 사회의 변화를 부패하고 타락한 것으로 규정하면서 이슬람 근본 교리와 경전인 쿠란으로 돌아가야 한다고 주장한 보수 근본주의 운동. 운동을 시작한 압둘 와하브의 이름을 따 이렇게 명명하는데, 근대 이슬람 부흥 운동의 효시로 간주된다.)의 우두머리 이븐 사우드Ibn Saud가 두각을 나타내면서 독립 군주가 되었습니다. 제1차 세계대전 중 영국은 음모를 꾸며 아라비아인들이 투르크에 대해 반란을 하도록 충동했습니다. 그러나 이븐 사우드는 영국으로부터 약간의 돈을 받고 중립을 유지할 것을 약속하며 나름대로의 입지를 굳혀 갔습니다. 전쟁이 끝나자 1924년 앙카라의 터키 정부는 칼리프 제도를 폐지했고 당시 왕이던 후세인이 스스로 칼리프가 될 것을 선언했습니다. 이때 이븐 사우드는 아랍 민족주의와 이슬람 국제주의 쌍방에 호소해 반反후세인 세력을 규합했습니다. 사태의 심각성을 파악한 영국이 후세인에게서 손을 떼면서 후세인은 고립되고 말았습니다.

1924년 10월 와하비파는 메카에 입성했습니다. 이듬해에 메디나와 제다가 이븐 사우드의 수중에 들어갔고, 후세인은 헤자즈에서 쫓겨나 이븐 사우드가 국왕의 자리에 올랐습니다. 이븐 사우드는 얼마 안 가 아라비아반도 거의 전역을 수중에 넣었고 맨 먼저 국내 치안을 안정시켜 상인이나 순례자들이 다니는 길을 안전지대로 만들었습니다. 또한 그는 유목민인 베두인을 정주시켜 근대국가로서의 기초를 다졌으며, 국가의 행정 체계를 여러 방면에서 고치고 정리했습니다. 비행기나 자동차, 전신 등 현대 문명의 상징을 차례로 도입하기도 했습니다. 그러나 이븐 사우드는 새로운 장애에 부딪혔습니다. 1930년 이래 세계 곳곳에서 무역이 정체 현상을 보인 것입니다. 이븐 사우드의 주요 재원은 원래 해마다 메카에 참배하러 오는 순례자들이 뿌리고 가는 돈이었는데, 이들의 수가 갑자기 감소해 재정 구조가 악화되어 나라 전체가 빈곤에 빠지게 된 겁니다. 그 결과 그의 개혁안은 대부분 중지되었습니다. 그는 외국의 간섭과 자국의 독립성 약화를 우려해 국내 개발에 외국인의 참여를 거의 허용하지 않았으나 계속되는 불황 속에서 결국 상당한 이권을 외국에 내줄 수밖에 없었습니다.

이제 서아시아의 또 하나의 주요국인 이라크를 살펴보기로 합시다. 이라크는 영국이 국제연맹에서 위임통치권을 부여받아 간섭하는 나라들 가운데 하나입니다. 위임통치는 위임통치를 받는 땅의 주민이 아직도 자치 능력이 부족해 스스로 나라를 운영할 수 없기 때문에 큰 나라의 도움을 받아야한다는 발상에서 나왔습니다. 투르크에서 해방된 여러 나라의 위임통치권은 영국과 프랑스에 분배되었습니다. 위임통치권을 부여받은 영국에 대한 이라크의 최초 반응은 1920년 초에 나타났습니다. 처음에는 강경한 항의가 있었고, 이는 소요 사태로 발전했으며, 소요는 반란이 되어 전국으로 퍼져 나갔습니다. 이라크의 반란은 장래의 독립 보장과 무력이라는 당근과 채찍을 통해 진압되었습니다. 영국은 이라크를 위한다는 명분 아래 1921년 여름 헤자스의 후세인 아들 파이살을 데려와 국왕 자리에 앉혔습니다.

이라크 국민들이 영국의 위임통치에 분연히 반대했으나 영국은 이라크를 강압 통치했습니다. 민족주의 계열 신문은 폐간되었고, 정당은 해산되었으며, 지도자들은 추방당했습니다. 또한 표면적으로 국왕과 내각의 기능을 부활시켜 영국과 하나의 조약을 체결하는 데에 동의하도록 했습니다. 이라크는 명목상으로만 아랍인의 정부일 뿐이었고, 사실상 실권은 영국인이 장악하고 있었습니다. 1930년 6월에는 새로운 동맹 조약이 맺어져 완전 독립이 인정되었지만, 유보 조항과 예외 조항은 이 독립국을 위장 보호령으로 여전히 못 박아 놓았습니다. 이에 반발하는 소요가 때때로 일어났지만 그때마다 영국은 공군기를 동원해 무력으로 진압했습니다. 이런 방식으로 평화와 질서가 회복된 후 이라크 정부는 영국의 비호 아래 국제연맹에 대표를 보내고 가맹국으로 승인받았습니다. 이라크가 국제연맹에 가맹하자 영국의 위임통치는 자연히 폐지되었습니다.

아프가니스탄 그리고 아시아의 다른 나라들

이번에는 서아시아와 인도아대륙의 중간에 있는 아프가니스탄으로 가보겠습니다. 이 나라에 대해 네루는 인도 역사의 일부라 해도 좋다고 했지만, 사실 그것은 인도인의 입장이지 역사적으로 볼 때 반드시 그런 것만은 아닙니다. 근대에 들어오기 전 이 지역은 어떤 때는 인도 세력이 차지했고, 또 어떤

때는 페르시아, 즉 이란 세력이 차지했습니다. 그때는 지금과 같이 독립된 한 나라라는 개념이 없는 중간 지대였던 셈이지요. 그러다가 19세기에 이 나라는 북에서 내려오는 러시아와 러시아의 남하를 막으려는 영국 두 제국의 완충지대 역할을 했습니다. 그러다가 영국이 아프가니스탄에서 우위를 확보했습니다. 영국에 우호적인 왕들이 정권을 장악했기 때문에 아프가니스탄의 외교 정책은 결정적으로 영국에 좌우되지 않을 수 없었습니다.

1919년 초에 영국과 아프간 사이에 전쟁이 일어나게 됩니다. 군사적으로는 영국 세력이 월등히 강했으나 영국군은 사력을 다한 아프간 사람들에 비해 상대적으로 전의가 부족했기 때문에 아프가니스탄에 패배해 그들이 요구하는 협상에 응했습니다. 그리고 아프가니스탄은 완전한 독립국임을 인정받아 다른 나라와의 외교 관계도 스스로 수립할 수 있게 되었습니다. 국왕 아마눌라가 국내에서 수행한 정책은 한층 더 주목을 끌었습니다. 그것은 서구식의 급격한 개혁이었습니다. 그는 아프간인에게 양복을 입고 유럽식 모자를 쓰게 했으며 수염을 깎도록 했습니다. 행정면에서도 여러 가지 개혁에 착수했으며, 이웃 나라 터키와 조약을 체결해 자신의 국제적 지위를 강화하고자 했습니다. 그로부터 몇 년 간에 걸쳐 러시아, 페르시아, 터키, 그리고 아프가니스탄의 4개국 사이에 실로 수많은 조약이 맺어집니다. 이렇게 중동 지방에는 이들 모든 나라의 지위를 강화하는 조약이 이루어졌는데, 이는 중동 지방의 영국 세력에게는 커다란 타격이었습니다.

1928년 초에 국왕 아마눌라는 아프가니스탄을 출발해 유럽 여행길에 올랐습니다. 아마눌라의 긴 여행은 큰 주목을 끌어 자신의 이름을 전 세계에 떨쳤고 아프가니스탄의 지위를 크게 향상시켰습니다. 그러나 장기간에 걸친 그의 부재중에 그에게 반대하는 반동적인 그룹과 세력이 대두하기 시작했고, 곧 아마눌라의 세력 약화로 이어졌습니다. 아프가니스탄에서 아마눌라 세력의 약화는 영국에게 이익이 되는 일이었습니다. 아마눌라 왕은 여행길에서 귀국한 즉시 사회 개혁에 박차를 가해 귀족 칭호를 폐지했으며, 종교상 수장의 권력을 제한하고 내각을 구성해 책임 정치를 구현하고자 했습니다. 그러나 1928년 대대적인 반란이 일어난 뒤 왕위에서 쫓겨나고, 최종적으로 나디르 칸Nadir Khan이 왕위에 올랐습니다. 나디르 칸은 왕위에 오른 후 영국에 우호적인 태도를 취했고 그 덕에 영국의 원조를 받아 왕좌를 계속 유지할 수 있었습니다.

이제 아직 둘러보지 못한 미얀마의 동쪽, 동남아시아에서 유일하게 독립을 유지해 온 시암과 자바로 가보겠습니다. 태국이라고 부르는 시암, 이 나라에는 고대 인도 유적이 많이 남아 있으며 그 전통, 문화, 의식 속에 아직도 고대 인도의 흔적이 엿보입니다. 1932년 6월 시암의 수도 방콕에서 쿠데타가 일어나 전제정치가 폐지되고, 시암인민당이 이끄는 민주주의 제도로 바뀌었습니다. 이후 국왕의 권력은 제한되고 인민의회가 구성되었습니다. 자바에서도 민족주의가 성장하면서 상당한 개혁이 일어났지만 대규모의 탄압을 피하지는 못했습니다. 1916년 자바인들은 네덜란드 정부로부터 헌법상의 개혁을 약속받았으며, 바타비아Batavia에서 인민평의회가 구성되었습니다. 그러나 이 평의회는 임명제로 이뤄진데다 그 권한도 매우 제한적이어서 반대 운동이 계속됩니다. 자바와 수마트라에서 동맹 파업과 봉기가 잇달았으며, 1927년에는 네덜란드 정부에 대항하는 반란이 무자비한 방법으로 진압되었습니다.

❸
변화하는 현대 세계

혁명의 좌절과 패전국 상황

볼셰비키 혁명이 일어난 러시아와 서구 여러 나라 사이의 주요한 차이는 러시아에는 강력한 부르주아지가 존재하지 않았다는 점입니다. 네루는 바로 이 점 때문에 러시아에서 공산혁명이 성공했다고 보았습니다. 제1차 세계대전이 낡아빠진 제정러시아를 파산시켰지만, 서구식 의회를 통해 정치를 담당할 만한 강력한 중간계급이 러시아에 존재하지 않았다는 바로 그 이유 때문에 노동자 소비에트가 등장해 정권을 장악했습니다. 이렇게 러시아의 후진성이라는 약점이 오히려 선진적인 나라들보다 한 발 앞서 나아가게 한 요인이 되었습니다. 볼셰비키는 노동자 공화국 수립이 유럽의 다른 나라 노동자들이 기존 체제에 대해 반란을 일으키는 자극제가 될 것이라고 예상했습니다. 그들은 전 유럽에 걸친 사회혁명에 자신들의 생존 희망을 걸었습니다. 볼셰비키는 영토를 병합하려는 모든 제국주의적 기도에 맞섰고, 국제 노동자계급의 기수가 되어 세계 방방곡곡의 노동자들에게 사회주의 공화국을 수립할 것을 호소했습니다. 볼셰비키의 호소는 각 방면의 전선이나 공장 지대에 서서히 침투해 들어갔습니다.

제1차 세계대전이 끝나고 혁명 세력은 반동적 보수주의자와 왕정주의자 그리고 봉건적 지주계급을 하나의 편으로 하고, 온건 사회주의자 내지는 사회민주주의자들을 다른 한편으로 하는 기묘한 동맹 관계에 의해 진압되었습니다. 사회민주주의자들은 자본가와 결탁해 공산주의를 타도하려 들었습니다. 그들은 평화적이고 의회적인 수단으로 자신들의 지위를 굳히고 나서 점진적으로 사회주의를 도입하려 했습니다. 두 적대 세력, 즉 사회주의와 자본주의 사이의 투쟁은 계속되어 러시아와 공산주의가 한쪽 끝에 그리고 서유럽의 거대한 자본주의국가와 미국이 다른 한쪽 끝에 서서 대치했습니다. 대립과 불만의 실제 원인은 경제의 근본적인 혼란과 전 세계에 퍼진 빈곤의 증대였습니다.

1918년 초 볼셰비키가 행한 유럽 노동자에 대한 호소는 독일 노동자들에게 커다란 영향을 끼쳤습니다. 그 결과 여러 병기 공장에서 대규모 동맹 파업이 잇달아 일어났습니다. 1918년 11월 4일에는 북부 독일의 킬에서 해군 반란이 일어났습니다. 그리하여 혁명 운동은 다시 확대일로를 걷게 되었고, 바이에른에서 공화국이 선포되었습니다. 몇몇 공산당 지도자들이 소비에트 공화국을 선포하려 했는데, 사회민주당의 한 지도자가 그들보다 먼저 의회주의 공화국을 선포해 버렸습니다. 이렇게 하여 독일 공화국이 수립되었습니다. 하지만 실제로는 무엇 하나 변한 것이 없었습니다.

진정한 혁명은 정치·사회·경제 구조를 변혁하는 것이어야 하지만, 독일에서는 모든 것이 카이저 시대 그대로였고 낡은 군국주의가 여전히 독일을 지배했습니다. 독일 공화국은 날이 갈수록 약화되었으며, 사회주의자 간의 분열, 즉 사회주의자와 공산주의자 사이의 분열이 양쪽 세력을 동시에 약화시켰고, 공화국을 비난하는 반동주의자들이 날이 갈수록 조직을 갖추면서 공격적으로 바뀌었습니다. 당시 독일이 체결한 베르사유조약에 따라 독일은 군비를 축소하고 군대를 감축해야 했습니다. 그 결과 겉으로는 군비 축소가 이루어졌으나 실제로는 대량의 무기가 은닉되었습니다. 이는 그 후 히틀러 일파가 나치 군단을 결성하는 것으로 이어집니다.

제1차 세계대전 후 유럽은 여러 풍파를 거치면서 영토의 변화로 사태가 악화되고 있었습니다. 특히 발칸 반도와 마찬가지로 중부와 동부 유럽은 수많은 작은 국가로 분할되었습니다. 이는 국경선을 늘려 더욱더 견고한 문화적 장벽을 쌓게 함으로써 서로에 대한 증오를 더욱 심화시켰습니다. 그러나 이보다 패전국 독일이 전승 연합국에 지급하기로 한 전쟁 배상금 문제가 더 중요했습니다. 독일은 서너 번 미국에서 돈을 빌려 배상금을 냈으나 곧바로 재정이 파산했고, 마침내는 국내 채무를 갚을 돈마저 말라 버렸습니다. 이어 물가 폭등으로 엄청난 경제 위기가 발생했는데, 이 때문에 중간계급은 거의 괴멸 상태에 빠졌습니다.

독일의 재정적 혼란은 국제적으로 중요한 결과를 가져왔습니다. 연합국에 대한 배상금 지급이 이행되지 않은 것입니다. 독일이 배상금을 내지 못하게 되자 프랑스와 벨기에는 독일의 루르 지방을 군사적으로 점령해 버렸습니다. 당시 전쟁 채무는 매우 복잡하게 얽혀 있었는데 특히 독일보다도 연합국 상호 간 채무 문제가 복잡했습니다. 미국은 독일에 돈을 빌려 주고, 독일은 그것으로 연합국에 배상금을 지급했으며, 연합국은 그것으로 미국에 대한 빚을 갚는 모양으로 전개되었습니다. 이는 현금으로 거래된 것이 아니라 모두 장부상으로 행해진 대차였습니다. 그러면서 몇 해가 지나자 미국도 이 계속된 대여 정책에 지쳐 마침내는 중지할 수밖에 없었습니다. 그로 인해 지급이 이행되지 않자 유럽과 미국의 여러 국민이 도탄에 빠져들게 되었습니다.

전후 미국이 영국에 대한 원조를 중지하자 때맞춰 영국 파운드의 시세는 하락하고 이어 영국은 난관에 봉착했습니다. 파운드를 평가절하하면 상품 가격이 낮아져 각종 제조업에는 이익이 되겠지만, 은행가나 채권자에게는 손해를 끼치게 됩니다. 더 심각한 문제는 세계 금융의 총본산으로서 런던의 지위를 잃는 것이었습니다. 이에 1925년 영국 정부는 평가절하를 단행하지 않기로 결정하고, 은행가를 위해 산업을 희생시켰습니다. 그 결과 파운드는 얼마 동안 옛날의 위세를 회복했지만, 그 대신 산업은 날이 갈수록 마비 상태에 빠져들었습니다.

특히 배상금 대신 독일 석탄이 영국에 유입됨으로써 그만큼 영국 석탄의 수요를 감소시켰고, 이로 인해 탄광 지대의 실업은 한층 더 심각해졌습니다. 이에 탄광 소유자들은 노동자들의 임금을 인하했고, 탄광 노동자들이 인하 조치에 반발하자 그들을 해고했습니다. 이에 노동조합 회의는 영국 전역에 총파업을 호소하여 국내의 모든 부문이 일시에 활동을 멈추었습니다. 그러나 탄광 노동자들은 결국 굶주림을 견디지 못하고 굴복했습니다. 이것은 단지 탄광 노동자의 패배에 그치는 것이 아닌 영국 노동자 전체의 패배였습니다. 노동자들의 생활수준은 극도로 악화했으며, 정부는 총파업 방지책에 관한 법률을 통과시켰습니다.

서유럽과 중부 유럽에선 전승국과 패전국 사이에 현저한 차이가 있었습니다. 정치적으로나 군사적으로나 전후 유럽의 지배자였던 프랑스는 영토에 대해서는 형식상의 약속뿐이었다 할지라도 배상금 부문에서는 원하는 만큼을 손에 넣었습니다. 그러나 프랑스는 독일이 보복해 오리라는 공포를 떨쳐버릴 수 없어 모든 정책을 안전에 맞추었습니다. 프랑스가 이미 획득한 것을 유지하고 보존하는 데에 초점을 맞춘 것입니다. 또한 자국의 지위를 강화하기 위해 베르사유조약을 유지함으로써 이익을 얻는 국가 블록을 구성했습니다.

이에 비해 전후 독일은 당초에는 여러 전승국으로부터 푸대접을 받았습니다. 그런데 독일은 1922년 4월 소련과 라팔로조약을 체결합니다. 영국은 이에 큰 충격을 받았고 독일을 회유하는 쪽으로 태도를 바꾸었습니다. 독일이 소련 진영에 가담할지도 모른다는 우려 때문이었습니다. 영국은 독일을 반反소비에트 국가 그룹으로 묶어 두고자 비공식적으로 갖가지 우호적인 제안을 내놓았습니다. 드디어 1925년 로카르노에서 그들은 첫 성과를 올려 전승국과 독일 사이에 협정이 성립되었고, 많은 상호 확약과 보장이 이루어졌습니다.

또한 유럽에서는 이때 활발하게 군비 축소가 논의되고 있었습니다. 군비 축소를 토의하는 국제연맹 회의에는 미국과 러시아를 포함해 거의 모든 나라가 참가했습니다. 이 위원회는 휴회 기간을 합쳐 7년간이나 지속되었으며, 여러 가지 계획을 검토했으나 결국 아무런 성과도 없이 끝을 맺었습니다. 군축 토의가 뚜렷한 성과를 올리지 못하고 있던 1928년, 프랑스와 미국 정부가 회의를 개최해 평화 유지를 촉진하는 새로운 제안을 만들어냈습니다. 전쟁을 불법화한다는 제안인데, 이것이 발전해 전 세계의 거의 모든 나라가 참가하는 '파리조약'이 조인되었습니다. 이 조약은 전쟁을 국제 분쟁의 해결 수단으로 이용하는 것을 비난하고 서명국 상호 간 관계에서 전쟁을 국책 수행의 도구로 삼지 않을 것을 약속하는 극히 짧은 문서였습니다.

그런데 공식적으로는 전쟁이 불법화되던 중인 1928년에 영국–프랑스 비밀 해군 협약이 체결되었습니다. 이는 미국과 유럽에 큰 충격을 주었고, 소비에트 연방은 파리조약을 받아들여 서명하기에 이르렀습니다. 그것은 반反소비에트 블록의 형성을 막기 위한 조치였습니다. 이렇게 러시아는 전쟁을 피하기 위해 전력을 다했고, 인접한 여러 나라들은 각기 따로 평화조약을 체결했습니다. 이처럼 세계 열강들은 와해되는 세계를 막기 위한 궁여지책으로 별 효과도 없는 조약이나 동맹 따위를 남발했습니다. 이것이 1929년 유럽의 상황입니다.

무솔리니의 이탈리아, 중국의 혁명과 반혁명 그리고 일본

제1차 세계대전 직전 이탈리아에서 사회당은 매우 강력한 힘을 가지고 있었습니다. 그들은 노동조합을 통제하면서 지방자치단체를 지배하고 있었는데, 이에 대해 유산자 계급이 노동운동과 사회당을 궤멸시키려 했습니다. 그들은 군대에서 제대한 병사들로 의용대를 구성했는데, 이들의 주된 역할은 기회만 있으면 사회주의자나 급진파 그리고 그들의 시설을 습격하는 일이었습니다. 그때 정부는 사회당 세력의 약화를 바랐기 때문에 그런 행동을 짐짓 모른 체했습니다.

그럴 즈음 제1차 세계대전이 터졌습니다. 처음에는 무솔리니도 이탈리아의 중립을 옹호했으나 돌연 주장을 바꾸어 사회주의자로 자처하던 것을 중지하고 평화주의, 사회주의, 그리고 부르주아국가 등을 싸잡아 비난하기 시작했습니다. 스스로 개인주의자로 지칭하며 무정부 상태를 옹호했습니다. 그는 파시즘의 기초를 세우고 병사들을 모아 자신의 전투대에 집어넣었습니다. 무솔리니 지도 아래 파시스트들은 두 가지 서로 반대되는 호소를 교묘하게 연결시켰습니다. 무엇보다도 그들은 자신들이 사회주의와 공산주의의 적이라는 사실을 기반으로 유산계급의 지지를 받았습니다. 그리고 대중적이며 반자본주의적인 슬로건을 내걸어 최하층에 속하는 많은 사람의 지지도 받았습니다. 결국 파시즘은 일종의 혼합물이었는데, 그 배경을 이룬 것은 중간계급 특히 하층 중간계급의 실업자층이었습니다.

파시즘의 특징은 확고부동한 원칙이 없는 것입니다. 사회주의와 공산주의 그리고 자유주의에 대해 단순히 반대할 뿐 그 배경에는 어떤 이데올로기도 철학도 없었습니다. 파시스트들의 유일하고도 적극적인 계획은 권력 획득이었고, 이 계획은 무솔리니가 총리가 되면서 성취되었습니다. 그는 반대자를 제거함으로써 자신의 지위를 강화하는 데 전념했습니다. 파시스트들은 권력을 장악해 경찰과 국가기구를 지휘하는 위치에 있었으면서도 계속 불법적인 폭력을 행사했습니다. 무솔리니는 이탈리아에서 독재자가 되었으니, 그 혼자가 실질적인 전체 내각이었습니다. 차츰 의회도 필요 없게 되었습니다. 국민의 재정적인 부담은 가중되었고 나라의 경제는 악화일로로 치달았습니다.

파시스트들은 민주주의 원리를 반대합니다. 파시즘은 폭력을 찬양하고 평화를 증오합니다. 공산주의가 국제적인데 비해 파시즘은 국가적입니다.

그것은 국가를 신성시하며, 그 제단에서 개인의 자유도 권리도 모두 희생시켜야 한다고 합니다. 그러므로 자기들을 제외한 다른 모든 나라는 배척의 대상이 됩니다. 그들은 유산계급 및 반동 세력과 손을 잡습니다. 파시즘의 목표는 조합 국가이며, 자본가계급을 옹호하는 슬로건을 내걸고 대중운동을 대대적으로 일으킵니다. 그래서 이 운동은 대부르주아의 원조를 받기도 합니다. 결국 파시즘은 공세로 나오는 사회주의와 수세를 취하는 자본주의 사이의 계급투쟁이 격심해졌을 때 출현하는 것입니다.

유럽에서 한창 분쟁 중일 때 중국과 일본의 상황은 어땠을까요? 먼저 중국을 보겠습니다. 우선 제국주의 여러 나라가 상하이나 홍콩 같은 큰 항구 도시에 자리 잡으면서 중국의 대외 무역을 장악했다는 것이 눈에 띕니다. 그들의 경제적 이해가 중국 전체를 지배한 것입니다. 결국 중국은 정치적으로는 주권을 빼앗긴 상태는 아니었지만, 경제적으로는 이 나라들의 실질적인 식민지였습니다. 쑨원은 외국의 도움을 받아 산업을 발전시켜 개혁하려고 했습니다. 쑨원은 그가 제창한 삼민주의에 잘 나타나듯 공산주의자가 아닌 온건 사회주의자였습니다. 그는 중국이나 그 밖의 다른 아시아의 여러 나라에 관대한 태도를 보여준 소비에트 러시아에 감명을 받았습니다. 그리하여 그는 1924년에 소비에트 러시아로 눈을 돌려 그들과 우호적인 관계를 다졌고, 그 후 대중의 지지를 받는 강력한 국민당 조직이 구축되었습니다. 공산주의자들은 이때부터 국민당에 입당하는 것을 인정받게 되었고, 그리하여 민족주의적인 국민당과 공산당의 비공식적인 연합이 이루어졌습니다. 이것이 소위 1차 국공합작입니다. 소련과 연대하면서 국민당과 공산당이 합작한 것입니다.

쑨원이 이끄는 정부는 농민과 노동자를 구제할 법령을 제정했으니, 농민을 위해선 지대를 25%로 인하, 노동자를 위해선 8시간 노동제와 최저임금제, 그리고 노동조합과 농민조합 설립이 추진되었습니다. 농민과 노동자는 이러한 개혁을 지지했고, 그들은 새로운 조합 밑에 집결해 광둥의 국민

당 정부를 지지했습니다. 이로써 광둥의 국민당은 진정한 실력을 갖추게 되었고 북방의 군벌들과 결전을 치를 태세가 완료되었습니다. 그러다 1925년 3월에 쑨원이 죽자 광둥 정부 내에서 보수 우파와 진보 좌파 사이에 격심한 싸움이 벌어집니다. 1926년 중반 우파인 장제스가 총사령관이 되어 공산주의자들을 색출하기 시작했고, 이것이 광둥군의 북벌로 이어졌습니다. 광둥군이 파죽지세로 진군을 계속해 1926년이 채 끝나기도 전에 중국의 절반가량을 점령했는데, 양쯔강에 연한 한커우漢口도 장악하고 수도를 그곳으로 옮겼습니다. 이제 우한武漢정부(★1927년 공산당과 국민당 좌파가 합작하여 세운 임시 정부. 나중에 공산당과 갈라서서 난징의 국민 정부와 통합한다.)는 상하이로 진격할 것인가의 문제에 직면했습니다. 장제스를 비롯한 우파 지도자들은 당이 분열되고 민족주의자의 명분이 약화되더라도 농민과 노동자 조합을 분쇄해야 한다며 상하이 진격을 고집했습니다. 상하이는 대부르주아들의 세력이 강한 곳이기 때문에 그곳을 진격하면 그들의 원조를 받기가 용이하리라고 계산했습니다. 그들은 대지주 출신들로 노동자 농민 세력이 성장하는 것을 바라지 않았습니다.

　그리하여 우파 지도자들은 상하이로 진군했고, 1927년 3월 22일 외국인 조계는 손도 대지 않은 채 중국인 거주지를 손에 넣었습니다. 민족주의자들은 상하이의 구 정부를 완전히 타도했고 나아가 난징 또한 점령했습니다. 그렇지만 이후 국민당 내 좌파와 우파가 본격적으로 분열했고, 이로써 국민당이 이끄는 혁명은 실패의 길을 걷습니다. 장제스는 우파 정부의 좌파와 갈등을 겪은 후 난징에 새 정부를 수립했고 공산주의자, 노동자 등 좌파 세력을 모조리 처단했습니다. 이 노동자들은 상하이를 점령할 때 장제스를 도와 수훈을 세운 동지들이었는데, 장제스에 의해 체포, 구류, 투옥, 총살되었습니다. 상하이는 순식간에 아비규환의 도시가 되었습니다. 베이징에서도 상하이와 마찬가지로 소련 대사관이 습격당하고, 공산주의자와 진보적인 노동자가 대대적으로 숙청됐습니다. 제국주의 열강은 중국 민족의 내부 분열을 뒤에서 즐기고만 있었습니다. 국민당은 한때 열강과 맞서 싸운 중국 민족의 대표 세력에서 이제 분열 투쟁만 일삼는 하나의 파벌로 자리 잡고 말았습니다.

　이어 중국에서는 군벌들과 끝없는 투쟁이 계속되었습니다. 그리고 베이징은 함락되었습니다. 표면적으로는 난징의 이른바 난징정부가 좌파가 지배권을 쥔 광둥을 제외한 중국 전역을 통치하고 있었습니다. 하지만 여전히 난징정부의 지배력이 미치지 않는 곳이 많았고, 더욱이 일부 오지는 공산당 정부의 지배 아래 있었다는 사실을 잊어서는 안 됩니다. 난징정부는 주로 상하이에서 지원을 받았는데, 지방 군벌의 대규모 군대를 유지하기 위해 드는 비용 부담을 고스란히 농민에게 전가했습니다. 1927년 광둥성의 하이펑에서 마오쩌둥의 지휘 아래 공산주의 정부가 수립되었고, 그해 12월이 되면서 공식적으로 난징정부와 소련과의 관계는 끊어졌습니다. 난징정부는 제국주의 열강의 후원을 받으면서 반(反)소련 정책을 취했습니다. 난징정부는 힘을 다해 중국 소비에트를 타도하려 했지만 별다른 성과를 거두지 못했습니다.

이제 일본을 살펴보겠습니다. 일본은 근대적 공업 문화와 중세적 봉건주의, 의회주의, 전제정치, 그리고 군부 지배의 이례적인 혼합물이었습니다. 불교는 예로부터 일본에서 일반화된 신앙이었지만, 조상 숭배에 중점을 두는 신도는 오히려 국가 종교 색채가 짙어 애국심이나 당대의 천황에 대한 복종 사상을 보급하는 데에 강력하고도 효과적인 방법이 되었습니다. 일본은 제1차 세계대전 후 러시아 차르 제국의 붕괴를 아시아에서의 세력 확장을 위한 절호의 기회로 삼았습니다. 그런데 이는 러시아가 세력을 회복하고 신흥 강대국 미국이 반대함으로써 실패로 돌아갔습니다. 그러면서 일본과 미국 사이에는 이상한 분위기가 흐르기 시작했습니다.

1922년에는 워싱턴 회의에서 9개국 조약이 서명되었습니다. 이 조약은

일본의 대중국 전쟁

일본의 중국 침략 기도를 억제하려는 서구 열강의 뜻에 따라 맺어졌습니다. 그런데도 일본 정부는 1931년 만주에서 공공연히 침략적인 태도를 취했습니다. 이는 1922년의 9개국 조약에 대한 명백한 위반입니다. 그것은 전쟁을 방지하기 위해 체결된 1928년의 파리조약을 위반한 것이기도 했습니다. 그들은 의도적으로 조약이나 협정을 깨뜨리면서 세계에 도전했던 것입니다.

공식적인 선전 포고도 없이 일본은 만주를 침략했고, 1932년 1월에는 상하이 일대를 공격해 끔찍한 학살을 자행했습니다. 이후 일본은 상해에서 철수했지만, 만주에 '만주국'이라는 괴뢰 정부를 세웠습니다. 그러면서 만주는 자결의 권리를 가진다고 선언했습니다. 일본군은 베이징 부근까지 점령해 들어갔습니다. 그들의 과감하고 새로운 공격과 설날에 자행된 학살은 국제연맹을 놀라게 했습니다. 국제연맹은 일본을 비난하는 결의안을 통과시켰고, 이에 일본은 국제연맹에서 탈퇴했습니다. 국제연맹이 일본을 비난하는 결의를 했는데도 영국의 각료나 대사들은 꾸준히 일본의 행동을 두둔했습니다. 국제적 범죄에 대한 국제연맹의 무력함과 무능함이 여실히 드러난 것입니다.

소비에트 연방의 실패와 성공

러시아에서의 1917년부터 1921년에 이르는 볼셰비키 혁명 후 최초의 4년은 혁명을 수많은 적으로부터 지키는 전쟁의 시기였습니다. 전쟁이 발발하자 경제가 극도로 악화되고, 이에 레닌은 1921년에 신경제정책을 실시했습니다. 이는 중농층을 사회주의화하려는 것임과 동시에 공산주의로부터 약간 후퇴해 국내 부르주아적 요소와 타협하려는 것이었습니다. 그러면서 소련은 국가 재건이라는 방대한 사업에 전념했습니다. 건설 사업을 수행하기 위해 기관차, 차량, 트럭, 트랙터, 공장 시설 따위의 기계 설비 준비에 착수했습니다. 레닌은 또 농촌 지역의 대대적인 전기 계획에 착수해서 여러 개의 거대한 발전 시설을 건설했습니다. 이는 농민의 이익을 도모하고 국가의 공업화를 촉진하기 위한 것이었습니다. 이를 위해 소련은 외국 여러 나라에 대부를 청했습니다.

제정러시아가 강력한 통일체를 형성한 단일 민족국가는 아니었기 때문에 내전 중 제정러시아는 산산조각이 나고 러시아 소비에트도 한동안은 모스크바와 레닌그라드 주변의 작은 지역을 지배하는 데에 불과했습니다. 러시아의 소비에트가 내전에서 승리를 거두고 외국 군대가 철수하자 개별적인 독립 소비에트 정부가 시베리아나 중앙아시아에 속속 수립되었습니다. 그들은 서로 긴밀하게 제휴했습니다. 그리고 1923년에 합류하여 '소비에트 사회주의공화국연방'을 결성했습니다. 이처럼 소비에트 러시아는 몇 개의 공화국으로 구성된 연방이었습니다. 따라서 그 안에는 또 수많은 민족과 자치 구역이 있었습니다. 이는 각 민족이 제각기 고유한 문화와 언어를 갖고 되도록 많은 자유를 누리게 하기 위해서였습니다.

레닌이 죽은 뒤 분규가 터졌습니다. 서로 적대하는 집단과 세력이 주도권을 놓고 심하게 다투었습니다. 그 가운데 10월 혁명에서 지도적 역할을 한 트로츠키가 있었습니다. 그러나 그는 초창기의 볼셰비키들에 비하면 신참이었기 때문에 스탈린이 서기장이 되었습니다. 그 후 스탈린과 트로츠키 사이에서 치열한 갈등이 벌어졌습니다. 싸움의 불씨가 된 것은 스탈린이 농민을 혁명의 주체로 끌어들인 것이었습니다. 농업 정책에서 갈등을 보인 후 스탈린이 트로츠키를 추방했고, 그 후 스탈린은 다른 데에는 전혀 신경 쓰지 않고 놀랄 만큼 적극적으로 오직 자신의 농업 정책만을 추진해나갔습니다.

스탈린은 농업 정책을 확대해 모든 소비에트의 농업과 공업 양쪽을 모두 그 산하에 통제하는 하나의 거대한 계획을 만들었는데, 이것이 바로 '5개년 계획'입니다. 네루는 이 경제 계획을 매우 높이 평가합니다. 자기 자신도 나중에 독립 인도의 수상이 된 후 이 국가 주도의 경제 계획을 적극적으로 추진했습니다. 네루는 러시아가 자본주의 여러 나라에 비해 큰 이점 하나를 가지고 있다고 했습니다. 자본주의 제도 아래에선 활동이 모두 경쟁에 맡겨져 노력의 낭비가 생긴다는 겁니다. 협동 외에는 생산자와 노동자 사이의 협력이라는 것이 없었으니, 광범위한 조직적인 계획이 없다고 보았습니다. 그러한 서구 자본주의에 비해 소비에트 정부는 연방 내의 모든 기업이나 산업을 한 손에 통제할 수 있는 이점을 가지고 있었습니다. 따라서 낭비라는 것이 없었고, 일원적인 통제에 따르면 다른 경우에 비해 훨씬 빨리 오류를 수정할 수 있었습니다.

5개년 계획의 목적은 소비에트연방에 공업 문명의 확고한 기반을 구축하는 것이었습니다. 소비에트 정부가 면 장래를 예견하고 수립한 이 5개년 계획에는 기간산업, 즉 중공업의 기초를 견고하게 다지는 것이 중요한 내용으로 포함되었습니다. 이 5개년 계획에서 구체적으로 나타난 범국민적인 노력은 대단했습니다. 계획은 1932년 12월 31일에 정식으로 끝나고 곧바로 또 새로운 5개년 계획이 시작되었습니다. 여러 가지 난관에 봉착하기도 했지만 5개년 계획이 러시아의 면모를 완전히 변화시켰다는 것만큼은 누구도 부인할 수 없는 사실입니다.

소비에트 러시아의 5개년 계획은 어마어마한 기획이었습니다. 농업 혁명 부분에서는 재래의 소규모적인 영농 방식을 대규모적인 집단 농업으로 바꾸었고, 공업 혁명의 분야에서는 놀랄만한 속도로 러시아를 공업화했습니다. 5개년 계획 기간 중 세계는 일찍이 경험하지 못했던 최대의 불황에 시달리고 있었습니다. 전 세계의 농민은 식량과 원료 가격의 대폭락 때문에 심한 타격을 입었습니다. 불황은 간접적으로 침투해 소비에트의 곤란을 더욱 부채질하고 있었습니다. 세계 무역의 불황은 소비에트에도 손실이었으며, 여러 가지 면에서 계획에 차질을 빚게 했습니다. 한편에서는 식량의 부족이 가속화되었고 연방 전역 특히 도시에 놀랄 정도로 인구가 증가하는 현상이 나타났습니다. 엄청난 수의 농민이 5개년 계획의 갖가지 대규모 사업을 수행하기 위해 자신의 마을을 떠나 도시로 모여들었습니다. 도시로 이주해 거기서 노동자가 된 농민은 농촌에 있을 때와는 달리 이미 식량 생산자가 아니었으며, 이것이 식량 상태를 악화시킨 현실적인 또 하나의 요인이 되었습니다.

1932년에 소비에트연방은 위기를 맞습니다. 정부는 집단농장에서 사보타주, 즉 태업이 일어나고 공유재산에 대한 절취 사건 등이 빈번해지자 이들을 반혁명 범죄로 취급해 재판 없이 사형하는 강경한 조치를 취했습니다. 그러면서도 또 한편에서는 긴장을 완화하는 조치를 내렸습니다. 그 가운데 특히 중요한 것은 집단농장과 개인 농장이 자신들의 잉여 농산물을 직접 도시의 시장에 출하하는 것을 허가한 일이었습니다. 소비에트연방의 끊임없는 긴장의 세월은 모든 방면에 발전을 가져왔습니다. 그것은 고통과 불균형으로 가득 찬 발전이기는 했지만, 그런대로 도시와 공업, 광대한 집단농장과 거대한 협동조합, 무역과 인구, 그리고 문화와 과학 및 교육의 보급을 가져온 것이 사실입니다.

과학의 진보와 대공황의 위기

지금까지 우리는 제1차 세계대전 전후로 일어난 정치적 사건과 경제적 변화를 주로 살펴 보았습니다. 이제는 근대 정치·경제와 밀접한 관계가 있는 과학에 대해 생각해 보겠습니다. 이 부분은 네루의 사상에 큰 영향을 끼친 부분입니다. 네루는 철저한 근대주의자이고, 이성주의자이며, 과학주의자입니다. 이성과 과학의 발달이 근대를 불러오고, 이로 인해 역사가 진보한다고 믿었다는 뜻입니다. 그는 과학이 보급됨에 따라 확실히 지식의 지평이 넓어졌다고 했습니다. 하지만 그렇다고 해서 곧바로 지혜까지 심화되었다고 속단해서는 안 된다고도 말합니다. 사람들은 생활의 목적이 무엇인가,

또 무엇이어야 하는가에 관해서는 분명한 관점을 가지지 않았고, 다만 자연을 지배하고 그것을 이용하기에만 급급했기 때문에 이 세계에서 지식의 팽창이 반드시 유익한 것도 아니며, 또 우리를 현명하게 하지도 않는다는 것을 명심해야 한다고 말했습니다.

네루는 과학의 최신 이론을 고찰해 보면 눈앞이 어지러울 정도라고 했습니다. 아인슈타인은 '상대성이론'을 발견함으로써 공간 – 시간의 새로운 개념을 창출했습니다. 과학은 인간의 자연, 즉 외부 세계에 대한 지배를 도왔고, 점차 관심을 내부로 돌려 자기 자신을 연구하기 시작했습니다. 그래서 생물학의 중요성이 부각되었고, 다음 단계로는 인간의 마음이나 사상, 동기, 공포, 욕망을 다루는 심리학이 중요하게 대두되었습니다. 이즈음부터 발달한 우생학도 생물학에 가까운 것으로 종種 개량에 관한 학문이었는데 시간이 가면서 인류의 유전 양태 이해에 도움을 주었습니다.

과학이 인간 생활에 거대한 기계를 끌어들인 이래 끊임없이 기계 개량이 진행되었고, 기계의 성능이 한층 높아지면서 이와 동시에 인간 노동에 대한 의존도가 크게 줄었습니다. 이로써 산업과 생산 방법의 분야에서 혁명적인 변화가 일어났습니다. 새로운 혁명은 주로 생산 부문에 전기를 도입함으로써 이루어진 것입니다. 공장 하나만을 놓고 보면 기계가 인간을 대체했지만, 지금까지보다 훨씬 더 많은 공장이 생겼기 때문에 결과적으로는 전보다 훨씬 더 많은 사람이 일자리를 얻을 수 있게 된 셈입니다. 그러나 현대 산업이 대량생산의 단계에 들어섬으로써 기계가 인간을 대체했고, 실업이 한층 가속화되었습니다. 이렇게 해서 여러 선진 공업국을 비롯해 전 세계에 커다란 실업 문제가 발생하게 되었습니다.

이제 서유럽과 미국으로 눈을 돌려봅시다. 패전국들은 전쟁에서 심한 타격을 받아 통화가 붕괴하고 중간계급이 몰락했습니다. 각국은 미국에 막대한 부채를 졌고 내부적으로도 거액의 전시 채무를 졌습니다. 반면, 미국은 지난 10년 간 계속해서 발전을 유지한 유일한 나라였습니다. 이러한 번영이 이루어지자 사람들은 기대에 들떴고, 이에 유가증권과 주식에 대한 투기가 널리 이루어졌습니다. 산업의 호황은 경기 활성화를 가져왔고, 사람들은 거기에서 이익을 올리기 위해 최대한 생산하려 했습니다. 그 결과 과잉생산이 초래되었고, 재화가 누적되면서 공황이 밀어닥쳤습니다. 산업은 또다시 내리막길을 걷기 시작했습니다.

1929년에 이르러 사태는 더욱 심각해져 미국이 독일과 남아메리카 여러 나라들에 금융 차관을 중지했고, 그 후 대차 지급의 인위적 구조가 한꺼번에 무너지고 말았습니다. 특히 독일에 대한 차관 중지는 극심한 공황을 불러일으켜서 몇 개의 독일 은행이 파산했고, 배상과 채무의 지급 순환이 정지되기에 이르렀습니다. 그러는 동안 1929년 10월 미국에서 주식 투기가 일어나면서 주가가 터무니없이 뛰더니 다시 갑자기 폭락한 이른바 '검은 목요일' 사태가 벌어집니다. 이 때문에 뉴욕의 금융계에 대공황이 터졌고, 결국 미국의 번영은 끝장나 버렸습니다. 무역과 산업의 불황은 이제 전 세계를 뒤덮은 대공황으로 바뀌었습니다. 전 세계에서 무역은 위축되고, 물가 특히 농산물 가격이 급락했습니다.

네루는 이를 두고 이것은 상품이 많이 생산되어서가 아니라 사람들이 생산된 상품을 살 수 있는 돈이 없어서 발생했다고 했습니다. 구매력이 부족해 상품이 팔리지 않았기 때문이라는 겁니다. 대중이 물품을 사기에 너무 가난하다는 것이지 그들이 그것을 필요로 하지 않는다는 것은 아니지요. 결국 재고는 갈수록 쌓였고, 이에 따라 상품을 제조하는 공장은 폐쇄될 수밖에 없었다는 겁니다. 화폐의 배분이 변화했고, 또 끊임없이 변화하고 있다는 사실, 즉 부의 분배에 불평등이 존재한다는 사실, 만약 화폐가 대중에게 건너갔더라면 상품을 구매하는 데 쓰였을 돈이 소수 부자들의 손으로만 들어갔다는 사실 때문에 발생했다는 말입니다.

처음에 미국에서 독일로, 중부 유럽으로, 남아메리카로 쏟아진 차관들은 다름 아닌 이러한 과잉 자금이었습니다. 여기에 최종적으로 타격을 가한 것은 이러한 대외 차관의 중지였습니다. 부의 분배에서 불평등의 증대가 노동과 자본의 새로운 대립을 유도한 것입니다. 당시 세계는 상호 의존 관계에 있었고, 그래서 불황은 어느 한 곳에 국한되지 않고 전 세계로 파급되었습니다. 그것은 마치 몸이 마비되는 것처럼 차츰 퍼져 사회구조 전체를 무기력하게 만들어 버렸습니다. 미국에서는 무수한 은행이 계속 도산하면서 사태를 더욱 심각하게 그리고 총체적으로 악화시켰습니다. 모든 산업이 불황의 그늘 속에 빠졌습니다. 하지만 병기와 군수품을 공급하는 군수산업과 소비에트연방은 이 대규모 불황의 영향을 피했습니다. 그것은 공황의 원인이 기본적으로 자본주의에 의해 생겨나는 잉여 소득의 불평등한 분배에 있기 때문입니다.

당시 가장 치열했던 것은 제각기 최대의 몫을 노리는 제국주의 열강의 경쟁이었습니다. 이들 전쟁 채무는 엄청난 액수에 이르렀는데, 여기서 명심해야 할 사실은 그것들은 아무런 바도 의미하지 않는다는 점입니다. 생산적 사업은 현실적으로는 거기에 소비된 비용 이상의 부를 낳게 됩니다. 그러나 전쟁 시의 차입금은 결코 그러한 목적에서 차입한 것이 아니라는 거지요. 그것은 비생산적이었을 뿐만 아니라 궁극적으로 파괴적인 것이었습니다. 유럽의 채무국이 채무의 일부를 미국에 상환하면, 그 돈은 모두 미국의 은행가나 금융업자의 손에 들어갑니다. 전쟁 채무는 부자들이 많은 돈을 갖게 하는 결과를 초래하고, 부자들은 이 돈을 투자하기를 원합니다. 그래서 그들은 줄기차게 새로운 공장을 짓거나 새로운 것에 출자했습니다. 인민이 궁핍한 상태인데 반해 이러한 투자는 정도를 훨씬 넘어선 것이었습니다. 이리하여 생산은 많아지지만 그것을 살 인민에게 돈이 없어 상품이 팔리지 않습니다. 손실에 당황한 사업가들은 산업 투자를 중지하고, 자신들의 자금을 은행의 금고 속에 잠재워 두게 된 겁니다. 이리하여 실업이 일반화되고, 불경기는 세계적으로 퍼지게 되었습니다.

④

제2차 세계대전 전야 세계 정세

영국과 미국의 금융 패권 다툼과 자본주의 세계의 분열

불황 기간 중에 국제무역은 크게 위축되어 무역량이 3분의 1 정도까지 떨어졌습니다. 국내 거래 또한 대중의 구매력 저하로 크게 위축되었습니다. 세입은 저하되고, 세출은 절약과 봉급 인하에도 불구하고 여전히 높아 세출이 세입을 초과했습니다. 공황은 전 세계로 확대되었지만 각 나라는 그것을 극복하기 위한 국제적인 협력을 이루는 데 실패했습니다. 당시 세계 정세에는 두 가지의 주요한 흐름이 있었습니다. 하나는 자본주의국가들과 소비에트연방의 대립이었고, 다른 하나는 영국과 미국의 대립이었습니다. 공황은 어떤 의미에서는 전쟁의 기회를 감소시켰으나 어떤 의미에서는 전쟁의 위기를 심화시키기도 했습니다. 전쟁의 위기가 심화하는 이유는 자포자기에 빠진 사람들이 가끔 나라 내부의 어려움에 대한 해결책을 대외 전쟁에서 찾기 때문입니다.

전후 영국과 미국의 대립은 불가피했습니다. 전쟁 때문에 미국은 더욱 부유한 강대국이 되었습니다. 따라서 미국은 자연스러운 추세에 따라 세계를 지도하는 지위를 확보하려 했습니다. 하지만 영국은 특수 권익과 지위, 특히 그들의 금융상의 지위까지 포기할 생각은 전혀 없었습니다. 영국의 부강함과 방대한 제국은 그 금융상의 지위와 굳게 결부되어 있었기 때문입니다. 제1차 세계대전 이후 미국이 바란 것은 바로 이 영국이 지닌 금융상의 주도권이었습니다. 정부의 지원을 받는 두 나라의 은행가들은 금융과 산업 상의 세계 지배권을 두고 서로 다투었습니다. 불황의 어두운 그림자가 모든 것을 뒤덮는 상황에서 무역 상태는 악화되고 채무자의 주머니 사정은 더욱 나빠져 배상이나 채무 지급이 불가능하게 되었습니다. 각국은 제각기 다른 의도를 가지고 있었기 때문에 공동 행동을 취할 수 없었습니다. 그러다 영국의 파운드화 가치가 절하되는 사태가 발생했습니다. 영국이 세계적으로 지도자적 위치였다는 점에서 볼 때 이는 엄청난 사건이었습니다. 그것은 통화 문제에서 세계의 중심이자 수도였던 런던이 금융적 지도권을 상실했음을 의미하는 사건이었습니다.

배상 문제와 전쟁 채무 문제 또한 여전히 남아 있었습니다. 독일은 채무를 변제할 수 있는 능력이 전혀 없었습니다. 그래서 1932년 로잔에서 개최된 회의에서 독일이 갚아야 할 배상금을 단지 형식적인 액수로만 삭감했습니다. 미국 정부는 전쟁 채무의 완전 말소를 거절했습니다. 독일이 미국에 전쟁 채무를 분할 지급해야 하는 기한이 1932년 12월로 다가오자 미국은 다른 나라들의 설득에도 불구하고 단호하게 지급을 요구했습니다. 결코 봐주지 않았습니다.

사실 영국은 산업혁명 이후 공업이 크게 발달했기 때문에 최대의 자본시장이 되어 모든 종류의 외국 유가증권을 축적하게 되었습니다. 런던은 환어음, 유가증권, 그리고 금의 중심 시장이 되었고, 세계 금융의 수도가 되었습니다. 국제적 업무를 촉진하고 강화하기 위해 영국의 여러 은행은 세계 곳곳에 지점이나 대리점을 개설했습니다. 그리하여 런던은 100년 이상에 걸쳐 세계 금융과 경제상의 수도가 되었습니다. 제1차 세계대전 전 런던은 대영제국의 힘과 번영의 자리이며 상징이었는데, 전쟁이 일어난 후 그 낡은 질서가 크게 바뀐 것입니다.

제1차 세계대전은 세계를 쌍방의 교전 진영과 중립 국가의 셋으로 갈라

놓았습니다. 국제적인 거래도 모두 사라졌고, 교전 당사국들의 자원은 모두 전쟁하는 데 사용되었으니 실로 막대한 양이 소비되었습니다. 전쟁이 끝나자 미국은 모든 국가에 부채를 지우는 세계적인 채권국이 되었습니다. 미국의 재정상 수확물은 이것만이 아닙니다. 그들은 세계 금의 3분의 2에 이르는 양과 막대한 액수에 이르는 외국 정부의 공채나 채권 따위를 축적했습니다. 그리하여 미국은 금융에서 압도적인 지위에 올라섰습니다. 이제 미국으로부터의 압력은 영국 파운드의 지위를 뒤흔들었고, 불안정한 세계 속에서 유일하게 미국의 달러만이 굳건한 견실성을 유지했습니다.

정상적인 국제 외환 업무를 모조리 미국에 빼앗기자 영국이 먼저 취해야 할 방책은 금과의 관계에서 파운드를 다시 고정시켜 안정시키는 일이었습니다. 이를 통해 파운드는 다시 옛 수준으로 고정되었습니다. 그러나 영국의 산업가들 입장에서는 영국 상품의 대외 가격이 올라 미국이나 독일 그 밖의 공업 국가들과 해외시장에서 경쟁하기 어렵기 때문에 이 정책이 달갑지 않았습니다. 파운드는 안정되었지만, 영국 정부는 미국에 거액의 부채를 지고 있었기 때문이지요. 영국의 주요 정치가들은 전쟁 채무의 분할 지급을 협상하기 위해 뉴욕으로 달려갔고, 미국을 움직여 되도록 유리한 조건으로 협상하려 했습니다. 이러한 영국의 노력이 파운드와 런던 시를 구제했습니다. 하지만 세계 시장에서의 뉴욕과의 싸움은 그 뒤에도 여전히 계속되었습니다. 부분적으로 런던과 뉴욕의 경쟁 덕분에 유럽에 돈이 범람했고, 순식간에 백만장자나 억만장자가 속출하기도 했습니다. 몇 년 동안 이렇게 부정 유출된 돈이 유럽의 부흥에 크게 도움을 준 것입니다.

그러나 무역 공황과 불경기가 심각해져 농업 생산품의 가격은 계속 하락했습니다. 이러한 사태는 독일 각 은행의 근저당을 동요시켜 마르크화의 붕괴가 임박한 듯했습니다. 이것은 이제까지 단기 대부로 독일에 공급되던 거액의 영국 돈의 유통이 그대로 정지하는 사태로 나타났습니다. 공황은 런던의 금융계를 휩쓸었습니다. 당시 노동당이 정권을 담당하던 영국 정부는 자주 뉴욕과 파리의 은행가들에게 융자를 요청하러 다녔습니다. 파운드를 구제하기 위해 거국 내각이 세워졌으나 파운드의 가치는 급속히 떨어졌습니다. 이는 대영제국의 해체가 가까워졌음을 의미하는 신호로 받아들여졌습니다. 파운드화의 폭락 사태는 많은 국가의 통화에 커다란 충격을 주었습니다. 그 결과 영국에서 1931년 말에 실시된 총선거에서 보수당이 압도적인 승리를 거두고, 노동당 세력은 거의 전멸했습니다. 공황과 위기를 눈앞에 두고 있는데도 파운드의 폭락 이후 세 지도적 강대국인 미국, 영국 그리고 프랑스와 그들의 은행가들은 일치단결하지 못했습니다. 그들은 서로 상대가 희생하기를 바랐고, 그 위에서 자신의 지위를 굳히려고 했습니다. 모두 독자적인 길을 걸었습니다.

현대 세계에서 은행가나 금융업자가 수행하는 역할은 굉장합니다. 공업, 농업, 철도, 유통 등 실제로 어떤 의미에서는 정부까지도 포함해 모든 것을 지배하는 것이 대은행가입니다. 왜냐하면 산업이나 무역이 발달하려면 많은 돈이 필요한데 그것은 은행을 통해 조달되기 때문입니다. 이들의 대부분은 신용으로 처리되며, 그 신용을 확장하거나 제한하거나 통제하는 것이 대은행입니다. 은행가들은 이러한 대부 업무에서 이익을 얻을 뿐만 아니라 그것을 통해 기업이나 농업에 대한 지배력을 확대해 갑니다. 대은행의 두드러진 특징은 호황 때는 물론 불황 때에도 어김없이 번영한다는 사실입니다. 호경기와 불경기가 순환하는 것은 은행가에게 이익이 됩니다. 네루는 이미 자본주의 세계는 명실공히 은행가들이 지배하고 있으며, 그래서 현대를 '금융 시대'로 일컫는다고 평가했습니다. 네루 이후 이러한 추세는 오늘날까지 지속된다고 할 수 있습니다.

스페인 혁명과 독일에서의 나치의 승리

　스페인과 포르투갈은 앞에서 이야기 나눈 것처럼 일찍이 유럽과 세계 역사에서 중요한 역할을 해왔습니다. 포르투갈은 고아를 비롯해 인도의 몇몇 작은 지역을 차지했고, 그 외 아프리카에 광대한 식민지를 차지하고 있었는데, 1910년에 이르러 국왕이 폐위되고 포르투갈 공화국이 수립되었습니다. 그리고 몇 차례의 반란이 있었지만 대개는 군부의 손에 장악된 상태였습니다. 제1차 세계대전 즈음 포르투갈은 연합국 측에서 참전했고, 전쟁이 끝날 때는 부채가 쌓여 파산 지경에 이르렀습니다.

　스페인은 여전히 반봉건적이었으며, 귀족이 광대한 장원을 소유하고 여러 가지 특권을 누렸습니다. 또한 군벌이 특권을 향유했습니다. 지식층 가운데는 진보적인 세력도 있었고, 자유주의 세력도 있었습니다. 노동운동은 생디칼리즘Syndicalism(★혁명적 조합주의 또는 노동공산주의라고도 불리며, 산업 일선에서 노동자계급의 활동을 통해 자본가 사회를 붕괴시키는 것을 목적으로 하는 운동이다.), 사회주의 그리고 무정부주의로 분열하면서 성장하고 있었습니다. 실질적인 권력은 모두 교회와 군부, 그리고 귀족의 수중에 있었습니다. 스페인과 포르투갈에서는 의회는 존재했으나 힘이 약해 상당히 독재적인 체제가 진행되고 있었습니다. 스페인은 제1차 세계대전 내내 중립을 유지하면서 여러 교전국들에게 물자를 팔아 상당한 이익을 얻을 수 있었습니다. 그러나 전후 몇 년에 걸쳐 불황과 실업에 시달렸으며 사회 불안이 계속되었습니다. 당시 스페인은 국내 문제가 대단히 복잡하고 공업은 매우 뒤떨어진 상태에 있었습니다. 국왕은 스스로 독재자, 즉 절대군주가 되려 했고, 군부는 군사 독재를 꾀했습니다. 그러다 1923년 프리모 데 리베라Primo de Rivera 장군이 의회를 해산하고 군부를 토대로 나라를 통치하여 독재자가 되었습니다. 스페인은 이 기간 동안 무단 검열 등 탄압을 자행했습니다. 때때로 계엄령을 남발해 정권이 간신히 지속되었습니다. 그러나 이후 군부가 등을 돌렸고,

프리모 데 리베라는 힘을 잃고 이후 내전 중에 처형됩니다.

다음 선거에서 공화파가 크게 득세하자 국왕 알폰소는 일찌감치 자리에서 물러나 국외로 망명했습니다. 곧바로 임시 정부가 수립되어 스페인은 유럽에서 가장 젊은 공화국이 되었고, 동시에 교회 세력에 맞서 치열한 투쟁을 벌였습니다. 그러던 중 1931년 4월 14일 공화국이 선포되고 임시 정부가 수립되었습니다. 스페인 혁명 과정에서 낡은 군주정치 구조는 하나도 남지 않고 깡그리 무너져 내렸습니다. 주로 빈곤에 허덕이는 농민 계급이 봉건제도를 뿌리 뽑아 토지제도를 변혁하려 했으나 때가 늦었습니다. 우익과 좌익 양쪽에서 잇달아 봉기가 되풀이되었는데, 네루가 살던 1930년대까지 그 상태가 계속되었습니다.

이제 독일의 상태를 살펴보겠습니다. 1930년대 독일에서 보이던 변화는 성격이 전혀 달랐습니다. 히틀러와 그의 나치당은 독일에서 개가를 올렸습니다. 그들의 승리는 반혁명의 승리이자, 1918년 독일 혁명에서 이어지는 과정의 반복이라 할 수 있습니다. 그것은 단순한 반동을 훨씬 뛰어넘는 것이었는데, 이탈리아의 파시즘에 비해 더욱 광범위하고 깊게 대중의 감정에 기초하고 있었습니다. 네루는 여기서 대중이란 노동자가 아니라 가진 것을 빼앗긴 채 주린 배를 움켜쥐고 혁명화한 중간계급을 가리킨다고 단호하게 말합니다. 앞에서 파시즘이란 경제공황에 직면한 자본주의국가가 사회혁명이라는 위협을 받았을 때 생기는 것이라 말했습니다. 그들은 반자본주의적 슬로건을 표방하는 대중운동을 만들어 냄으로써 자신들을 보호하려 합니다. 권력을 탈취하고 국가의 지배권을 장악하면 그들은 민주주의 제도를 폐기하고 자신들의 적을 궤멸시키는데, 특히 노동자들의 조직을 파괴합니다. 그들의 지배는 근본적으로 폭력에 기초한 것입니다.

나치의 반혁명은 1933년 3월에 이루어졌습니다. 1918년 독일 혁명은 현실화되지 못했습니다. 카이저가 퇴위하고 공화국이 선포되었지만, 기존의 정치·사회·경제체제는 그대로 존속했으며 몇 년간은 사회민주당이 정부를 지배했습니다. 그런데 그들은 반동 세력에 대해선 수세적인 입장이었고, 자신들의 편이었던 좌파 세력과 공산당에 대해서는 강경한 자세를 보였습니다. 그러다 보니 많은 지지자를 잃었고, 사회민주당과 공산당의 싸움은 그치지 않았습니다. 그러면서 양쪽 모두 세력이 크게 약화했습니다. 전후 몇 년 동안 불어 닥친 독일의 인플레이션은 독일의 산업가들과 대지주들에게 큰 이익을 가져다 주었습니다. 대규모 공장 주인들은 공장 설비를 고치고 거대한 기업 합병을 조직했습니다. 그리하여 독일 제품은 어디서나 판로를 찾을 수 있을 만큼 가격이 내려 실업이 대거 감소했습니다. 이어 노동자 계급은 강력한 노동조합을 조직해 임금 인상도 이루어냈습니다.

이 무렵 아돌프 히틀러가 사회민주당에 대항해서 국가사회당이라는 정당을 조직했습니다. 나치라는 말은 이 명칭에서 유래했는데, 국가를 의미하는 Nationale에서 Na를, 사회당을 의미하는 Sozialist에서 Zi를 취한 것입니다. 사회주의자라는 말을 쓰지만 히틀러의 사회주의는 일반적으로 이해하는 사회주의가 아닙니다. 차라리 일반적인 사회주의와는 적대 관계에 있었습니다. 처음 히틀러 밑에 모여든 사람은 1923~1924년에 쇠락한 중간계급이었습니다. 그가 추종자로 모은 또 하나의 사회계층은 옛 군대의 장교들이었습니다. 나치의 강령은 극단적으로 민족주의적이었습니다. 그것은 독일과 독일인의 위대함을 강조하고 있으나 그 밖에는 가지각색의 증오를 끌어다 넣은 잡탕이었습니다. 나치의 강령은 반마르크스주의, 반공산주의, 반사회주의이며, 노동조합을 반대하는 내용으로 채워졌습니다. 또한 나치는 반유대주의를 취했습니다. 나치의 강령은 오로지 폭력에 기초하고 있었습니다.

당시 독일은 무장한 여러 세력의 각축장이었으며 소요와 살인, 특히 나치의 노동자 살해가 그칠 줄 몰랐습니다. 1933년 힌덴부르크Hindenburg 대통령은 히틀러를 독일 최고 집행기관이며 총리에 해당되는 장관에 임명했습니다. 총선 결과 나치는 여당인 국민당까지 합쳐 제국의회 내의 다수를 획득했습니다. 공산당원은 전원 배제되었으며, 사회민주당원도 대거 추방되었습니다. 이윽고 독일 전역에서는 나치 갈색 셔츠의 테러가 시작되었습니다. 의회가 해산되고 모든 권력이 히틀러와 그 내각에 맡겨졌습니다. 공화국 헌법은 폐기되었고 모든 형태의 민주주의가 공공연히 유린당했습니다. 나치는 자신들과 한 패가 되기를 꺼려하는 모든 자에 대해 상상을 초월하는 잔인한 폭력을 계획적으로 사용해 탄압했습니다. 야만적 구타, 고문, 살인이 대규모로 행해져 남녀 할 것 없이 많은 사람이 희생되었습니다. 유대인은 공격의 첫 번째 목표가 되었고 평화주의자, 자유주의자, 노동조합원, 국제주의자 등이 차례로 폭력의 희생자가 되었습니다. 나치 이외의 모든 조직과 정당은 금지되었고, 그들의 기금과 자산은 전부 몰수되었습니다.

이 모든 야만과 잔인성 그리고 공포의 배후에는 재산을 박탈당한 중간계급의 궁핍과 배고픔이 있었습니다. 노동자계급은 갈색 테러의 가장 큰 피해자였습니다. 그렇지만 세계의 여론은 오히려 유대인에 대한 박해로 들끓었습니다. 거대한 기업과 금융을 지배하던 유대인들은 독일 상품 보이콧을 선언했습니다. 나치는 시종일관 베르사유조약을 부인했고, 군비의 완전한 평등을 주장했습니다. 며칠 동안 유럽은 금방 전쟁이 일어날 것 같은 긴장감에 휩싸였습니다. 이러한 공포는 순식간에 유럽 세력의 관계 재편을 초래해 프랑스는 소비에트 러시아에 우호적으로 기울어졌고, 폴란드·체코슬로바키아·루마니아와 같이 베르사유조약에 따라 성립되었거나 이익을 얻은 나라들은 베르사유조약의 수정을 요구하는 독일에 대항해 단결하면서 러시아와 깊은 관계를 맺었습니다.

히틀러주의에 대한 반발은 더욱 넓게 나타나 결국 히틀러의 독일은 유럽에서 완전히 고립되었습니다. 전쟁이 시작되면 강대한 프랑스군이 비무장인 독일을 분쇄할 것으로 예상되었습니다. 그러자 히틀러는 자신의 전술을 바꿔 평화를 떠들기 시작했고, 무솔리니가 프랑스, 영국, 독일 및 이탈리아의 4국 협정을 제안해 히틀러를 구출했습니다. 그런데 사실 이 협정은 반反

소비에트 블록을 형성하려는 의도에서 나온 것입니다. 히틀러의 기본 강령은 소비에트 러시아에 대항하는 유럽의 전사를 자처하는 데 있었습니다. 그리하여 나치 독일은 유럽에서 회오리바람의 중심이 되었으며, 공황에 짓눌린 세계에 엄청난 공포를 더했습니다. 히틀러주의는 의심할 여지도 없이 파시즘이며, 히틀러 자신도 전형적인 파시스트입니다. 그러나 나치 운동은 이탈리아의 파시즘에 비하면 훨씬 폭이 넓고 또 한층 급진적인 가공할 파시즘입니다.

히틀러가 이끄는 나치 독일은 일찍이 강대국이라 자칭하던 나라들을 잇달아 굴복시켰습니다. 20년 전 패배해 무너진 독일이 이제 승리에 넘치는 나라가 되었으며, 베르사유조약은 사문화되어 폐기되었습니다. 권력을 장악한 히틀러는 독일 국내 반대자를 분쇄하고, 나치 당 내 좌파를 일소해 나치당의 기초를 공고히 했습니다. 1934년 총리 겸 대통령이 되어 절대 권력자가 된 히틀러는 심각한 궁핍에 허덕이는 인민을 구제하기 위해 대규모로 구빈 기금을 모집하고, 집단 강제 노동을 시작했으며, 유대인을 내몰아 그 자리를 독일인이 이어 받도록 했습니다. 하지만 독일 경제는 개선되기는커녕 오히려 악화되었습니다. 그러면서 비밀리에 재군비가 진행되어 독일의 공포는 커져만 갔습니다. 1935년 이후 새롭게 분열된 유럽에서 프랑스와 영국은 2등 국가의 대열로 떨어졌고, 히틀러 지도 아래의 독일만이 홀로 우위를 자랑하고 있었습니다.

군축과 의회 정치의 몰락

협력을 위한 세계의 노력이 또 다른 큰 실패를 보여 준 것은 군비 축소 회의였습니다. 이 군축 회의는 국제연맹 규약의 부산물인데, 베르사유조약은 독일의 무장해제를 결정하고 다른 나라도 국가 안보가 허용하는 한도 내에서 최대한 군비를 점차 감축해야 한다고 했습니다. 1932년 초 드디어 세계 군비 축소 회의가 개최되었으나 참가국 가운데 어떤 나라도 이 문제를 더욱 폭넓은 국제적 관점에서 논의하려 하지 않았기 때문에 결론이 나지 않았습니다. 무대 뒤에서는 온갖 흥정이 자행되었는데, 특히 무기 회사에 고용된 대행업자들의 움직임이 활발했습니다.

현대 자본주의 사회에서 무기와 살상 기계를 제조하는 사업은 가장 수지가 맞는 산업으로 꼽힙니다. 전쟁을 수행하는 것은 정부이지만, 무기는 사기업이 만들기 때문에 이들 무기 회사의 주요 소유주는 막대한 부를 소유하며, 그들은 정부와 긴밀한 관계를 맺습니다. 따라서 전쟁과 전쟁 준비는 이들 무기 회사의 이익을 의미합니다. 때문에 이들은 전쟁 분위기를 선동하고, 자기 나라가 호전적인 정책을 채택하도록 설득하며, 교묘하게 각국을 서로 비방하고 이간질을 획책해 각국의 군비 경쟁에 불을 붙입니다. 각국의 무기 회사들은 서로 긴밀하게 연관되어 있었으며, 비밀 국제 조직까지 운영해 군비 축소에 반대하고 사실상 모든 협정의 성립을 훼방 놓았습니다.

자본주의의 위기는 미국을 타격해 그 자긍심에 심한 상처를 남겼습니다. 실업이 증가하고 범죄가 늘어났는데, 특히 온갖 갱단원이 증가했습니다. 루즈벨트는 1933년 3월 초 대통령에 취임하자마자 이미 진행되던 대불황에 겹쳐 심각한 금융 공황에 직면하게 되었습니다. 루즈벨트는 신속하고도 과감한 행동을 취해 몇 주일 동안 눈부신 활동으로 미국 전체를 뒤흔들었습니다. 그는 여러 가지 대책을 실시했는데, 이에 필요한 막대한 경비는 모두 부유층으로부터 차입해 조달하기로 했습니다. 루즈벨트의 정책은 한마디로 구매력을 키우는 것인데, 그들이 돈을 갖게 되면 물건을 살 것이고, 따라서 불경기는 감소할 것이라는 확신이었습니다. 그래서 노동자에게 직업을 주는 대규모 공공사업도 계획했습니다. 이 방식은 공황과 불황일 때 보통 고용주들이 쓰는 방법과는 정반대입니다.

루즈벨트의 새로운 정책은 기업의 활동을 제한하고 노동시간과 노동조건을 조정해서 파괴적인 경쟁을 저지하는 일종의 국가사회주의적 프로그램이었습니다. 그 안에서 아동노동도 폐지되었고, 각 대기업은 고임금 등을 정하는 규약을 작성하도록 종용받았습니다. 피고용자의 임금 인상과 노동 시간 단축에도 서약하도록 했습니다. 이러한 것들이 한꺼번에 작용하면서 상황이 호전되었습니다. 물가와 무역 상황도 좋아졌습니다. 루즈벨트의 정책은 철저한 경제적 민족주의 정책이었으니, 그는 미국의 상태를 개선하는 데만 전념했습니다.

1930년대는 자본주의 세계가 일찍이 없던 대불황을 경험한 시기이며, 그 결과로 노동자의 궁핍이 더욱 심해진 시기입니다. 낡은 형태의 자본주의는 확실히 파괴되고 있었습니다. 보수적인 미국의 농민과 노동자보다 다른 나라의 하층 중간계급이 더 분명한 혁명적 정서를 갖고 있었습니다. 노동자 정당, 노동조합, 사회민주주의자, 제2인터내셔널과 같은 종류의 모든 조직에서 목적이 희미해져 자본주의의 전체 구조는 그대로 두고 단지 부분적인 개량만을 요구하게 되었습니다.

그러는 사이 새로운 공산당은 분위기를 달리하고 있었습니다. 공산당이 노동자 사이에서는 성장하지 못했지만, 그 사상이 지식인 계급에 폭넓게 전파되었습니다. 낡은 형태의 자본주의 시대가 이미 지나갔다는 것은 일반적인 생각이 되었고, 그것을 대신해 어떤 형식의 계획적인 사회주의적 경제 내지는 협력 경제가 확립되어야 한다는 생각이 널리 퍼졌습니다. 지식인들 사이에서 논쟁이 분분한 가운데 서유럽 공업 국가들의 하층 중간계급, 즉 소小부르주아가 행동을 취했습니다. 그들은 자본주의와 자본가가 자신들을 착취하고 있다는 데에서 분노를 느꼈지만, 노동자나 공산주의가 지배적인 지위에 오르는 것에 훨씬 더 큰 두려움을 느끼고 있었습니다. 자본가는 파시즘과 타협했습니다. 왜냐하면 공산주의를 막는 데는 다른 방법이 없다고 생각했기 때문입니다. 정도의 차이는 있으나 이런 이유로 자본주의가 위험에 빠져 공산주의 내지는 그 가능성에 직면하게 되면 반드시 파시즘이 만연하기 마련입니다. 이러한 과정을 거쳐 의회 정치의 실패 또는 몰락이 초래되는 겁니다.

이제 영국의 경우를 살펴보도록 하겠습니다. 영국 의회는 예전에는 하원이 직접 권력을 행사해 평의원이라도 상당한 발언권을 갖고 있었지만, 지금은 내각이 모든 중대한 문제를 결정하고 하원은 단지 그것에 대해 '예스'와 '노'를 말하는 데 불과합니다. 따라서 어떤 정부가 하원에서 다수를 장악하면 의회를 움직여 의도하는 일들을 법률화할 수 있었습니다. 이렇게 권력은 입법부에서 행정부로 옮겨졌고, 구시대의 민주주의가 파괴되면서 의회가 몰락하고 있었습니다.

의회 민주주의자이면서 사회주의자인 네루는 이와 관련해 의회와 민주주의의 참된 모습에 대해 말합니다. 유산계급에게 의회와 민주주의는 기존 질서를 유지하는 한에서 바람직합니다. 그렇지만 그런 민주주의는 참다운 민주주의가 아닙니다. 그것은 비민주주의적인 목적을 위해 민주주의의 이상을 이용한 것에 불과합니다. 민주주의는 평등을 의미하는데, 단순히 투표권을 갖는 평등뿐 아니라 경제적이고 사회적인 평등까지 의미합니다. 그래서 자본주의와 민주주의 사이의 대립은 내재적이며 지속적입니다. 유산계급과 그 반대의 계급은 서로 국가의 경제력을 장악하기 위해 대립하고, 자본주의 지지자들은 자신들의 기득권을 지키기 위해 일사불란하게 단결합니다.

급변하는 역사 앞에서 어떻게 살 것인가?

지금까지 민족의 독립을 위해 헌신한 실천하는 지식인 네루와 함께 세계의 역사를 두루 살펴보았습니다. 네루는 아버지로서 딸에게 해야 할 의무를 훨씬 뛰어넘는 글을 감옥에서 썼습니다. 이제 우리는 그와 함께한 긴 여로를 마쳤고, 여행의 마지막 단계에 이르는 기나긴 이야기를 마무리 지었습니다. 네루는 자신의 딸에게 앞으로 흘러가는 세계의 역사 앞에서 어떻게 살아가야 하는지를 말하면서 3년간의 편지를 마칩니다. 그는 우리가 마땅히 해야 할 과제를 제시합니다. 그것은 무엇일까요?

과거에는 전반적으로 국가 간 상호 의존, 즉 국제주의적 경향이 짙었습니다. 그래서 개별 민족국가가 존속하면서도 거대하고 복잡한 국제 관계 혹은 무역에 관한 여러 기구가 발달했습니다. 그러다 결국 민족국가들이 충돌하게 됩니다. 다음 단계는 당연히 사회화된 국제기구의 등장입니다. 수명을 다한 자본주의는 이제 사회주의에 자리를 양보할 단계에 도달한 것입니다. 그런데 지금 전 세계는 일종의 이상한 혼란 상태에 빠져 있습니다. 분규로 무섭고 복잡하게 얽혀 버렸습니다. 약한 자와 억압 받는 자의 저항은 곳곳에서 유산계급을 두려움에 떨게 하고, 그들을 압박하기 위해 단결합니다. 그러면서 가혹한 폭력의 시대가 출현했습니다. 어디를 둘러보아도 낡은 질서와 새로운 질서 사이에 죽느냐 사느냐의 투쟁만 존재할 뿐입니다.

이러한 수많은 정치 · 경제 · 인종적인 대립이 중첩되면서 오늘의 세계를 어둡게 합니다. 급기야는 전쟁의 검은 그림자를 드리웁니다. 이러한 대립 중에서 가장 크고 근본적인 것은 제국주의적 파시즘에 대한 공산주의의 싸움이라고 할 수 있을 겁니다. 세상에는 무슨 주의들이 어쩌면 이렇게나 많을까요? 그렇지만 그 모든 주의를 성취하기 위해 가장 필요한 것은 이상주의일 것입니다. 진실로 세계는 하나가 되고 떨어질 수 없는 전체가 되어야 합니다. 20세기의 3분의 1은 전쟁과 혁명을 가득 실은 채 이미 지나갔습니다. 그리고 전 세계는 지금 고통에 허덕이고 있습니다. 우리는 기다리고 관망하는 대신에 우리가 갖고 싶어 하는 세계를 위해 일해야 할 것입니다. 내일은 여러분이 만들어가는 것입니다.

《세계사 편력》이후의 세계사는 어떻게 흘러 왔을까?

네루가 쓴 《세계사 편력》은 1930년에서부터 1933년까지 쓴 글로 구성되어 있어서 그 책 안에는 그 이후의 역사가 나오지 않습니다. 그래서 그 책을 읽는 독자들은 그 이후의 사건에 대해 궁금증을 갖지 않을 수 없습니다. 이 자리에서 짧게나마 그 이후 세계의 역사에 대해 풀어보려 합니다.

1933년 이후 세계에서 일어난 가장 획기적인 사건은 제2차 세계대전입니다. 독일, 이탈리아 그리고 일본에서 등장한 전체주의는 팽창주의와 군국주의를 내세워 손을 잡고 이웃 나라를 침략하기 시작했습니다. 이것이 제2차 세계대전인데, 그 규모는 제1차 세계대전보다 훨씬 컸을 뿐만 아니라 민주주의 대 전체주의라는 정치 이념의 대립 성격이 훨씬 뚜렷했습니다. 5년에 걸친 전쟁은 일본에 원자폭탄이 투하되고, 그 결과 일본이 무조건 항복을 선언함으로써 연합국의 승리로 끝이 났습니다. 이후 핵무기의 출현에 놀란 인류는 다시는 이러한 참극이 일어나지 않고 평화와 자유를 누리기를 갈망했습니다. 그리하여 국제연맹을 강화한 국제연합이 탄생했습니다.

그러나 전후 세계는 미국을 중심으로 한 자유 진영과 소련을 중심으로 한 공산 진영으로 갈라져 대립 양상을 보임으로써 '냉전'이라는 국제적인 긴장 상태가 지속되었습니다. 이러한 긴장 상태는 1970년대에 들어서면서 해빙과 화해의 조짐을 보이기 시작하더니 1980년대 후반에 소련의 페레스트로이카 정책의 추진과 더불어 동유럽의 공산주의 체제에 큰 변혁이 일어나고 냉전 체제가 사라지게 되었습니다. 그리하여 독일은 통일되고, 세계는 새로운 단계로 접어들었습니다.

전후 세계에서 또 하나 주목할 만한 것은 아시아와 아프리카의 식민지가 독립하여 신생 국가로 새 출발을 하게 된 사실입니다. 그들은 과거에 제국주의에 시달렸던 공통성을 가지고 있었기에 서로 결속하여 미국이나 소련을 중심으로 하는 동맹을 맺지 않겠다는 '비동맹'을 내걸고 제3세계를 형성했습니다. 그러나 제3세계는 미국과 소련의 틈바구니에서 큰 힘을 발휘하지 못한 채 실질적으로 해체되었습니다. 1980년대 중반 이후 세계는 세계화의 흐름에 빠져들었습니다. 특히 제3세계는 시장 개방, 국가의 경제 개입 축소, 공기업 민영화를 주축으로 하는 신경제정책을 추진했습니다. 이는 전 세계적으로 소득의 분배 문제를 악화시키면서 반세계화 운동의 저항을 맞았습니다. 세계화 때문에 국가 간 경계가 점차 무너져 가고, 모든 부문이 하나로 통합되어가고 있습니다. 그리고 기술의 진보와 민주화의 이행이 폭넓게 확산되었습니다.

인류는 냉전이 종식되면서 강대국 간의 전쟁 발발 가능성이 낮아지고 평화가 확산될 것이라는 희망찬 예상을 했으나 도리어 냉전 때보다 더 많은 분규와 참극 속에 살고 있습니다. 분규는 크게 하나의 민족국가 안에서 서로 다른 종족들 간에 일어난 것과 이슬람 세계와 미국 사이에 일어난 것으로 구별할 수 있습니다. 민족국가 안에서의 분규는 동유럽과 중앙아시아에서 주로 발생했으나 아프리카와 아시아도 예외는 아니었습니다. 종족 분규는 대규모의 학살이 항상 뒤따랐습니다. 미국과 이슬람 세계의 갈등은 2001년 9월 11일에 발생한 미국 뉴욕의 세계무역센터에 대한 급진 이슬람 테러 조직인 알카에다의 항공기 자살 폭격 테러로 본격화되었습니다. 이 사건 후 미국은 아프가니스탄, 이라크, 이란 등과 전쟁을 벌였고, 이슬람 급진주의자들은 테러로 맞섰습니다. 일반적으로 미국과 이슬람 세계의 갈등의 원인은 '팔레스타인 문제'와 석유 자원 확보를 위한 미국의 욕심에 있다고 봅니다.

따뜻하고 바른 역사 속으로 빠져 보세요.

네루의 《세계사 편력》이 한때 한국에서 반독재 민주화 운동을 하던 청년들의 필독서였던적이 있습니다. 그때는 유신과 5공화국 독재 시절이었는데, 당시 권력을 쥔 사람들은 큰 영웅이나 정부의 역사가 아닌 무시당하는 민중의 역사, 생산관계를 중심으로 분석하는 유물론적 역사를 '빨갱이' 역사라 하여 읽지 못하도록 금했습니다. 그런데 당시 권력자들은 그 책을 금하지 않았습니다. 《세계사 편력》은 당연히 민중의 역사이자 유물론적 시각으로 쓰인 역사입니다. 그래서 독재 정부에 비판적인 많은 학생이 이 책을 널리 읽고 역사의 법칙과 그를 바탕으로 하는 진보의 희망을 익혔던 것입니다. 그런데도 정부 권력자들이 《세계사 편력》을 금서로 지정하지 않은 것은 이 책의 그런 성격을 제대로 파악하지 못했기 때문입니다. 이 책에는 아버지가 딸에게 보낸 편지라는 배경이 깔려 있고, 어느 곳에도 계급투쟁을 부르짖는 과격한 언사가 없습니다. 그렇지만 이 책은 따뜻하고 쉬우면서, 분명히 민중을 중심으로 기술한 역사책입니다.

　네루의 《세계사 편력》이 한국 시민들에게 다른 그 어떤 역사책보다 더 가치가 있는 것은 두 가지 이유에서입니다. 우선 이 책은 유럽과 중국을 중심으로 이해하는 세계사와는 거리가 멉니다. 세계사를 강대 문명 중심으로 보는 것을 거부하여 아시아, 아프리카, 남아메리카 등에 필요한 만큼의 비중을 두면서 세계사를 기술했습니다. 그 결과 유럽과 중국에 쏠린 한국의 세계사 학습을 통해서는 쉽게 얻을 수 없는 균형 잡힌 역사를 배울 수 있습니다. 이 책도 원저자 네루의 정신을 살려 각 나라나 지역의 역사에 관한 내용은 간략하게 하되 어느 특정 나라나 지역을 (한국 교육의 관점을 기준으로 평가하여) 제외하지는 않았습니다. 그것이 한국의 시민들이 균형 잡힌 역사 의식을 갖추게 하는 데 필수적이라고 생각했기 때문입니다.

다음으로 주목할 만한 점은 이 책이 갖는 소통으로서의 역사 서술 방법입니다. 《세계사 편력》은 이미 언급했듯이 어린 딸에게 보내는 편지를 묶은 것입니다. 그래서 다른 전문 역사서에 비해 글의 스타일은 물론이고 논리 구조나 기술 양식 등이 대화를 나누듯, 강의를 하듯 합니다. 논문이나 교과서에서 보여주는 빈틈없는 논리적 전개보다는 사석에서 편하고 자유롭게 이야기 나누듯 역사의 의미를 분석하고 들려주기 때문에 매우 생생하게 역사를 접할 수 있을 것입니다. 특히 실천하는 지식인인 네루가 편지로써 자신의 딸과 소통하면서 역사를 기술했다는 사실은 역사를 교과서 안에서 배우는 이론이 아닌 지금 여기의 삶에서 실재하는 것으로 익히게 해 줄 것입니다.

색인